# 親職教育

## 家庭、學校和社區關係

Carol Gestwicki／原著

郭靜晃／校閱

邱書璇／譯

# Home, School and Community Relations

### Carol Gestwicki

Copyright ©1992
by Delmar Publishers Inc.

Chinese edition copyright ©1995
by Yang-Chih Book Co., LTD.
for sales in Worldwide.

ISBN 957—9272—19—0

Printed in Taiwan, Republic of China

# 原　序

　　常常在我一些身為老師和將為人師的學生班上會聽到這種說法：「我和孩子在一起時沒問題，是那些家長使我發狂，我不瞭解也不需要他們，那使我想要放棄。」由於愈來愈多父母是和老師共同照顧小孩，明顯地，破壞性的緊張也愈來愈常見。學習與家長有效共處之相關常規和情緒管理之溝通技巧，已成為一位老師必備的重要部份。

　　此外，我們今日的社會逐漸地將注意力集中在家庭的壓力上。電視專題和政策努力地反應出就業父母的困境，他們被困於需選擇無法負擔得起的托育或是得選擇不適當的托育，以及在家庭和工作雙重責任下所承受的壓力。由於瞭解到崩潰的家庭是許多社會病態產生的原因，許多公立和私人部門皆努力提供一些外在支援以紓解家庭的壓力。身為這個社會一份子的老師應該積極地參與其中，成為家庭支持的一部分。

　　本書第二版繼續強調任何系統中的老師在與家長建立關係時皆有用的一些特定態度、基本理念和運用技巧。每一章皆以明確定義的學習目標為開始。如前一版一樣，會有一些學生時常會碰到的老師與家長之間類似例子和對話，以使觀念和建議變得更實際。每一章結尾會列出一些學生作業練習，在老師的指導之下，可幫助學生抓住一些重要觀念。

　　第二版也包括了介紹一些地方和國家相關組織，以提醒老師他們有責任要去與之合作，使家庭可得到學校或中心以外機構的支援。新增的章節介紹了倡導角色，並且描述一個模範的社區倡導機構。此外，也延伸討論父母參與的要素，並且探討一些父母參與的歷史。第二版也新增了與特殊情況家庭相處之道的章節，以及討論如何面對老師與家長之間常產生的問題，包括測試小孩是否「就緒」的新生話題也在增列範圍之內。另外，各種模式的父母教育也包含於此書內容中，與家庭和其需求

有關的立法和提案現況在書中亦有所補充，並且說明專業和社會組織在
老師不再只是注意孩子而逃避家長的情況下，所需要增加的支援。本書
所附的進一步閱讀之建議資料將會對於想要在本書之外作更深入探究的
學生有所幫助。

Carol Gestwicki

# 郭　序

社會的變遷、工業化、都市化使得傳統的家庭結構產生改變，育兒觀念也日趨多樣。這種結果造成原有的家庭支持及功能產生改變，此外，離婚率及雙生涯家庭的增加，致使教育及照顧兒童的最重要熔爐——家庭也產生變化。而家庭的變化最能反應是家庭的兒童照顧的問題，尤其在親子關係的結構方面。今日的幼兒大多數是處於各種形式各異的社會化環境中，尤其是家庭與托育機構之中，而使愈來愈多的父母及托育人員來共同照顧小孩，老師與家長對孩子的行為與期望是各不相同的，而造成彼此的常規訓練及教育方式不同，衍生孩子成長的緊張與不安。

在美國，一九九〇年代初期，有六歲以下孩子的已婚婦女，有百分之五十七是參與社會勞力的，而離婚父母的社會勞動參與率是十分之七；反觀台灣，有六歲以下孩子的婦女的社會勞動參與率是百分之四十二，離婚率是每五對結婚人口數中就有一對，這種結果造成年幼兒童的母親出門就業已比比皆是。再加上家庭中的父親尚擺脫不了傳統「男主外，女主內」的觀念，造成孩子大多是委託他人或機構來加以進行看護及照顧。這種看護兒童的需要及對廣泛育兒的安排需求的不斷成長，皆反映了社會需要高品質的兒童照顧的需求。

一個高品質的兒童照顧的托育中心的基礎是建立在「三個 P」：人事、硬體設備及計劃上。與人事有關的關鍵是托育人員的訓練品質、較少的兒童照顧人數，以及員工的低流動率；硬體設備取決於它的建築設計物的安全、合格執照及足夠的活動空間；而計劃則應照顧到兒童的整體發展，諸如生理、情緒、智力及社會性的發展。此外，高品質的托育中心還應主動地將父母包括在內，努力與兒童父母合作形成同事關係，來協助幼兒的生長與發育。這種方式將使家庭進一步延伸托育中心的活

動，並瞭解兒童在發展上的進步。此外，托育中心人員更要對困擾父母並影響兒童在托育中心成長的生活條件，例如貧困、疾病或離婚等家庭壓力保持敏感，進一步透過父母所需要的健康、教育和經濟的支援加以連接，而對一個家庭的幸福作出貢獻。

筆者常有機會到托育中心進行親職演講，最常被父母問及：「我的孩子有各種行為的表現，諸如……他們是否正常？而我們又因工作關係不能整天陪伴孩子而造成罪惡感……每當送孩子至幼兒園又有那種啼哭不停的分離焦慮……」；而老師卻常提及：「不管我們多麼努力舉辦親職座談、演講，父母們應該參加卻不來，參加的老是這些熟面孔……」種種問題皆反應出托育中心與家庭的連接不夠，父母們是被動的，且有不參加類似會議會對不起孩子的心理，而老師卻抱怨所做的努力得不到回應，而彼此衍生了另一種兒童照顧的壓力。因此，今日的親職教育常流於形式，缺乏彼此積極、主動的參與，甚至彼此懷有敵對關係及負性心態，這種情況下不可能使兒童、家長、老師及社會獲得最大益處。

可幸的是，Carol Gestwicki 所出版的《親職教育：家庭、學校和社區關係》（*Home, School, and Community Relations*），集合其豐富、積極而有效地與家長合作的例子，來提醒並指出老師如何與家長合作共處，來幫助家庭中的父母及孩子建立幸福感的健康發展。此書不但內容生動活潑、文字清晰易懂，而且也滙集各種孩子的多重需求的經驗。如此一本親職教育的活生生教材，卻因文字的障礙而不能廣為推薦給國內有興趣的讀者，尤其是托育中心的老師或從事此行業的人員，實為國內推展親職教育的一大遺憾。

現今邱書璇老師完成了此書的翻譯工作。她以清晰流利的文筆，介紹 Gestwicki 的經驗與想法。希望本書的出版，能為國內托育中心的工作人員、想從事此行業的專業人員、學生及幼兒家長提供親職教育實務的活生生教材，更冀望此書的推出能成為國內推展親職教育溶入家長及社會參與的重要里程碑。兒童的福利需要大家積極的參與，願此書能造福全天下的父母及其心愛的寶貝。

**郭靜晃**

一九九五年新春於陽明山華岡

# 譯　序

　　台灣自從逐漸脫離「以農立國」的農業時代，躋身於工商業發達國家之林以後，家庭型態亦隨之有了重大的轉變，以往兼具教育功能的大家庭已不再盛行，取而代之的是獨立、疏離於社會的小家庭型態，因此，父母的角色也隨之變得更為重要。然而，在生活壓力增加以及個人意識抬頭的情況下，許多為人父母者將重心漸漸移至事業上，而將其父母親職的責任轉移為對幼兒園的期待，希望它能取代其養育、教育的功能，甚至有些父母連期待也沒有，只是將幼兒園當作一「寄放」孩子的地方，時間到了，將其領回，如此而已。由於父母的錯誤認知，相對的，幼兒園不是成為「訓練機器」，即是成為「孩子」這物品的保管者，而孩子就在父母和幼兒園雙方的忽略下，延滯了其發展的重要時機。此外，縱使幼兒園或老師有心要與家長合作，或是欲發展其基本理念，亦往往在家長的冷淡反應或是在其對具體成效的要求下，在使不上力的情況中，不得不放棄其初衷及理想，或是親師雙方雖都有合作的意願，但卻在彼此不瞭解、無法互相體諒及不熟悉溝通技巧的情況下，使合作關係無法推展。因此，本書所提到的一些概念及示範例證，有助於讀者作一觀念上之釐清。

　　本書中強調家長是學校教育中重要的一部分，應使其能樂意地參與其中。而其站在父母的立場，體貼地設想其困難處，有助於讀者能夠將心打開，換一個角度去看待問題，這是每位將為人師及喜愛教育工作者所應抱持的基本態度，畢竟幼兒園的老師是能給予家庭最大、最直接支持的人。從本書中，我們看到美國當前學前教育的基本理念、與家長建立合作關係、致力於父母溝通與參與，甚至父母和老師積極地合力促成與兒童托育相關法案的制訂等主題之探討，這些對於台灣的學前教育者

是個很好的參考及啓示。所謂「他山之石，可以攻錯」，也許美國的民情和狀況與台灣不盡相同，全套帶入我們的社會有其窒礙難行、不合適之處，因此，讀者可將書中所提的概念與本土現況加以整合，或許可以在其中找出最適合運用於我們學前教育的方法，以便能夠與家長共同努力合作，幫助孩子達到其最好的發展。

全書計有十七章，分爲四篇：(1)親職導論；(2)早期教育中的親師合作關係；(3)發展合作關係之技巧；(4)合作關係的實際運作。讀者可循序漸進地由對家長處境的瞭解，進而探究如何達到最有效率的親師合作關係。尤其每章結尾的進一步學習活動可激發讀者作實際觀察、資料整理，並且將觀念融會貫通後運用於實際中，對相關知識的整合有極大的助益。

爲了便於讀者查閱，在每章的最後都附上原書的參考文獻。譯者才疏學淺，恐有疏誤之處，尚祈先進不吝指正。

謹將此書獻給所有關心幼兒、對幼兒學前教育有理想的人！

邱書璇　謹識

一九九五年四月

# 目　　錄

## 第三篇　發展合作關係的技巧

## 第四篇 合作關係的實際運作

# 第一篇

## 親職導論

「Angela，這真是很大的困擾，Carver 小姐要媽咪和我逐條列出妳從嬰兒期開始，
每個時期分水嶺之重要關鍵，要漸次而毫不保留地詳述。」——摘自卡通畫集

# 第1章

## 家庭的概觀

本書假定目前在任教或是預備要教書者，在其生涯中，將會一直與「家」一起共同合作。即使媒體報導在今日世界，「家」是一種注定被傷害的制度，事實上，當傳統形式的家庭在衰退時，其他形式的家庭正在興起。

## 目　標

在讀完這章之後，學生將可以：

(1)定義「家」並細想一些家的特性。

(2)描述影響現代家庭本質的美國生活七種特性。

# 家庭的定義

家庭是最適合人類的制度，它能修改它的特性以迎合那些所存在的社會。近幾十年來，家庭的確被改變許多，工業化、都市化、消費者取向之經濟制度、傳統宗教和道德法典之改變，都使得家庭生活的所有關係基礎：男性和女性、年輕和年老者之間的關係產生變化。雖然我們這裏主要所關心的是美國家庭，但在本世紀的最末，這些改變已在世界的每個角落發生。

一九九〇年冬季，〈新聞周刊〉（*Newsweek*）發表了一篇特別的專題，名為「二十一世紀家庭」，序文是這樣陳述的：

美國單純的家庭不存在了，代之而起，我們正在創造許多類美國複合式家庭：以各種不同的型式和形狀。史無前例的，我們的家庭不再相似，現在我們的家庭種類有：父親工作、母親持家；父母皆離家工作；單親家庭；孩子由不相關背景聚集在一起的再婚家庭；無子女的夫妻；有孩子和沒有孩子的未婚夫妻；男同性戀和女同性戀父母。我們正處於美國家庭生活歷史性改變的時期。（*Newsweek,* 1990:15）

事實上，迄今，家對許多人代表著許多不同的意義，而縱然在敍述時「美國家庭」代表著許多不同的組合，但它仍然被概括地使用著。通

圖 1-1　家庭有各種形態和大小
Courtesy Council for Children, Inc.

常它會讓人想起是一個白人、中等階級、一夫一妻、父親工作、母親和
小孩在家的家庭，住在一棟郊區的房子，合宜地佈置整套的器具，在車
道上有一個小手推車，或許還有一隻狗在院子裏。如此的描述，排除了
四分之三以上的家庭在外，更精確地說，這種神話式的美國家庭並非廣
泛存在，在我們的印象中，家的意義可能需要擴大以容納其多樣性。Glo-
ria Steinem 曾說，「家是一種內容，而不是形式」（圖 1-1）。

# 一、「理想的」家庭形象

當「家」這個字出現時,你會想到什麼形象?人的心理印象很微妙,部份是根基於他們個人的生活經驗。

現在當你想到家時,作個實驗,在一張紙上畫出一些人物來代表,你孩提時所知道的家的成員;那時對你而言有誰可代表家?之後,同樣的畫出一些人物來說明青春期時你所成長的家庭。你的家是否有所改變?有任何增加或變動嗎?那些改變的原因是什麼?

現在畫一個你目前生活的家庭,有誰在那裏?它可說明你的生活改變了什麼?

現在最後一張圖,想像你可以為你自己設計一個理想的家,它將會是什麼樣子?

整理你的圖畫也許能大略描繪出家的一些概念。可預知的是,大部份的理想畫面包括一個父親、母親及二個孩子(可能先一個男孩,然後一個女孩)。這實驗被執行於二百個以上的學生(十八到二十一歲的女生)。不管這些學生所參與或現在所生活的家庭之真實組成為何,理想的家幾乎總是涵括了這些成員,而這常常與真實情況有些出入。一些學生實際上是生長在一個單親、有二個繼父、有許多兄弟姊妹、獨生子女、有祖父母或其他人一起住的家庭。所有這些真實的經驗都被略過而支持理想的雙親、二個孩子之家庭。一些學生創造出較複雜的想像家庭,特別是那些母親是全職家庭主婦的——她們自己準備成為一個工作者。唯一一個理想家庭接近真實情況的女性,她現在的生活是:在成為學生前即已婚且有二個孩子——除非離婚使婚姻破裂,那麼她的理想家庭才會包括另一個伴侶。

對許多人而言,理想家庭的印象較少是來自真實經驗的影響,而是從小即環繞著我們的微妙文化訊息,來自於兒童書籍的雜誌廣告,以及來自甚至更為滲透的電視節目:丈夫、妻子和孩子,一幅吸引人的景象衝擊著我們,那被稱為「精明能幹者」徵候群("Leave It to Beaver" Syndrome)(Rover & Polifroni, 1985),它已提供幾個世代人的觀點,包括那些現任的領導者和立法者。它給予一個清楚的標準來衡量期待家庭的特性,並且當真實情況不吻合理想時,給予相當罪惡和負面感覺。

很有趣地，被調查的學生他們知道他們的理想形象就是那樣，而且也明白是因社會的影響而產生該印象，但他們可能不知道當他們碰上真實家庭時，這種潛意識的印象會如何不知不覺地影響著他們。如果在老師的價值系統中，不自覺地潛伏著理想就是「好」的觀念，那麼任何被測量沒達到此標準的家庭就會被負向的評估。評估這種核心家庭模式為「好」的問題，是它可能阻礙我們以公正的效度去對可選擇的家庭結構作考量。

一種可能瞭解人們偏見的方法是作一個表，上面有你班上(或鄰居)家庭的名字，在你想要來往或是你認為良好的家庭旁邊作一記號。在你感到相處最舒服和常常接觸的那些家庭邊打個"＊"。這些家庭有幾個看起來像你理想的家庭或是像你成長的家庭？作這樣的練習，很重要的是，不要去用價值判斷哪個是「正確型態的家庭」，而是只要根據先前的經驗，來檢示你的最初反應。對老師來說，感覺較有親和力和舒服的家庭就是接近她或他的理想，這比要他清楚地講述理想家庭之外在參考架構要容易得多了。

對一個老師而言，主動去思考這些想法是重要的，詳細在筆記本上記錄家庭是一個好的開始。問自己一些問題——「有沒有任何家庭我感到相處時特別不舒服？我想這種不舒服是怎麼產生的？對此我能做什麼？」這並不是說老師們必須放棄他們的理想印象，而是老師們應注意當他們碰到各類父母親，要與他們建立關係時，這些印象就會變成限制因素。

## 二、不同家庭結構之例子

假使對家庭印象沒有足夠綜合的畫面，也許以下對於人們可能遇到和共處的家庭之簡短描述將會有所幫助。我們現在將看看這些家庭，以開始瞭解跟我們所處世界的價值、習俗和生活方式不同的各種結構家庭。這些家庭將會有助於我們之後瞭解老師與父母溝通時不同的關係和技巧。

⑴ Bob 和 Jane Weaver 已結婚五年了。他們是在 Jane 高中畢業的隔天結婚的。Sandra 是他們的女兒，金髮、藍眼，就像她的父母一

樣，是在他們結婚一周年紀念日之前生下來的。Bob 和 Jane 住的公寓和 Jane 的父母家只隔一條街，並在 Jane 已婚姊姊所住的區域附近。Jane 在結婚這幾年中在外工作的時間並不多。他們希望明年能有另一個孩子。去年 Jane 第二度懷孕，但是個死胎。Bob 在一個家具工廠的生產線上工作，薪水是兩萬六千多美元。今年 Jane 開始兼差，以幫忙存第一棟房子的頭期款。當 Jane 工作時，她的母親照顧 Sandra，她的收入每月扣稅後是五百五十美元，如果她需付保母費的話，她的薪水並無多大的幫助。

(2) Sylvia Ashley，二十九歲，單身，和她九歲兒子 Terrence 以及三歲兒子 Ricky 一起住。她和 Ricky 父親的婚姻在 Ricky 出生以前宣告結束。Terrence 的父親是她唸了第一學期就輟學的學院的同學，他們並沒有結婚。Terrence 出生之前，她就沒有和她父母聯繫了。雖然她住在一棟公共的公寓，但她很少與鄰居接觸。她是附近所居住的唯一白人家庭。Ricky 出生前她在一家百貨公司工作，從那時起，她的收入即來自失依家庭（AFDC）補助和食物津貼以及房屋補助。今年她開始上一個工作訓練課程，她希望能徹底執行成為護佐的計畫。通常 Ricky 和她待在家裡，但當她工作訓練課程開始後，他將進入托兒所。

(3) Otis 和 Fannie　Lawrence 婚前都各有一次婚姻，Otis 在第一次婚姻中有二個兒子，分別是十四歲和十歲。Otis 和他們每個月相處一週，而暑期時約有六週一起生活。Fannie 的七歲女兒 Kim 和四歲兒子 Pate，一年只見他們那搬到別州的父親一次或二次。他們從母親三年前嫁給 Otis 之後，就喊他「爸爸」。Fannie 目前懷有六個月身孕，他們最近搬進了一棟有四間房間的漂亮新房子內，但他們知道即使如此，房子仍然是太小。Fannie 在教三年級，在孩子生下後，她將會有三個月的產假；她申請了四個嬰兒托育中心，並在等待名單上。Otis 在賣車並且在晚上慢慢地修習商業學位。Kim 參加課後托育班，一週要二十五美元。Pate 進入一所全國連鎖的私立托育中心，每週要八十美元。Lawrence 家每年的收入是五萬八千美元，他們是非裔美人。

⑷Salvatore 和 Teresa Rodriguez 已住在這國家六年了，有時，他們的親戚會來與他們一起住，但其他的家人則是住在波多黎各。Salvatore 二十歲的弟弟 Joseph 目前住在這裏，正在上汽車機械的課程；他計劃在今年結婚，而且可能也住在同一城鎮。Teresa 想念她的母親，從他們的二個孩子還是嬰孩時，她的母親就沒看過他們。Sylvia，現在七歲，患有腦性麻痺；她在一所發展幼兒園上課，那兒有優秀的教職員，可以給予她所需要的物理治療和語言治療。Tony，今年四歲。Teresa 在麵包店打工，她的丈夫在巴士站輪班工作，以維持一家生計，因此他可在她工作時跟孩子們在家，這是必要的，因爲 Sylvia 需要特別的照顧。他們租了一棟六個房間的房子居住，他們選擇的是有較安全的鄰居和大花園的房子。

⑸Mary Howard，十六歲，和她的父母住一起，他們的鄰居是中產階級的黑人。她的祖母已中風，現在也和他們住一起。當 Mary 的女兒 Cynthia 去年出生後，她的母親就照顧寶寶，所以 Mary 可以完成她高中的學業。Cynthia 現在在一所教堂辦的托育中心，因爲 Mary 的母親回去工作以增加家庭收入。Mary 仍希望有一天她能嫁給 Cynthia 的父親，他今年剛上大學，他每週都來看她和孩子。Mary 不知道她在完成高中學業後，是否能如原先的計畫繼續電腦課程訓練，或是應該就去找工作以幫忙照顧 Cynthia 和家人。

⑹Susan Henderson 在醫院慶祝她的三十九歲生日，在 Lucy 出生的第二天。她丈夫 Ed 目前四十歲，在結婚了十三年後，他們又驚又喜地發現有小孩了。Lucy 是一個計畫中的孩子。Susan 很高興她的工作是建築師，這樣她至少能在家工作一年以上。Ed 的職業是個投資顧問，必須投下許多心力。他們的一些朋友對結婚成家仍猶豫不定。Ed 和 Susan 非常確知這個孩子將占去他們絕大多數的時間，而錢在他們的決定中並非主要問題；他們去年的收入超過十萬美金。Susan 在家照顧孩子之後，最大的抱怨是他們所住的公寓大廈很少家庭有孩子，而且沒有一個學齡前的孩子。她已加入每週一次的母親訓練課程。

⑺Sam Butler(兩歲)和Lisa Butler(四歲)常與他們的父母見面
——但就是不曾一起見到他們兩個。Bill和Joan分居幾乎兩年了，
他們的離婚是成定局的。他們的協議之一是要求聯合監護兩個學齡
前的孩子，這點在目前是指一周三天和父母一方同住，而四天和另
一方同住。此計畫有時會有些糾紛，如Bill去商務出差時，但到目
前為止，他們還都能妥善地解決問題。孩子們似乎以從父親公寓搬
到母親住處為樂，但在一週的轉接中，他們拿著行李到托育中心的
那天，必須確知是誰來接他們。Joan擔心這種安排當孩子漸漸長大
後將如何執行。兩個孩子都參加當地社區大學附設的兒童發展中
心。Joan已開始為秋季上課的Lisa找一個好的課後托育，而她知道
在工作後必須去兩個轉接站將會是更複雜的事。她是電話公司的秘
書，而且從秋天開始需要去上一些電腦課程，但她不知要如何使自
己和孩子得以調適——更不用說要找出時間和她新認識的男性朋友
約會。

⑻Ginny Parker和Sara Leeper共住一間公寓已兩年了。Ginny有
一對四歲的雙胞胎兒子；Sara的女兒現在五歲，這三個孩子都參加
先鋒計畫(為低收入者所辦理免費托育計畫)。她們是在當Ginny剛
分居、參加單親支持團體時遇見的。Sara是一女同性戀母親，領養
她女兒已六個月了。Ginny與她前夫在打監護權官司。她們沒有任何
親人在同一城市內。Sara是醫院輪兩班制的護佐，Ginny在市中心
的旅行社上班，她們共同分擔照顧孩子、持家和經濟的責任，以便
雙方都能過得較舒適，不過她們的經濟情況仍然低於聯邦貧窮的標
準，這使得她們的孩子符合進入先鋒補助計畫的條件。她們之間有
溫暖且相互支持的關係，即使Ginny並非是同性戀者。當被問到她
們的性生活時，她露齒而笑地說兩個母親所必須做的，可能就是立
誓禁慾，私底下，她表示這使她感到很苦惱，許多人似乎期待一個
離婚母親成為一個社交「換性伴侶者」。當被問到是否會擔心她們的
孩子在沒有與任何成年男性有關係的情況下長大，Ginny回答，那就
是他們成為單親團體會員的原因。他們計畫要持續這種生活的安
排。

(9) Nguyen Van Son 從他和叔叔十二年前來到這裏後就很努力。在高中以幾乎第一名畢業後，他完成了技術學院的機械設計課程，他在生產工廠有一份好工作。他的太太 Dang Van Binh 是一個世交的老朋友，六年前從越南來到美國之後，他們很快地結婚了。她的英文仍然不好，因此她上夜校。他們三歲的兒子 Nguyen Thi Hoang 去上半天的幼兒園課程，因爲他的父親熱切希望他能和其他孩子在一起，以便學好英文。他們的女兒 Le Thi Tuyet 和母親在家。在周末他們家會和其他越南家庭相聚，希望藉此維持友誼並保存他們對越南的記憶。

(10) Richard Stein 和 Roberta Howell 已同居十八個月了。Richard 的五歲兒子 Joshua 和他們住在一起。Roberta 已決定她不要有小孩；Richard 和她現在並沒有計劃要結婚。Roberta 擔任百貨公司採購員已很久了，Richard 爲當地報紙寫作。一周中的一或兩個夜晚，他們皆無法從工作中離開，所以 Joshun 必須從托育的鄰居家讓 Richard 在報上找到的大學學生接走，但很多次這種安排無法實現，而 Joshua 必須在保母家待到晚上，保母並不喜歡如此，因爲她必須從每天早上七點到晚上六點照顧 Joshua 和另一個六歲的孩子。

　　這些例子中，就如同你可能在任何幼兒園所碰到的例子，「傳統的」家庭（父親出外工作，母親在家照顧孩子、做家事）在目前的家庭種類中算是獨特的少數了；統計數字指出低於十分之一的美國家庭是這種模式。我們如何定義家呢？人口調查局的定義是「兩個或以上的人住在一起，當中的人是因血緣或婚姻而相關」，這似乎太過狹隘而無法包括所有這些舉例家庭的狀況。《韋氏新大學字典》（九版）提出一個較廣泛的解釋，而當考慮到這些範例家庭時，有二十二個以上的定義似乎較合適：「一群人因某種信念或共通特質而結合起來」，或「一群個體住在同一屋簷下，且經常有一個主要人物領導」。也許包容性最大的定義是：「一個小團體，當中的人親密、交易且相互依賴，他們分享價值觀、目標、資源和其他決策責任，彼此有長時間的承諾，並接受養育孩子的責任。」

```
┌─────────────────────────────────────────────────────────┐
│              讓年輕孩子們認識所有種類家庭的書                  │
│                                                           │
│ ·Bauer, C. (1982). My mom travels a lot. Niles, I II.: Albert │
│   Whitman Concept Books. 一個旅行的媽媽遇到的好事和壞事。       │
│ ·Brownstone, C.(1969). All kinds of mothers. New York: McKay. │
│   一本多種種族的書，介紹不同民族家庭內外兼顧的田親。             │
│ ·Drescher, J. (1980). Your family, my family. New York: Walker │
│   and Co. 本書呈現出一些不同形態、大小種類的家庭，他們的共享和憂喜。│
│ ·Eichler, M.(1971). Martin's father. Chapel Hill: Lollipop Power. │
│   本書是介紹一個養父和他兒子一起玩和作家事。                    │
│ ·Janness, A.(1982). Some ways the same some ways differ-      │
│   ent. Burt Harrison and Co.                              │
│ ·Merriam, E.(1961). Mommies at work. New York: Knopf. 一本關  │
│   於田親外出工作並兼顧家庭的好書。                            │
│ ·Simon, N.(1975). All kinds of families. Niles, Ill: Albert Whitman │
│   Concept Books. 呈現出同一時期所有種類的家庭，核心、傳統、收養、多種族 │
│   以及離婚家庭。                                            │
└─────────────────────────────────────────────────────────┘
```

**圖 1-2　和孩子一起看以瞭解家庭分類的一些好書**

　　家可能包括比父母和孩子以外更多的成員。Mary Howard 的家包括她的父母、祖母和孩子，而 Rodriguez 的家有 Joseph 叔叔。核心家庭的擴大會比傳統自給自足之經濟單位的大家庭產生更多的感情和支持。

　　家庭中可能包括一些沒有血緣和遺傳關係的人。Parker-Leeper 和 Stein-Howell 的家庭包括父母、孩子和其他藉由選擇而非法律產生關係的人。像那些來自於繼親家庭的人，如 Lawrence，可能即是新加入的親戚。

　　家庭可能由比任一時間所呈現的更多人所組成，如 Butler 一家像「拼湊物」（依社會學家所提），而 Lawrence 一家則是分離家庭結構的例子。

家是可變的，他的組成是動態而非靜態的，如果 Joseph 叔叔和他未婚妻結婚時，將成立他自己的家庭；Mary Howard 希望結婚並建立她自己的家；當父母再婚時，Butler 一家可能會再增加人數——正如他們所希望的；Weaver 家希望增加另一個孩子。隨著家庭成員的成長和發展，改變就會發生。家人要不斷地調適家庭動態的改變以挑戰新的家庭角色(圖 1-2)。

## 三、現代家庭

作一個現代的父母比上一代或上二代以前要困難或是容易？毫無疑問的，今日的父母和他們的祖父母甚至父母所面臨情況是十分不同的，但家庭的功能仍正常運作中。對於家庭形式和功能的改變並不需感到悲

「我們家是很安全的，除了可能發生的死亡、
疾病、失業、分居或離婚之外。」

**圖 1-3　家庭易因許多外在壓力而受傷害**
Courtesy Johns Hopkins University Press.

觀或困擾，除非你只堅持要固守過往，維持著過去排他的「正確」看法。在這章中幾乎所有討論的改變對美國父母都有一些正面和負面的衝擊。

一些現在美國生活的趨勢影響著家庭的本質，包括了婚姻不穩定和未婚媽媽人數的上升、角色行為的改變、流動性和都市化、家庭大小的縮減、社會變遷率的增加、以小孩為中心的社會發展，以及現代生活的壓力等，這些都將在本章中討論（**圖 1-3**）。

## 四、婚姻不穩定和未婚媽媽

統計數字可以告訴我們一些事：自一九〇〇年以來，離婚率已增加了幾乎七倍。據估計，目前結婚的人中有超過一半都將以離婚收場，而二次婚姻中也有六成將失敗。根據人口調查局的預估，在這十年中出生的孩子，幾乎將近有一半將在單親家庭中度過他們的童年期。這些單親家庭的產生大部份是由於離婚，但離婚的父母常常再婚，目前至少有七百萬個孩子是與繼父母住在一起。預計在過去十年出生的孩子中，有三分之一在十八歲前將成為「拖油瓶」。

另外，一些單親家庭也導致未婚生子比率的增加。目前有百分之二十二的孩子是私生子女，其中將近三分之一是由十幾歲母親所生。自一九五〇年以來，十幾歲母親未婚生子的比例增加了四倍半。在一些貧困區的醫院，有超過一半的女性生育時是單身青少女（Halpern, 1987），這些家庭特別有早產、兒童虐待、失業和貧窮的危險（**圖 1-4**）。

然而，單親家庭雖然必須面對許多的困難，但無疑的，也有許多單親家庭在親職教育上，有非常了不起的表現。

### (一)貧窮

「單親」這個說法並不能完全傳達大部分這些家庭的實際情況，超過九成以上的這些家庭，都是由母親所當家。只有不到百分之三的孩子是只與父親一起住。貧窮影響著約十六分之一的雙親家庭，九分之一的單親爸爸，但卻影響著三分之一的單親媽媽（Halpern, 1987）。這是真的，縱使事實上八成的單親家庭持家者有全職的工作，卻都是作典型的低收入工作，而此份收入負擔了全部家庭收入的六成至七成，另外的部分則是其他的生活資源：孩子扶養費和政府的補助。即使母親收到孩子扶養給付，其總數似乎太少。許多父親並不付孩子扶養費，而縱使在某

**圖 1-4　未婚青少女的生產率繼續在爬升**
Courtesy Council for Children, Inc.

些州的法律效力之下，成功地迫使其盡義務，也有將近三分之二的父親
仍是會拖延約定的給付。孩子扶養費只能支付單親家庭全收入的百分之
十五（Family Affair, 1989）。經濟的壓力是離婚婦女的主要抱怨，許多
單親家庭無法支付他們所需的足夠費用，像是當母親工作時的孩子托
育、休閒或其他社會救助。

　　貧窮在美國隨著家庭結構改變而增加。那些貧窮家庭主要都是以女
性爲一家之主，這在國家的歷史上是首見的。以女性爲首的家庭，其貧
窮率是百分之三十四，每五個孩子就有一個生活在貧窮中；這個比例高
過於黑人和難民的二倍，那些孩子中有五十萬個無家可歸（美國人口調查
局家庭部，1989）。一九八〇年代許多支持貧困家庭的計畫津貼皆被冰凍
或大幅刪減，家庭福利津貼在通貨膨脹的調查之後比一九七〇年的標準
還低，降到百分之三十五。幾乎五十萬個家庭失去所有的福利給付，一
百萬人的食物補給被削減，而一百萬以上學生的學校午餐的補給被削
減。貧窮家庭在沒有政府安全網絡的保護之下獨自掙扎。一九九〇年開
始，聯邦的支出作風顯得嚴厲，而安全網絡似乎並未予以加強。

（二）壓力

　　一個家庭由開始的雙親改變爲單親的狀態，無疑地將會在某一時期

經歷到壓力的增加——即使不是永久的。所有家庭成員都必須對生活方式的改變作調適，包括親戚關係的失去、可能的搬遷、新的工作或學校安排、其他因較受限的預算所迫使的改變、與父母之一方較少聯繫，以及親人間態度的改變。

大部分離婚所產生的單親家庭是以女性為首；單親家庭的母親因親職責任中多了父親的角色，因此有額外的壓力。為了試著以關心去彌補社會態度認為單親家庭是病態的家庭，她很容易使自己負荷過重。社會對離婚態度也許已改變成接受，但對「破碎家庭」的態度仍使許多單親父母有感到罪惡感的額外負擔。

如果一個單親家庭再循環而產生一個新的混合家庭，額外的壓力可能會產生。當一份收入必須支付超過一個家庭時，新家庭也許就開始產生經濟問題，隨著新的關係而來的眾多情況可能會產生一些情緒的負擔，像是要努力建立一個速成家庭，溫暖且親近，並保證會彌補早先的痛苦，且排除「醜陋的繼父母」之恐懼。不幸地，這些負擔可能太重了，導致無法維持下去，百分之四十的混合家庭在四年內會以離婚結束掉婚姻。第十五章將會深入探討這些家庭所有成員壓力產生的結果。

## 五、角色行為的改變

在重播的一九五〇年代和一九六〇年代初期之舊電視連續劇中，Beaver Cleaver 的媽媽在家烤餅乾，而 Bea 阿姨在 Andy 工作養家時，在家照顧 Opie；但在一九九〇年代，受歡迎的電視家庭劇「天才老爹」中的寇斯比太太則忙於當一名律師。的確，目前愈來愈少的母親扮演著傳統的家庭主婦角色，非常多的母親外出工作。現今戶口普查估計指出，大部分工作中的女性都是有孩子在家的母親，確切地說，在一九〇〇年，二十個太太中，只有一人在工作，在一九五〇年以前的比例則是四分之一，而現在則幾乎是五分之三的比例。在一九四〇年，只有百分之八點六的職業婦女其孩子在十八歲以下；現在則是將近一半就業母親的孩子是在一歲以下，有五成五有學齡前的孩子，而六至十三歲孩子的媽媽有七成在工作。

### ㈠女性的角色

單單是統計數字並無法描述自一九六〇年代女性角色再定義以來所

**圖 1-5　超過一半學齡前兒童的母親在外工作**

有發生的事。自《女性的魅力》（*The Feminine Mystique,* Friedan, 1963）發表以來，全世界的女性被驅策去尋求與男性關係之平等，以及她們在社會和在工作上的地位，這並不是個參與者容易作到的改變。對女性而言，那表示除了平常的持家和養育孩子之眾多責任保留之外，還要再增加新的角色。如果一個女性試著要兼顧她從母親那兒看到在家扮演的角色以及她新的工作角色，她將會陷入「女強人」症候群和精疲力竭的危險中，感受到從她生活各方面產生的壓力。

　　許多成年女性的一個困難是，在她們從她們自己母親所看到的例子，和她們年輕時對於長大後將成為什麼樣子的幻想形成了早期印象之後，社會對於女性權利和角色的想法卻產生了改變。她們以往學到的是女性角色就是在家這個小世界裏養育並照顧其他人，現在的變遷則主張她們照顧自己，去擴展她的世界。許多婦女在缺乏方向感混亂地擴展時，也嘗試要去符合傳統的方式，因此她陷入混亂中。幸虧在一代之後的現在，許多婦女發展出更適合她們和她們情況的方式。我們希望外出工作婦女的孩子養育問題能得以解決，以使性別期待中女性的行為在各方面整合時較少困難（**圖 1-5**）。

　　工作並非女性生活被再思考的唯一問題，依一位一九六○和一九七○年代就參與婦女運動的女性之說法是：在家和外面沒有平等權。性、

**圖 1-6　許多夫妻共同參與預備生產的課程**
Courtesy Lamaze Institute for Family Education.

生殖、性角色刻板化和限制之主題引起了全國性的討論，而一些實際的改變是有效的，且提升了自覺。婚姻不穩定的增加可能部分是因為這種傳統關係的問題，而婦女運動在未來幾年可能被證實對家庭和社會的本質有重大的影響。不管女性和男性是否同意支持平等權，在這個國家任何人想對這種討論和所引起生活方式的衝擊保持不碰觸的態度，在實際上是不可能的。改變是經由混亂而來，而此種關係的改變和角色行為的環境已促使家庭中的女性和男性進入一未知的領域。

**㈡男性的角色**

　　男性的家庭角色也同樣地面臨不穩定的新局面。他們不只在工作場所被要求與女性分享地位和權力，在家裏對他們也有比對他們父親那時更多的期待。他們也許並沒有平等地分擔家務，但毫無罪惡感地在上桌吃飯前埋首於報紙前的日子已過去了，像他們在孩童時所知道的父親行為模式也已過去，但這在以前他們父親那時就已發生。家庭中祖父的角色是去使用權威控制，但二次世界大戰之後，一個父親對孩子之主要角色變成是玩伴，因父親由於工作方式的改變而有更多空閒的時間，又因專家建議父母要不斷地從對孩子們嚴苛改變成關心他們，使孩子感受到被愛和快樂，因此父親成了能帶給孩子歡樂的人。今日的父親和孩子一起玩，也與母親輪流帶孩子看小兒科醫生、煮晚餐、管理家務等。常常

**圖 1-7　今日許多父親參與孩子的養育**

他在孩子出生前即已參與——和太太一起參加拉梅茲課程，經由預習生產以學習如何去幫助她（**圖 1-6**）。但這種參與是否就如一些婦女雜誌文章所描寫的那麼普及呢？雖然大多數的父親有分擔部分的責任，但只有很少比例的家庭是父親與母親平均地分擔照顧孩子的責任。根據最近的研究，太太就業的男性似乎在作家事的時間上有微量的增加，但花在照顧孩子的時間增加量仍比花在清潔上的時間還少（Hochschild, 1989）。一些美國父親仍然聲稱從未換過一片尿布，雖然一些丈夫可能會幫忙，但持家和照顧孩子之主要責任仍在妻子身上，也許這是由於被丈夫和妻

子角色行為模式所束縛。確實，高度參與的父親之模範較少，而那些少數真的平等參與父母工作的父親得到較少的認可及幾分的嘲笑。但今日的父親被要求與他的妻子分擔照顧孩子的責任，這可以展現他們許多的「母性」，而那以前都只與母親有關（圖1-7）。要去定義作一個男人是什麼意義，想法上的重要改變是需要的。男性也許感覺到，當代美國女性角色的改變也使他們改變了自己，而且大部分父親喜歡他們的新角色。

確實，某些想法上的改變已發生，而可能有更多的想法需要改變。改變的一個例子是由對美國父母作許多建言的醫生 Benjamin Spock 所提出。一九四六年，在他的書《嬰兒和兒童保育》第一版中，他相當確定地說，「母親去工作而請其他人來照顧孩子是很不合道理的」，然而，到了一九七六年，他主張父母雙方皆有就業的平等權，而且也應平等分擔孩子的照顧義務（Lamb, 1981）。慢慢地，社會對家庭成員角色期待已被迫改變，而個人也嘗試在外在實際和要求以及新的社會模式所引起的內在心理衝突間取得平衡。

對於家庭成員不同方式之家庭角色和親職的影響仍在評估之中，但可肯定的是，在可自由抉擇的選擇下，有更多個人成長的機會。由於願承擔親職中愛和養育部分的父親愈來愈多，而母親在家庭內外承擔領導角色者也增多，使得孩子們可有更多民主家庭的模範。婦女運動對每個人——男性和女性，都開啟了一扇門。

## 六、流動性和都市化

隨著工業化和工作型態的增加，許多工作者和他們的家人因尋找較好的新工作而常常搬家。美國人平均在一生中會搬十四次家，而五分之一的人每年在搬家。

這對當代的家庭有什麼意義呢？這種地理上變動的增加會帶來較少的社區感、較多的疏離感和寂寞感。那也可能表示核心家庭之父母和他們的孩子，遠離那些可能在早年扮演支持來源的人。一個從醫院帶新生嬰兒回家的新手媽媽，可能對如何照料嬰兒的知識知道得不多，更別說要如何去處理凌晨三點起床的焦慮，她唯一的支持是她那可能和她一樣無知和焦慮的丈夫。在過去，她可能被她的母親、婆婆、阿姨、表姊、姊妹，以及從小認識的鄰居所包圍。當過去的日子走遠，年輕的夫婦需

**圖 1-8　許多核心家庭只在假期節慶和大家庭見面**
Mark 和 Denise Stephens 家庭照片；攝影者：Deborah Triplett

要保母以使他們能安心地購物或是有離開孩子的休閒時間；當父母必須
去工作時，需要有人來照顧他們生病的孩子；當孩子有好的表現時，需
要有人和他們一起分享孩子學校成就的喜悅；或是當孩子開始發脾氣，
使用耳語或做任何令第一次當父母者震驚的事時，需要有人同情和使他
們鎮靜。逐漸地，父母必須期望他人協助以填補一些功能，那些功能也
許是以往的大家庭所能做到的（**圖 1-8**）。譬如，他們可能請鄰居十幾歲的
女兒來照顧寶寶，使他們能在晚上出去，或者他們也可能因爲付不起費
用或擔憂而寧願只是待在家裏。由於搬離傳統的支持來源太遠而帶來的
孤立是今日父母壓力的原因之一，父母必須完全負責每件事，在他們的
家中產生一種情緒矛盾的情況。在另一方面來說，核心家庭從周遭社會
分離出來自成一單位，會產生一種特別的團結感；它的成員感覺到彼此
間有比與外面任何人更多的共同點。但縱使這可能會產生一些溫暖的感
覺，但疏離的冷漠感也可能會出現。「在我們核心家庭的文化中，每個新
的一代都在找尋他們自己的價值觀，即使那是一種孤獨的尋找，沒有上
一代作爲後援。年輕的家庭所感到的是焦慮和無倚靠。」（Brazelton,
1989:41）

這種孤立有部分是自找的，美國家庭被教導要重視獨立，這使人們感覺到尋求家庭系統的幫助就是承認失敗。而在今天，沒有了傳統的支援系統，這種殘存的神話促成孤立的家庭。

　　在大都市中扶養孩子，使父母除了孤立之外，也浮現出一些問題：文化、宗教和種族背景提供了豐富和多樣的變化性，當孩子身處於如此的多元化社會時，那也會成為衝突的部分來源。

## 七、家庭大小的縮減

　　根據人口調查局的定義，一個家庭單位是由兩個或兩個以上的人組成。依統計資料顯示，這些年來，平均家庭大小已在縮減，從一九〇〇年的四點七六人降到一九四〇年的三點六七，而目前只有三人左右。這種縮減是由於每個家庭的十八歲以下孩子較少的緣故——從一九七〇年的一點三四個到現在不到一個。有許多原因造成這種情況，一個主要的理由是隨著教育水準提高和對事業期待的增加所造成的延緩生育。從一九五五至一九八七年，二十至二十四歲之間的已婚婦女，沒有孩子的比例從百分之三十三上升至四十；而二十五至三十歲之間的已婚婦女，無孩子的比例則由百分之二十增加到二十六（Halpern, 1987）。其他的原因還包括：養育孩子之經濟負擔(在資產跟不上物價上漲的時候，生養孩子

**圖 1-9　這個家庭是一個例外，有比今日「單一小孩」多的孩子**
Courtesy CPCC Media Productions-Mike Slade.

的經濟問題也影響著家庭之大小），家庭和工作場所對女性角色態度的改變，對家庭生活水準和婚姻需求的期望增加，以及從鄉下搬到都市的環境。獨生子女的家庭更多了，在實質方面，這表示可能有些人在成為父母親之前，並不曾與小嬰兒接觸，或分擔任何照顧小弟弟和小妹妹的責任（圖 1-9）。

另一個導致家庭大小縮減的因素，是住在家裏的除了父母以外的大人愈來愈少。在一九二〇年代，超過一半的美國家庭至少有一位其他的大人住在家裏——祖父母、阿姨或是叔叔（Croft, 1979），年輕家庭都是與他們自己父母住在一起而開始其婚姻生活，但到了一九五〇年，這種情況已降到十分之一；今天也許只有百分之三到四的家庭中有另一位大人。人口調查局注意到獨居的人數有明顯增加的現象，五十歲以上和二十歲的人皆然，在過去，這些人可能都是大家庭的成員。這種現象意謂著，小的核心家庭缺乏時間、金錢和家庭中其他大人可提供之友情等這些額外的支持來源。

## 八、社會變遷的加速

父母在過去三十幾年或更早之靜態社會所遭遇的困難，比在快速而激烈發生改變的社會來得少。當父母在他們自己的父母無法為他們在未來世界所扮演逐漸複雜的角色作好準備，並且試著幫助他們自己孩子去面對他們還無法想像的世界時，代溝就產生了。這並不是一個父母只要為他們的孩子創建一個安逸的世界，而是一個父母不確定如何作才能建造出最好的新世界—— 一個充滿挑戰性、可能性和使今日父母感到壓力的世界。

> 他們自己成長於昨日世界，那世界現在已大量地逝去，而他們已被那世界所吸收內化；他們養育他們的孩子在今日世界，那世界他們只有部分瞭解和只部分接受；但他們試著為孩子在明日世界作準備，那世界還沒有人瞭解。（LeMasters & DeFrain, 1983:231）

改變是令人迷惑的，因為動亂會發生在社會上每個重要的組織。

人類發展關係之中斷，是因價值觀、法律和行為準則改變而導致不同的生活方式。公民權利運動、婦女運動、越戰以及反對和支持它的團

體之騷動、政府領導者和教育系統的覺醒、中東的動亂、對環境墮落之關心、害怕藥物侵害我們的生活，以及物價上漲和負債，都代表著未來——有無止境持續著的新想法和印象環繞著我們。以家庭來說，家庭的結構和外觀、家庭成員扮演的角色、對兩性活動的態度、避孕、墮胎——這些觀點全都和以前不一樣了。

這使得父母自己也感到不確定，而且他們幾乎必須擔憂碰觸到他們生活和他們孩子的每件事。General Mills 美國家庭報導發現，父母擔心是否在一個多變的世界對孩子太過縱容或是對他們期望太高；他們擔憂電視和暴力；憂心教育；而他們的擔心大部分是因為他們獨自在作決策——他們不願從其他人那裏尋求建議（Yankelovich, 1977）。

社會環境的快速變遷使得許多父母在處理這種確定性的缺少時感到加倍困難。

> 所有的父母都擔心犯錯……要成功地做好適當教養孩子之親職工作，會十分困難的一個原因，是你的工作場所的工作文化常常是偏向完美主義的，並且依賴著報酬。然而，養一個家，報酬是不可依賴的……（Brazelton, 1989:1）

在改變如此快速的世界裏，父母並不是唯一感到不確定的人。他們周遭的社會也同樣感到困惑。從最近的蓋洛普民意調查結果中可看出，美國人對家庭之價值觀是矛盾的。百分之八十七的人仍有「對於家庭和婚姻的舊式價值標準」，而百分之六十八的人相信「今天有太多的孩子在托育中心被撫養」，但同時，百分之六十六的人駁斥「女性應當回到她們傳統的社會角色」的想法，而百分之六十四的人也駁斥「一個太太去幫助她先生的事業比她擁有自己的事業更重要」的想法（Family Affairs, 1989）。一些我們的價值觀和信仰發生太快速的明顯改變導致無法趕上實際情況，父母們被很現實地陷入快速變遷的困境中。大部分的工作仍被設計為好像有家庭主婦提供支持給在職的丈夫，且彷彿所有的孩子都與其親生父母同住。社會結構已快速地改變，但社會和個人價值觀和感受的改變則落於其後。

## 九、以孩子為中心的社會

不只一位專家曾探討孩子的角色在家庭和在社會在這幾世紀以來是如何的演進，特別是在二十世紀的美國。

在早期的時候，孩子被成人世界的標準嚴厲地測量著且限制要符合它。

> 早在一九二○年，母親團體在較大的城市中成立，提出喀爾文教義的觀念，「粉碎孩子們的心願」，報紙和雜誌的社論有時也致力於討論使孩子服從母親權威的技巧。（Bigner, 1985:14）

在一九二○年代後期，父母仍被給予約束的建議，這可以從 J. B. Watson 著作中所摘錄的一段話為證：「有一個訓練孩子的明智方法：對待他們就好像他們是小大人一樣……絕不要擁抱和親吻他們，絕不要讓他們坐在你的膝上。」（Bigner, 1985:17）

但現代的美國，孩子是世界的寶貝，整個工業蜂擁而出以迎合他的希望——玩具、孩子的電視、穀類早餐。心理學家和研究人員努力地指導父母，教養孩子什麼應該做和什麼不應做。大部分關心孩子發展的現代研究和想法現在較具實用性，在形式上則兼具通俗性和專門性。書店裏書架上的書提供父母們許多建議，而建議常常因不同專家的看法而有相當大的衝突。

父母教育課程幾乎在每個社區都有。任何上過父母教育課程的人都知道可由父母那裏常聽到二種反應，一種是好奇早期的父母沒有這種知識也能做好令人接受的親職工作。「我母親扶養五個小孩，我們都變得非常好，而她甚至從未聽過艾力克生或皮亞傑！」另一種反應是來自專注於對他已經做過或失去機會去做的事感到罪惡感的父母——「如果五年前我就已經知道這個就好了。」不管是否是由父母自己下決心要做好這個工作，或者是因他周圍的社會環境所導致的，其結果是父母在以孩子為中心的文化中最後變成「壞人」。

## 十、現代生活的壓力

今日大部分的父母一週工作在四十個小時以下，現代的科技和富裕

**圖 1-10　有許多需求在現代父母身上**

結合在一起而提供各種省力的持家器具，所以美國父母似乎應有更充裕的時間來養育小孩。

　　然而，為何我們常常會聽到父母抱怨沒有足夠的時間去做必須做的每一件事？為何年輕的母親最常抱怨的是精疲力竭到必須尋求醫療，而有些父親每天和孩子們在一起的時間卻平均不到五分鐘？

　　事實上，雖然現代父母花較少的時間在工作和家事之操作上，但他們花費在非工作的時間卻增加許多。社會對於個人實現自我中心目標的壓力增加，發現和實現自我這種需要時間的活動是被接受和必須的。高度組織的社會提供較多的選擇，且需要大人和小孩二者較多的參與。有些人指出孩子的日子是非常忙碌的：從游泳課、參加童子軍，到醫生的約會，到與朋友相偕參加活動，但他們並沒有提到在這忙碌的孩子後面的是安排所有活動並驅使孩子必須去參加的父母！從事全職工作的父母，只好在工作結束時，開始去填補被期待的責任(圖 1-10)。第二章將更仔細地看看父母所扮演的各種角色。在這一點上，瞭解當代父母的日

子充滿著比過去更多的需求和期待是很重要的。

　　有一點是很矛盾的：當今日的父母好像有較多工作以外的自由時間可過生活時，卻似乎有較少可用的時間去過放鬆的日子。Urie Bronfenbrenner 在白宮會議有關兒童的聲明報導上，有很好的陳述：

> 今日世界的父母發現他們自己身處在社會的壓力和優先權之擺佈中，在時間或地點上都不允許他們進行意義深遠的活動並發展親子之間的關係，那使得父母的角色和親職的功能走下坡，且也阻礙了父母去作他們想要做的事。(Bronfenbrenner, 1974:161)

## 摘　要

　　新的人口統計學指出，美國家庭和許多孩子的成長經驗已被劇烈地改變。很有趣的，簡縮當代生活的所有方面可知道，其對父母有益處也有缺點。變動的趨勢代表著許多美國家庭被迫孤立，而同時也帶來就業機會的增加、繁榮以及個人的成長。婚姻不穩定的趨勢，對許多大人和孩子帶來壓力和痛苦是確定的；在很多例子中，離婚也帶來機會以找到較調和的生活方式。去評估社會的趨勢並不是本章的目的；重要的只是去激勵那些將會與現代家庭緊密相處的老師們，去思考那些有時未經同意便衝擊著家庭並塑造它們形態和方向的影響。

　　現代家庭被一些困難所困擾，它們是：在外的已發展成的新社會型態，以及在內的當個人的生活經驗和他們所學到的模式不同時所產生的心理壓力。親職本就是一個複雜的工作，何況，在現代美國文化的情況之下，親職的挑戰更是被提高了。

## 進一步學習之作業

(1)作一個小型研究去思考影響當代家庭的社會本質。

　1.參加一個你認識的人之父母團體非正式的討論，他們和他們的父母在作父母的經驗上有何不同？在他們的談論中，你發現那一種文化的情況是在本文中所討論的？

　2.隨著願意去討論他們生活方式的父母，試著瞭解其性別角色參與的家庭方式——是誰購物、清潔、照顧孩子、帶他們去看醫生或去理髮？

　3.問一些你認識的父母，他們在那兒出生和長大？現在他們的大家庭在那裏？你的發現和本文所討論的流動性一致程度如何？

　4.注意幼兒園中小孩的家庭結構，算出傳統雙親家庭、雙生涯家庭、單親父母、繼親或其他組合家庭之比例。他們的家庭大小如何？家庭中有無額外的家庭成員？

　與本文所討論的婚姻不穩定、女性角色的改變、家庭大小相互比較，你的發現是什麼？

(2)在期刊中，檢視本章中所描述的家庭。有沒有任何家庭讓你感到不舒

服？爲什麼會引起這種不舒服？那一種家庭似乎與你的價值觀最接近？

(3)在上課討論中，思考一些造成離婚和家庭形態改變的原因。

## 複習問題

(1)定義家庭。

(2)描述家庭的兩個特性。

(3)列出七個影響現代家庭本質的美國生活特性。

## 進一步閱讀的建議

Brooks, A.A. (1990, April). Educating the children of fast-track parents. *Phi Delta Kappan, 71*(8), 612–615.

Clay, J.W. (1990, March). Working with lesbian and gay parents and their children. *Young Children, 45*(3), 31–35.

Fantini, M.D., and Cardenas, R. (Eds.) (1980). *Parenting in a multicultural society.* New York: Longman, Inc.

Howard, A.E. (1980). *The American family: myth and reality.* Washington, D.C.: NAEYC.

Magid, R.Y. (1987). *When mothers and fathers work.* Amacom.

Robinson, B.E., and Barrett, R.L. (1986). *The developing father: emerging roles in contemporary society.* New York: Guilford.

Russell, G. (1983). *The changing role of fathers.* London and New York: University of Queensland Press.

## 參考文獻

Bigner, J.J. (1985). *Parent-child relations: an introduction to parenting,* Second edition. New York: Macmillan Publishing Co.

Brazelton, T.B. (1989). *Families: crisis and caring.* New York: Addison-Wesley Publishing Co. Inc.

Bronfenbrenner, U. (1970). The roots of alienation. In Talbot, N.B. (Ed.), *Raising Children in Modern America: Problems and Prospective Solutions.* Boston: Little, Brown and Co.

(1989, Spring). *Family Affairs.* The Institute for American Values.

Halpern, R. (1987, September). Major social and demographic trends affecting young families: implications for early childhood care and education. *Young Children, 42*(6), 34–40.

Hochschild, A. (1989). *The second shift: working parents and the revolution at home.* New York: Viking.

LeMasters, E.E., and DeFrain, J. (1983). *Parents in contemporary America: a sympathetic view,* 4th ed. Homewood, Illinois: The Dorsey Press.

Levitan, S.A., Belous, R.S., and Gallo, F. (1988). *What's happening to the American family? Tensions, hopes, realities,* Rev. ed. Baltimore: The Johns Hopkins University Press.

Rover, D., and Polifroni, F. (1985). *The "Leave It to Beaver" syndrome.* New Orleans, Presentation at NAEYC National Conference.

(1990, Winter). The twenty-first century family. *Newsweek Special Edition.*

Yankelovich, Skelly, and White, Inc. (1977). *Raising children in a changing society: the General Mills American family report.* Minneapolis: General Mills Consumer Center.

# 第 2 章

## 親　職

在我們這複雜的現代世界，身為父母的大人必須去適應各種父母所被要求扮演的角色。

## 目　標

在讀完這章之後，學生將可以：
(1)討論七個父母扮演的角色以及對老師的暗示。
(2)描述七個父母的情緒反應以及對老師的暗示。

和家庭一起工作的老師可能在父母表現出無法完全把注意力放在與孩子有關的事上時會感到挫折，但老師們也許忘了親職是包含許多綜合的行為和角色。

想想看以下的情況，老師是否都覺得很熟悉呢？

Jane Briscoe 變得沒耐性了，她向她的主管表示，「這些父母，我無法理解。我試著花時間和他們談，而他們卻是頑固的，相信我，我已做了該做的任何事，但他們有的似乎就是不感興趣。有一天 Lawrence 太太在我說話時一直看著時鐘；而今早 Mary Haward 看起來就好像她甚至沒在聽我說話。我試過了，但如果他們不關心他們自己的孩子，那麼我應該怎麼去做？」

主管 Forbes 太太，她感到同情。她知道 Jane 的挫折部分是來自於她對孩子的關心，也是來自於人們在溝通時，希望能有所回應之作用。但她也知道 Jane 只從一個觀點去看事情，而需要去提醒她，生活也可能要從父母的觀點來看，使她能夠增加同情心和有效性。老師若假定父母不關心，那麼會減低她的努力；而一個知道父母在時間和注意力上有多重負擔的老師會持續地去嘗試努力。

「當妳努力地嘗試時，Jane，我知道那對妳是挫折，我也確定，那並沒有一個容易的答案，但有時我會試著去想像有些父母他們的生活可能是像什麼樣子，當他們走進這兒時，可能在他們的心思裏，充滿了所有的事。妳的 Lawrence 太太──這個星期一早上，她的心裏關心著她的二十八個三年級的學生，也關心著她自己的兩個孩子，而我碰巧知道她的兩個繼子在上週末來訪，那是很困難的──全

部事情都塞在一起且情緒高張著。此外，更由於懷孕了，使得她現在看起來很疲累，她可能有更多事必須去考慮：試著使兩邊的孩子習慣於有一個新寶寶的想法。她的丈夫長時間地工作——可能難以找到時間使二人一起放鬆，更別說要完成新房子的所有雜務。」

　　Jane 看起來相當能諒解，「你是對的，你知道，我想如果我考慮到這些，我也可以算出一些可能使 Mary Howard 無法將注意力完全地放在我這兒的事。現在是高中的考季，我知道她試著去考出好成績以便繼續唸大學，而她仍是一個高中的孩子，不管是否是母親——我確實記得我的朋友和我在那時有幾百萬個問題，從計算如何得到足夠的錢去買最近的流行物品，到如何去與我們的父母相處。她和她的父母住在一起，她仍是個青少年，卻也是個需要父母幫忙照顧她自己孩子的母親，這可能真的是很困難的。我不知道她是否會因為她的孩子而停止上學。對她而言，留下孩子可能是她所作的重大決定，而她仍然無法確知在她前面的會是什麼。」

　　Jane 停頓了一會兒且後悔地笑著，「我想我花了太多的時間對父母們生氣，而太少嘗試進入他們深處去從他們的觀點看生活，謝謝妳，Forbes 太太。」

　　Forbes 太太在 Jane 出去時笑了笑，想著這位年輕的老師會沒事；她已在有效地與父母們工作上跨出了第一大步。

　　她已開始試著去瞭解親職的經驗，包括父母所扮演的許多角色以及父母的情感反應。

# 父母扮演之角色

　　雖然該老師已考慮了兩個母親的處境，但也應該注意到社會態度的改變已鼓勵人們去想到雙性的成人角色——那些由男性和女性所分享且有類似功能的角色。然而，知道父親和母親可能是關聯且相互影響的，與他們孩子對其的認知並不相同，因為他們的本質和過去的經驗跟孩子是不同的，許多父母在親職和家庭生活方面不再區分出男性和女性的工作。本章延續著該種模式，將檢視這些角色並簡短地考慮對老師的涵義。

**圖 2-1　父母的一個重要角色是去提供溫暖情感的養育**
Courtesy Council for Children, Inc.


# 一、父母是養育者

養育的角色包含小孩成長和發育所需的所有慈愛關懷、注意和保護，然而這意謂的是照顧孩子出生前後的生理需求，但也許健康的發展之最大需要是情緒的支持和照顧。作爲一個養育者是父母的主要角色，應提供一個溫暖情感交流的心理環境讓孩子發育(圖 2-1)。

研究者已發現，在嬰兒期，溫暖和父母的反應，包括父母和嬰兒間親密的身體接觸，和依戀的發展之間有重要的相關，證實在出生後二年會形成強烈、情感的相互連接且持續下去(圖 2-2)。依戀被認爲與每個其他方面的發展最具相關：(1)生理成長和發展；(2)對同儕和其他成人的興趣和相互的關係；(3)認知和解決問題技巧，包括對世界的好奇心和興趣；(4)語言發展。行爲和發展差異的基礎與依戀有關，依戀的關係提供孩子一個安全的堡壘，從中會使其向前冒險以探究世界並學習如何與人互動。

Ainsworth 報導，學步期之前，在「陌生情境」中觀察孩子反應顯示出，幼兒的依戀已經形成。的確，父母養育行爲的變異決定了孩子將會與父母有不同性質的依戀關係。有些孩子表現出安全的依戀行爲，這包括：可輕易地離開母親去探索附近的玩具，然而也會定期地與母親保

**圖 2-2　在嬰兒期溫暖、有反應的親職導致安全的依戀**
Courtesy Mark & Denise Stephens 家庭照片；攝影者：D. Triplett

持基本的接觸；當母親在時和陌生人有友善的行為，當母親離開時則可
能會哭，但通常會繼續地玩耍；與陌生人接觸時剛開始會有些不適但之
後會有幾分的友善；熱切地歡迎返家的母親。當孩子的父母給予他們有
反應的回饋，包括對嬰兒信號的注意，正確地判讀信號，並迅速地給予
適當的回饋以使孩子感覺到他的溝通會引起反應時，嬰兒會形成安全的

依戀。有反應的父母對嬰兒的活動也會表示出敏感性,但並非干預或涉入。

　　焦慮依戀的嬰孩可能是情緒矛盾型焦慮或是逃避型焦慮。矛盾型焦慮的嬰孩對母親同時表現出反抗性和依附性。這種孩子常常在探索玩具時,謹慎地注意母親的離開,且對新的人也很謹慎。當母親離開時,這種孩子會變得很難過,感到不舒服,且完全地拒絕陌生人提供的遊戲。但當母親回來時,這孩子反應也很矛盾,尋求安慰卻又拒絕它,有時會對父母表現出生氣。

　　沒有被特別照顧的孩子,會明顯地有逃避型焦慮的依戀,只要母親或陌生人之一在場,那麼另一方離開他也能自在地玩耍,當母親離開時,並不會在遊戲中表現出痛苦或中斷,且孩子也會和陌生人產生不含感情的交互作用,而當母親回來時,孩子會避免和她重聚。焦慮型依戀嬰孩的父母對他們的孩子也有不同地反應,他們不是忽略嬰孩的暗示就是給予不適當的反應:和累得想要停止的嬰孩繼續玩耍,或是掌控孩子太緊而忽略他要自由的努力。有的父母避免和他們的孩子生理接觸,有的則是給予孩子太少情感上的溫暖。有的父母對孩子的表現沒有一致模式的反應,不是迫使其經歷長時期的分離,就是讓他自己經歷其情緒上的困擾(Ainsworth's work, reported in Karen, 1990)。

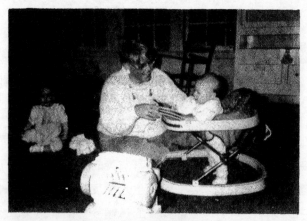

**圖 2-3　專家們對於是否在嬰兒期全天候的托育可能產生較不安全的依戀之意見不一致**

近幾年來，人們已注意到嬰兒出生後的第一年採用全天托育是否將會擾亂親子之間的依戀關係。此爭論無疑地將會因每一方在特定情況下所得的證據解釋而持續下去。對所有照顧小孩的成人而言，很重要的一點是，必須去瞭解早期情緒撫育的重要性，並且去支持不管在什麼生活環境下從事親職的父母（圖2-3）。

老師們應該知覺到孩子會發展出不同類別的依戀，以配合他生活中的成人。例如，兩歲的Enrico可能對他母親已發展成焦慮的依戀，也許部分原因是由於他母親二次長期的住院，和他嬰兒時期健康狀況不佳。然而，當觀察Enrico和他祖母在一起時，她是個對他的需求和個性非常敏感和有反應的親切女人，Enrico則表現出非常安全地依戀。

對母親角色的研究相當多，但有關於父職的研究卻很少，直到最近十五年。事實上，較早期的社會學家被迫去解釋在家庭中增加父親角色的必要性時，會暗示提供生理和經濟的保護是較不重要的功能，而將他從撫育角色中排除。而最近的研究指出，早期有關父職本質的神話（就算

**圖 2-4　父親可能和母親一樣地養育孩子**
(a) Mark & Denise Stephens 家庭照片；攝影者：Deborah Triplett
(b) Head Start Bureau.

在過去是眞的)在現在並非是正確的。

研究一致發現，對嬰兒和孩子的興趣，父親和母親並無顯著地不同，如果被鼓勵，他們也會參與他們的下一代，對於孩子的養育，他們是和母親一樣的(**圖 2-4**)，他們雖可能較少從事養育的活動，但在執行那些他們眞的要去作的活動上，他們是夠資格的。(Bigner, 1985: 77)

一九六〇年代末開始，由於參與和懷孕及出生相關的活動，使父親被允許並被鼓勵從一開始就有較多的投入，這明顯地促成了父親們對於他們自己在家庭中角色概念的改變。許多研究得到結論，父親在生產時的參與，會有助於母親擔任她的角色；對父親和母親雙方而言，生育的本身可能對養育行爲和態度的形成都是一個強烈的刺激(Bigner, 1985)。

大多數研究發現同意，對孩子適當發展最重要的親職角色是撫育的角色。這可能是父母所扮演最苛求的角色之一，因爲這包括無數個在嬰兒長期的無助感期間，不管在白天或夜晚的任何時刻，對嬰兒的需要必

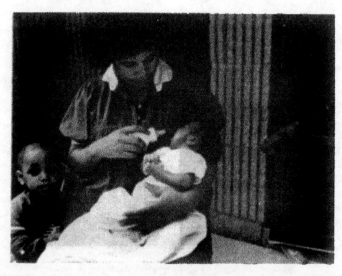

**圖 2-5　有數個孩子的父母可能在同時有不同的需求要滿足**
Courtesy Council for Children, Inc.

須立即反應，而常常得將成人的需要置於一旁，來支持孩子的需要和要求。

　　不同形式養育的需要並不會隨著孩子長大而削減，父母仍然是孩子尋求安慰、安全感和認可的人。有數個孩子的父母可能必須同時安置他們不同的需求——嬰兒哭時要去抱起，學齡前兒童害怕被留下，學齡兒童在遇見同伴之後需要安慰(**圖 2-5**)。難怪許多父母有時會感到「疲乏」，被孩子滿滿的需求所耗盡，他們只剩很少的時間或精力來滿足一些他們自己的需要。

### □對老師的隱含

- 老師可藉由瞭解父母養育角色的重要性和許多需求可由母親和父親雙方一起處置，來幫助他們。來自家庭以外來源的情緒支持可允許父母有較多的精力致力於養育工作。
- 老師們可在不侵犯親子連接之下，補充養育的角色。
- 熟知孩子的行為是安全或不安全依戀的老師，能警覺到有麻煩的狀況，而能夠幫助父母學習特定的養育反應，以使其發展出安全的依戀。

## 二、成人關係中的父母

　　在個人成為一個父母之前，首先會與其他成人先建立關係。父母的需求之一是去促進那關係的持續，或是發展其他關係以取代該原始關係。

　　一個圍繞著父母的流傳已久的神話是：孩子使得婚姻有意義，可促進夫妻之間的關係，並幫助有問題的關係，而在實質上防止離婚。

　　事實上，父母角色的加入對婚姻關係只是帶來一段時間的突然轉變。一份研究者報告指出，這是一段大範圍或嚴重危機的時機(LeMasters & DeFrain, 1983)，不過其他人較少提出危機的說法(Rossi, 1968; Russell, 1974)。危機的嚴重性可能取決於夫妻對為人父母和婚姻準備的程度、對父母角色承諾的程度，以及溝通的方式。有一個最近長期的研究是針對二百五十多對結婚三年有他們第一個孩子、已懷孕到最後三個月階段的夫妻而進行。研究結果指出，壓力是不可避免的，但夫妻在為

圖 2-6　孩子的需求可能阻礙父母去密
切注意他們的成人關係

Courtesy CPCC Media Productions-Mike Slade.

人父母之前所經驗的婚姻品質是決定孩子的加入是否會擾亂夫妻之間關係的因素，好的婚姻持續地好，而壞的則還是壞（Harrison, 1986）。不管這過渡期是否為一段嚴重危機的時期，夫妻無疑地必須繼續重組他們的關係和互相的影響；改變的生活方式和因為為人父母而加入的新角色形象和行為，會使婚姻發生改變（圖 2-6）。

　　這些改變影響著婚姻滿意度的升降。研究指出，滿意程度是呈 U 型，從孩子出生後開始下降，隨著孩子成長，然後隨著孩子長大而開始過獨立生活而逐漸地上升（Rollins & Cannon, 1974）。有些研究則顯示，滿意度下降之後不會再恢復（Burr, 1970）。這種滿意度下降的一個理由是角色緊張。這發生在下列三種情況：(1)一個人同時有多種角色時，會有彼此不相容的期待——讓人記起以前所討論的女強人；(2)對一個社會角色的要求和同時存在的另一社會角色要求是衝突的——想像燭光晚餐被嬰兒的哭聲所打擾；(3)所有社會角色都被強烈要求要表現得好——又一次女強人的形象！對夫妻而言，在照顧他們發育中孩子的需求

時，又要密切注意他們成人關係的需要，其實是很困難的。

　　所有的這些研究皆支持要以孩子來改善婚姻是錯誤的想法。作為孩子養育者的父母可能會發現，父母對其成人的關係可能會加以忽略或無意中被忽略掉。事實上，當夫妻在他們結婚的第一年期間有孩子，離婚的可能性是雙倍的。顯然許多夫妻在他們能處理一些婚姻行為之前，他們尚未準備妥當以致無法去面對父母的角色。不過，即使孩子無法改善婚姻，他們的出現可能會使其相處在一起久些。無子女夫妻離婚前的婚姻期中數值是將近四年；而有數個孩子的夫妻相處在一起的中數值則將近十四年(Bigner, 1985)。然而有統計證明，孩子只能使婚姻至少穩定一陣子，這與改善它並不同。有的已婚夫妻在當父母時，其在行動上是意見最不合的。

　　父母首先是個「人」，有證據指出，那些能實現和滿足的個人，比對個人生活感到失望的人，能更有效地發揮其作父母的功能。而一個給予他人支持的父母，會促進其發展父母的角色，也會在較樂觀的情境下養育孩子。雖然主要的成人關係可能是結婚的伴侶，成人的生活也可能縱橫交叉著成人關係網絡——父母、朋友、前任配偶。與孩子的關係是極度重要的關係，但那也是與其他成人關係脫離的開始。

□**對老師的隱含**

　　‧當有機會和父母談話時，老師們對父母努力去促進他們的婚姻、去從事有興趣的活動、去追求個人和社會的充實，可表達出接受、認可和鼓勵的態度。

　　‧當父母似乎不是付出所有時間投注在孩子的身上時，老師很容易去批評，但很重要的一點是，要記住父母所能給予孩子有意義的禮物是一個穩定的家和照顧關係的模式。

## 三、父母是一個獨立個體

　　美國人已開始重視個人的發展，現在我們知覺到這種個人發展是一個終生的過程。父母們關心他們孩子的發展，並且也注意他們自己生活的成長。

　　由對一九六〇年代社會價值觀的不穩定分析，並經由近幾年來對個

人價值和生活方式較多的反省考量，父母們期待他們的生活能繼續發展和改變。

對老師而言，思考 Erikson 的理論是如何檢示成年期的心理社會任務是切題的（請看 44 頁）。

許多年輕父母會先被認同的問題所佔領。Erikson 把這當作第五個階段，開始於青春期。隨著教育的延長和經濟仍依賴著父母，且隨著對多重角色、事業和選擇生活方式的混亂，許多認同的問題在成年早期仍活躍著。一個對此的衡量可能就是婚姻的延緩，它也許看起來像是進入成人世界的第一步，是一個年輕人已解決了一些問題並準備好開始成人生活的一個信號。結婚和為人父母的事件使許多年輕父母再一次檢示認同的問題，因為他們須承受成人生活中二個角色的符號。那不只是必須被吸收進個人自我觀念的真實生活事件，也是來自於個人和社會的期望和態度——它設立的標準常被用以測量對自我的新看法。這兒有幾個問題，其中一個是大多數今日的父母是成長於和他們父母徹底不同的日常生活事實和社會角色期待。要讓那些早期的概念被拋掉，而確知生活方式應該如此其實是很困難的。當一個女性的媽媽總是在她放學後在廚房等著她，且當她父親六點工作後回家時晚餐就已煮好；而要她必須每天打電話給女兒，知道她的孩子已回到那空空的家，且將與另一人相處二小時，有時直到她那離婚的媽媽工作後回家才開始準備晚餐，要對這兩種情況都能坦然接受是很困難的。不知為何，縱使環境已改變，「什麼應該發生」的觀念卻沒更改。許多父母因為生活型態的關係，使得他們與感覺在掙扎，而不是為成就在奮鬥。

許多母親發現她們的自尊被攻擊，不管他們是選擇滿足傳統的家庭主婦角色或是成為大多數在外工作的母親之一。「我們的社會將母親逼入困境，似乎沒有人知道要怎麼做。」（Harrison, 1986:37）縱然歌曲和詩句中常常頌揚家庭主婦的重要性，但勞工部的職業名稱字典中，依據所需要的技能將兩萬兩千個職業排名，家庭主婦是被置於最低層次的工作。留在家裏的母親感覺她們被摒棄和貶低，但和她們相對的就業母親也沒有比她們好多少，媒體不斷指出在傳統角色外又加入新角色的就業母親，微妙地增加了現在的家庭壓力。就業母親被她們自己的衝突和矛盾困住了。大多數的就業母親和父親感覺母親去工作對家庭是不好的。

**圖 2-7　許多母親爲結合母親和職業的角色所挑戰**
Courtesy Child Care Resources, Inc.

當母親回去工作，他們是在微妙的社會不贊成氣候下在工作。而一些評論也在偏向就業母親和留在家庭的母親之間來回，每個都憎惡另一方選擇而肯定他們自己的表現和貢獻。造成大部分與母親工作相關的研究不一致且衝突的原因，主要是由於控制變項的困難（Galinsky, 1986）。然而有一點是明確的，只要母親高興於她們所選擇的工作，不管在家或出去，且滿意於工作情況和照顧孩子的安排，那麼她將會作好母親的工作（Gottfried, 1988）（圖 2-7）。

　　父親要同化他的新角色到他所認同的任務裏，並不是容易的。儘管最近他被注意到是家庭的一部分，但多年以來他都被認爲在家庭功能中是非必要的。銀行街（Bank Street）教育學院現在提出一個父職計畫，是一個爲父親提供服務的全國性指導。令人難過的是，即使當男性眞的激起動機，要以必要的方法來分擔親職責任時，社會並不會使它容易些。大多數的雇主發現去認爲就業母親較爲家庭需要而非就業父親的想法會較爲容易接受（圖 2-8）。

　　認同的問題將永遠不會結束。隨著生活環境的改變，個人角色和關係的再檢示以及相關的變動是必要的。一個人對作爲父母的認同也不會是固定的，隨著孩子通過發展的成功階段，父母會再面臨新的挑戰。例如，在學習了與嬰兒好好相處的技能和行爲之後，可能就要放棄掉而學

**圖 2-8　當代父親有新的角色，需與他們的認同相符**
Courtesy CPCC Media Productions-Mike Slade.

習新的策略以便和學步期的孩子和諧相處。父母的勝任感可能會隨著適應變動的孩子之能力而變動。

　　Galinsky 在她的書中提到親職的階段，對嘗試去瞭解父母經驗的老師是一個有用的參考資料(Galinsky, 1987)。這六個她描述的階段是：(1)親職期的形象建立階段；(2)嬰兒的養育階段；(3)學步期和兒童期早年的權威階段；(4)學齡期的解釋階段；(5)青少年前期的獨立階段；(6)青少年後期之後的離家階段。

　　在認同之後，Erikson 成人期的下一個任務和中年早期家庭生活建立的初期階段是一致的。先前所造就的個人認同感和對生產工作的投入，形成一個新的親密人際範圍：一方很極端而其他則是孤立的。在此，Erikson 指的是與他人分享和關心別人而不會在過程中有失去自我的恐懼之能力。家庭關係就是根據這種相互依賴，父母被要求與他們的孩子自在地分享他們的世界，且維持彼此照顧的關係。從我們早先的討論，似乎顯然可知，認同和養育的任務在實際上是同時發生的。

　　年紀大的父母可能再加大範圍在 Erikson 第七個階段，中年期，那時的任務是來自於 Erikson 所稱的「創生」感，而非消極的自我吸收和停滯。傳宗接代使得成人將他人的關心從親近的家庭，轉到爲了下一代

**圖 2-9　許多成人關心家庭以外的問題**
Courtesy Council for Children, Inc.

主動努力以使世界成為一個較好的地方(**圖 2-9**)。父母有這種觀念,也許
會從狹隘地集中焦點於他們的孩子和工作,變成致力於改善其家庭、學
校和社會前景的問題上(Erikson 理論的簡要討論可參閱 Elkind,
1970)。

□**對老師的隱含**

* 當父母在培養親職技巧以配合他們發展中孩子改變的需求時,需
  要老師們額外的支持。
* 以認識父母的技巧和正面的回饋來幫助他們發展對自己作父母的
  正面感受。
* 老師在與許多不同年齡、不同成人發展階段的父母共事時,將會
  很有挑戰。所有年紀的父母都會在親職認同問題中努力,很年輕
  的父母可能在個人認同問題中掙扎;有的人焦點在編織親密的關
  係,有的人則能在他們自己家庭之外,還關心一般社會。老師們
  對於成人的發展必須要盡可能地去學習,以便能瞭解和接受個別
  的反應。

## 四、父母為工作者

在生命週期的階段中，父母常會面對的是生產的時期。大多數的成人發現他們的意義就是去達成父母親職和工作二者或二者之一的目標。然而，這二者卻時常是彼此相互競爭的。

超過一半有六歲以下孩子的母親目前在外工作；幾乎七成的學齡兒童母親在工作，這比過去十年增加了一成以上，而增加最快速的是雙親家庭有六歲以下孩子的已婚婦女。這種就業母親數目的增加有幾個原因：養育子女和生活費用的花費增加；經濟的擴展帶來新的工作機會；家庭的較早成立使得婦女在孩子開始上學時仍還年輕；家事所需時間的減少；女性接受了較好的教育；對於較好生活方式的期待，以及因新的社會觀點所帶來對角色之基本態度的改變。

縱使大多數母親和父親一樣出外工作已是事實，我們的社會還是顯示出我們仍運轉著兩個相關的假定——男性去工作，作為一供給者是天生的角色，而相對的，女性與生俱來的角色是去照顧孩子。一個可作為此的衡量是，雖然已審慎地做出就業母親數目的統計，但並沒有對就業父親數目持續的全國性統計。類似的偏見有：有母親的工作如何地影響孩子之研究，卻無父親工作的研究。然而如此的態度可能會對許多工作中的婦女造成困擾，它們的影響不僅僅只是打擾。將態度改變回相同於舊時的工作時間和情況，對身兼工作和家庭責任的父母並沒有幫助也無法給予支持。

大多數的這些父母每週有將近四十小時的固定工作時間。根據勞工統計部的資料，只有少數(但在成長中)比例的雇主有彈性時間工作表，美國政府也是這種雇方的一例，超過四成的政府機構允許他們的員工使用彈性工時。

工作有選擇權，非常地適合許多原本想要減低工作需求的父母，但那仍只有少數人可享受。有極少部分的成人能待在家裏就可工作，而許多父母則需要離家很遠去工作。然而更糟的是，許多美國的工作者被要求常常換工作和搬家，使得家庭的安排被擾亂。美國婦女平均的有給付產假是六週；對照於此政策，大多數歐洲國家一般大都給予六個月。只有十分之一的美國公司給予父親無薪的父職假，而一些歐洲國家，像是

瑞典和丹麥，都有給予父職假，這方面有助於家庭的立法努力尚未成功（詳見第十四章）。

這些就業的事實對父母的意義是什麼呢？在實質方面，父母身為工作者，必須花大部分他們醒著的時間在準備工作、工作或是由工作中累倒。他們的小孩似乎在這些同樣的時間醒著，在父母工作的時間中他們需要其他人的照顧。較大的學齡孩子在大部分的同樣時間裏可能在學校，但在上學之前和之後，在長假以及其他放假的日子，都需要作托育的安排。很多特殊的事件，父母都很難去配合或是錯過了——幼兒園的戶外郊遊、五年級的演奏音樂會、學齡前幼兒的母親餐會等等。雇主們知道，他們可預期在冬季感冒流行和其他傳染病猖獗時，有學齡前孩子的母親的缺席率會增加。那些沒有多餘休假的父母，必須面對要把生病的孩子留在學校（假裝孩子並沒生病，因大多數的幼兒園並不接受生病的孩子），或是面對雇主之不滿的兩難困境。在雇主和照顧者的不悅之間，以及工作和孩子需求之間被迫選擇，父母們可能感到怨恨、精疲力盡、心虛，並對所有的工作感到不適任。

不管男性和女性的關係以及他們對孩子養育之參與發生了怎樣的改變，這仍是事實：大多數家庭「精神上」的家長——負責孩子幸福主要責任的那個——是母親。這表示大多數的女性從未能清楚地區隔家庭和辦公室的情緒；在工作時仍保留著對家庭和家人的關心，而當就業母親回到家時，她們所擁有的自由時間也比先生少（Hochstein, 1989）。

> 只有那些厭倦去面對雙重角色——母親和職業婦女的女性——能瞭解持續於緊張和零碎事件中的感覺，那種生活於經常性的不確定、令人窒息的複雜感，以及強大的責任感。（Kamerman, 1980:101）

難怪談論就業母親壓力的人比就業父親還普遍，即使許多女性視她們的壓力為一私人事件，而不願讓任何人認為她們無法勝任這些新的工作（Curtis, 1976）。那些不將工作者看作只單一身分，而提供其或多或少家庭需要的雇主，常常會由那些紓解了困境的工作者中獲得生產力提高和忠心的報酬。提供日間托育服務的公司發現員工有較低的缺席率，而員工的流動率也較低。一般說來，美國父母發現工作常會與親職需求衝突，而他們必須依工作時間表來處理生活的狀況。

・社區和企業努力嘗試藉著提供病童照顧或支持家庭的個人策略，以減輕就業父母的壓力，而照顧孩子的責任，也需要老師的支持。

・老師們可試著配合父母們的工作時間，作一些最好的安排計畫——下班時間後的會議、午餐時間課程等等。

・老師和幼兒園採持續的開放探視策略，使父母可在午餐或短時間，或任何一個時間前來。

## 五、父母為消費者

隨著每年通貨膨脹率的增高，現代家庭的實際購買力在持續地下降中。二十世紀的多重物質需求之經濟生存條件，是建立雙生涯父母家庭結構的主要因素。

許多的家庭收入都投注於孩子的養育中。孩子曾經被認為是一項經濟資產——在鄉下的自足家庭，他是可供利用的工作者——現在則大多被認為是一項經濟義務。最近的統計顯示，今日養育一個孩子由出生到十八歲的平均花費，介於十五萬到二十萬美金之間，這個數字甚至不包括大學教育費用，這個數字比二十年前出生之孩子預估的六萬六仟美金要多出兩倍多。此估計包括供給基本的食物、住所、衣物、運輸和醫療照顧，再加上每年的通貨膨脹，而大學要再加上好幾千元的學費和開支，隨著每年遠超越通貨膨脹率的增加。須注意的是，這些估計只包括了基本需求——並無鋼琴課或夏令營。家庭預算在孩子到十八歲時會持續上升到多少？也許一個孩子時會增加三成，兩個時增加四成至四成半，而三個時則增加一半(數字是出自美國農業部、家庭經濟研究小組，報導自美國新聞和世界報導，1990)。

當父母雙方都在外工作，大部分的收入也是用於孩子的照顧給付。縱然因地區或城市的照顧型態而有變化，許多父母仍需每週支付超過美金一百元的嬰兒托育費，和稍低於一百元的較大孩子的幼兒園費用(圖2-10)。在一些例子中，母親們發現她們額外的家庭收入幾乎全數是花在孩子的托育，再加上購買就業的所需——額外的衣物、交通和外食。在這些例子中，繼續的就業可能只是為了維持職業的連續性或是為了母親

全國的托育費用

有執照的托兒中心之每週平均費用，1989 年 3 月 15 日和 1990 年 3 月 15 日：

| 地區 | 一年 | | 二年 | | 四年 | |
|---|---|---|---|---|---|---|
| | 1989 | 1990 | 1989 | 1990 | 1989 | 1990 |
| Boston, MA | $200 | $210 | $170 | $170 | $130 | $138 |
| Durham, NC | 65 | 70 | 60 | 67 | 55 | 64 |
| Orlando, FL | 62 | 81 | 51 | 60 | 51 | 60 |
| Minneapolis, MN | 115 | 124 | 94 | 100 | 82 | 88 |
| Dallas, TX | 75 | 75 | 65 | 71 | 60 | 65 |
| Boulder, CO | 108 | 127 | 78 | 86 | 78 | 86 |
| Oakland, CA | NA | 111 | 81 | 93 | 81 | 93 |

Sources: Child Care Resource Center, Cambridge, MA; Durham Day Care Council, Durham, NC; 4 C's for Central Florida, Orlando, FL; Greater Minneapolis Day Care Association, Minneapolis, MN; Child Care Dallas, Dallas, TX; Boulder Child Care Support Center, Boulder, CO; and Bananas, Oakland, CA.

圖 2-10　全國的托兒費用
Courtesy Child Care Information Exchange.

的自我實現感。

　　父母陷入了照顧孩子的三角難題中，那並非父母是否應該工作的問題；他們在工作，而以上的一些支出舉例估計說明了爲何他們需要去工作。那也不是托育對孩子是好還是不好的主題；許多研究支持對他們有好的托育則是好的，而不好的托育則對他們不好的觀點。對於社會眞正的三角難題是如何提升托育孩子的品質，並使托育工作者的薪資公平，以及使父母能負擔得起。托兒專業者仍藉由賺較低的薪水和較低的利潤以提供消費者所看不見的津貼。這種對就業父母的非自願經濟援助造成了托育人員有高比例的人事變動，每年至少有三分之一——因此，諷刺

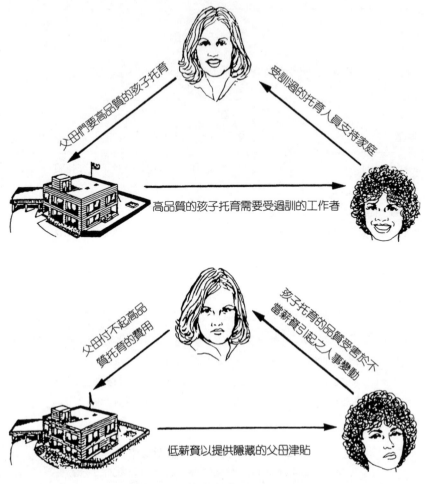

父母們要高品質的孩子托育

受訓過的托育人員支持家庭

高品質的孩子托育需要受過訓的工作者

父母付不起高品質托育的費用

孩子托育的品質受害於不當薪資引起之人事變動

低薪資以提供隱藏的父母津貼

**圖 2-11　孩子托育的三角難題**

地，形成了較低的品質。消費者三角難題的每一邊都迫切地值得注意。問題的解決，明顯的須求助於三角之外的來源。然而，少數的雇主開始瞭解雇員的薪水需顧及托兒品質的需要並能支持他們，而政府仍在考慮各種稅賦援助計畫，父母則陷入當托育工作人員感到賺得太少時，他們卻覺得付得太多的情境(圖 2-11)。

　　難怪許多父母覺得他們像是經濟的機器，大多數父母所主要關心的話題是錢；引起婚姻摩擦之首也是「為錢爭論」。父母在消費者的角色中被拉得緊緊的；當國家的經濟呈現震盪不穩導致許多父母暫時或長期地

失去工作時，家庭可能就會陷入危機中。

### □對老師的隱含

- 自從孩子的養育在平均的家庭預算中成了昂貴的一個項目後，父母常會在確定他們是否值得去賺那個錢時感覺到壓力。這也許幫助老師瞭解父母有需賺取營養食物和乾淨尿布的需求，以及瞭解他們對遺失手套或損壞衣物的憂慮，老師們必須同情父母在經濟上的壓力。
- 對父母、老師和孩子最有利的是去支持彼此的努力，透過社區的支持或政府計畫補助高品質的托育費用，來獲得經濟的紓緩。

## 六、父母為社會的成員

隨著現代生活複雜性的增加，愈來愈多的家庭功能已被社會機構和組織所承接：教育由學校系統，休閒和娛樂由「社區組織」和其他俱樂部，教堂也時常擴展其純宗教以外的功能。社會有許多的組織也提供了許多有趣的東西。社會本身變成較為高度的建構，因為群眾聚在一起需有較多的規則、律法和決策，公眾和私人的皆然。但機構和組織並不會自行運作，很多都需要社會成員捐出時間來當義工，提供金錢和其他的支持。父母被要求去支持使他的孩子和他自己受益的組織。時常會看到父母在某一週被要求為父母與教師協會的聯誼會烤蛋糕；花一小時來掌控聯歡會的攤位；載孩子們來回教堂的少年唱詩班練習；幫助孩子們販賣雜誌以努力幫助「社區組織」的籃球隊得到新的制服；訓練隊伍；打名單上的電話以提醒其他人參加當地環境團體集會，以及挨家挨戶募款以資助全國慈善之地方分支——還有許多其他組織類似方式的參與要求（**圖 2-12**）。孩子的年齡範圍愈廣，父母就有愈廣泛和愈零碎的要求。對今日的大多數父母而言，在個人和家庭需求之間，對於如何利用可供運用的時間和精力經常會令人感到困擾。

很重要的一點是，必須注意到作為社會的一份子，父母能夠在對孩子托育專業和家庭都重要的議題上，幫助其意見和政策的形成。

### □對老師的隱含

- 任何對父母參與的要求，都額外增加了他們的時間負擔，老師們

**圖 2-12　父母有社會責任，像是訓練小聯盟隊伍**
Courtesy Land's End, Inc.; 攝影者：Archie Lieberman

必須瞭解且要非常確定父母所花費的時間和承受的壓力是值得的。

· 老師們必須避免假定父母太忙而無法參與，因此就不努力或邀請。父母們有權利決定如何使用他們的時間，這些決定不應由他人獨斷。

· 老師和父母在共同問題上建立相互教育的同盟，並彼此支持以試著達到共同目標是很重要的(詳見第十四章，對父母和老師在社會的參與有更多的討論)。

# 七、父母為教育者

也許父母們感到最不需要準備的角色是教育者的角色，這裏所指的是引導和刺激孩子的發展，並且教導孩子在最後要成為社會上一個有用的成人所需的技能和知識。如同之前所提到的，其他的機構已承接了許多的家庭教育功能，所以父母的基本任務為：(1)以家庭所持的價值觀使他們的孩子社會化；(2)將孩子視為學習者，幫助且看顧他們的發展，並提供他們入學的準備。

## ㈠孩子的社會化

有兩個主要的理由說明為何社會化教育對父母是如此困難的工作。第一個已在第一章提過，在今日快速變遷的世界，對父母而言要他們確定即使是不久後的將來會是怎麼樣的生活是很困難的。今日父母的童年經驗和他們看到孩子們的經歷有相當大的不同；他們對於他們自己父母所做過的記憶，也許對他們目前的情況並沒有幫助。

第二個父母常發現被教育子女角色所打敗的原因是，孩子們最常經由父母本身行為而接收到經意或不經意的訓練。孩子經由同住的父母那兒學習大部分的基本訊息，而在未來他們就會作成那樣的父母角色。大人們傾向於依他們所被管教的方式管教下一代，而這種方式很可能是不適當的(**圖 2-13**)。有很高比例受父母虐待的孩子長大後也會變成施虐的父母。研究指出人格、價值觀、信仰，和最重要的——個人所受父母的訓練，對個人在孩子的教養方面有極大的影響。

似乎很諷刺的是，我們的社會在傳授技藝性的知識和準備就業的教育上已變得專精，但在設計方法以使年輕人準備為人父母的工作上的進展則很少。大部分親職的技巧是在嘗試和錯誤中學得，這產生了一個不太有趣的老笑話：父母要交換他們的第一胎孩子，因為那是他們的實驗！難怪許多父母發現自己被毫無準備之親職這份艱鉅的工作所壓倒。

而那些真正在尋求訓練的父母，會因成為「教科書」父母而常常感到有壓力，他們害怕會犯錯或是沒能照著專家們的指示去作，這也可能同樣的被打敗。

## ㈡入學的準備

幫助孩子發展為學習者且提供入學的準備之主題，與適當的早期幼

**圖 2-13　大人傾向於依他們被管教的方式管教下一代**

(a) Courtesy 第一章課程，Charlotte, N.C. (b) Courtesy Mark & Denise Stephens 家庭照片；攝影者：Deborah Triplett.

兒教育一樣有很多面的看法，基本上有兩種觀點。

　　一個代表的看法是，早年的幼兒期是允許孩子們經由遊戲、探索和幼兒最初的發現來學習和發展的一個時期。這些支持者提倡家庭和學校環境應提供各樣開放式的實物，使孩子由直接接觸物體、活動和人們中，有機會去操作、創造，並且自我學習與思考，其想法為：經由遊戲，孩子能在瞭解世界、他人和他自己的能力上有最佳的學習；這種準備會為童年後期學習較正式的學理打下根基。許多老師和父母都深信小孩們在他們的幼年期是不必給予正式教育的(Elkind, 1987)。

　　「催促的聲音」(Gross, 1963)已在這聽了好幾年，但現在卻變得刺耳。我們必須聽聽我們告訴自己的聲音：小孩需要時間去成長、去對社會世界學習、去經由操作實物和經由遊戲去探索他們自己的想法，有時間去經由閱讀而變成書的情人，有時間去經由成功而培養出自信。(Balaban, 1990:15)(**圖 2-14**)

　　由美國幼教協會(NAEYC, 1984)所認可的孩子出生到八歲之適當發展課程指導方針即支持此觀點。

　　另一個主要可供選擇的觀點是：大人們從一開始就去「教」小孩學

A

C

B

D

E

圖 2-14

(a)**孩子需要時間去學習社交世界**
Courtesy 第一章計畫，Charlotte,
N.C.

(b)**時間去經由閱讀而成為書的情人**
Courtesy The Crier, Charlotte
初級聯盟的雜誌，Inc.

(c)**時間去經由操作實物而探索他們自己的想法** Courtesy 第一章計畫，Charlotte, N.C.

(d)(e)**且經由遊戲** (d) Courtesy Mark & Denise Stephens 家庭照片
(e) Courtesy Bethlehem 中心，Charlotte, N.C.

業成就所需的技能、概念和工作，就會有愈大的可能性去獲得成功。父母和老師們都很關心近年來有關閱讀能力、SAT 成績和一些其他的測試分數降低的報導，而越來越相信學校的技能應早點教導並加緊些。支持此看法者指出，一些小孩在很早就有能力去學習、去閱讀、去拉小提琴或說日語。高年級才增加的課程已被拉低到從低年級和幼稚園即開始，因此學業的期待也提高了。但當發展上不適當的要求施行於小孩時，也有些人會關心到其對孩子和家庭的影響。主要的危險是隨著「教」小孩的增加，考試就成為必須的，那是一個標明這些十六個月大的孩子是失敗者或及格者的基本方法。極端的認為此為可行的，在《紐約週刊》(1986 年 1 月 5 日)有報導過，標題為「失敗的幼稚園」(Balaban, 1990: 15)。

完全的評估過程應該是與孩子、父母和幼兒初期教育專家都有很大的相關性。以往盛行傾向於依學校的評量和可計分的課程來評估孩子的進展，現在則常常使用標準化的考試來測試孩子們的閱讀能力，以決定繼續前進或甚至進入另一特殊的課程。事實上，依考試成績來作為學校名次的依賴增加，指出了幼兒園和學校低年級提供了發展上不適當課程的更大問題，它期望小孩在進幼兒園時已準備好那些以往應是在那裏才學習的技能。父母們覺得他們的孩子是按時間次序合格地進入學校，卻被告知孩子沒有通過「閱讀測驗」，而變得陷入困境中。NAEYC 促請父母、老師、行政者和其他決策者，決議孩子的閱讀能力評估應是「來自於多方面的訊息，包括父母和老師的觀察，而不要只是單憑測驗的分數」(NAEYC, 1988)(**圖 2-15**)。

對小孩而言，什麼是學前和幼兒園發展上的適當經驗，以及孩子要如何才可能被認為「準備好」入學的主題，很可能會成為一九九○年代和二十一世紀，父母和老師雙方都關心的重要主題。有關此議題和選擇之更多討論，可閱讀本章末所列 Bredekamp 和 Shepard(1989)以及 Charlesworth(1989)之著作。

### □對老師的隱含

- 父母常渴望與其他父母談談，並且和幼教專家分享經驗和關心，以發現他們並非獨自在焦慮著，能被那些確認他們處境的人所支

圖 2-15　觀察孩子的遊戲比常用以評估孩子的閱讀力而進行課程的標
準化測驗更能給予較多正確的資訊
Courtesy 第一章計畫，Charlotte, N.C.

持。

‧父母需要所有他們能獲得的資訊、幫助和情緒支持，以使他們能
　勝任他們的親職角色。

‧父母和老師們必須積極地討論小孩發展上的適當課程且須彼此支
　持，以嘗試避免落入以標準化測驗為基礎來評定孩子閱讀能力之
　危險中。

# 親職是情感的經驗

　　人們會經由幾個路線而到達親職的階段。對有些人而言，它是經過仔細考慮和計劃的一項冒險，是在預期和歡樂中發生；而對某些人來說，它則是一項因進入成人關係而未經考慮的結果，是一可能引起畏懼和憤恨的事件。

　　有小孩是一件對不同的人有不同意義的事。L. W. Hoffman 和 M. L. Hoffman 提出九種當人們決定爲人父母或是在成爲事實後調適自己觀念的動機。

(1)確認成人地位和社會認同。

(2)自我的延伸──家庭的持續。

(3)道德價值的成就──在親職中貢獻或犧牲。

(4)增加感情和愛情聯結的來源。

(5)刺激、新奇、有趣。

(6)成就、能力、創造。

(7)對他人的權力和影響。

(8)社會比較和競爭。

(9)經濟效用。

　　LeMasters 指出我們一些珍貴的信念，包括以上所列出動機的一些想法，是圍繞著親職帶有部分神秘感的神話。養育孩子並非總是有趣的，也並非所有的孩子都可愛而隨時都需要父母的重視和愛（LeMasters & DeFrain, 1983）。並非所有的已婚夫婦都必須要有孩子，也並非所有無子女的夫婦都是不快樂的（縱使事實上今日許多成人認爲要不要孩子是一項選擇自由──有愈來愈多的人選擇不要──但對女性仍有相當大的壓力，特別是認爲親職是成人生活中一個重要的經驗。愈來愈多的女性在接近四十歲時生下他們第一個孩子，說明了何謂「生物時鐘」以及文化態度的內在壓力）。

　　所以一些人們在做下是否成爲父母的決定之假說，將偏離他們所發

圖 2-16　親職的責任一天二十四小時都在
Courtesy Council for Children, Inc.

現的事實。

　　不管他們要孩子的動機為何，成為父母還是一般的事實。

## 一、不可取消性

　　那是無法回轉的，從出生的那一刻起，父母發現照顧和支持這個人的責任將會完全佔據他們大約二十年或是更久的時間。即使有其他機構可用以分擔工作，如教育，但最重要的責任還是在父母身上。這種責任也許被甘願和歡喜地接受，但它就是一直在那兒，一天二十四小時，一週七天，可不斷地算下去。就如某人所說，「我們可以斷絕夫妻關係和離開工作，但就是斷不掉親子關係」（Rossi, 1968:32）。這對那些面對孩子的需求可能會感到是一件不平等的工作之事實的父母，是一個猶豫的考慮。然而，太晚了──孩子就在這裏，而親職必須繼續下去，而這完全的責任感常會使得父母不管大事和小事都感到操心（圖 2-16）。然而，矛盾的是，不管父母會犯怎樣的錯，也不管他們感到負擔多大，要把這工作轉交給其他人是很困難的。

### □對老師的隱含

　　•老師們可以表示出對父母情況的瞭解和同理心。許多父母對親職

責任的需求感覺是很大的負擔，且對他們的顧慮感到孤單。他們會對關心他們情境、他們可與之自由交談的人作出正面的回應。

- 老師們可藉由父母認為對他們家庭有幫助的方式，來表示他們願支持父母和他們的孩子。

## 二、限制、孤立和疲勞

成為父母後，一個很戲劇化的改變是，隨著照顧一個完全依賴者而來的行動完全受限。父母必須對離開孩子作好精心的計畫，即使只是短暫的(有一段孩子的發展時期，父母連要獨自進入浴室都很困難)。

伴隨著這種在行動上受限而來的是，許多父母生活在一種孤立的情況下。與大家庭分離而隻身居住在現代城市中，被難以找到自由時間參與社會所阻礙，而又因孩子的開支而進一步受限。隨著被新的情況和情緒所支配而產生心理的孤立，許多父母在他們親職期中感覺到孤獨。許多父母不被允許去求助，因為成為父母就被認為是步入大人階段的一種評量。

大多數年輕的父母，特別是母親，都抱怨疲勞，從一大早到半夜，他們要對他人的需要作反應——孩子、配偶、雇主，被所有的時間表極盡地壓榨。當母親被問到她們最想要的是什麼，一般的回答都是「自己的時間」對大多數的人而言，那是一個不可能的夢。

### □對老師的隱含

- 注意不要使父母以為你在增加其額外的負擔；父母將會保護他們自己而逃避這樣的老師。
- 要瞭解父母沒有多餘的時間去浪費。他們要參與的活動，必須是有意義和必須的。
- 父母和其他的父母見面會有相互支持和社會化的機會，可幫助他們因發現共同的經驗而減少孤立感(**圖 2-17**)。

## 三、非本能的愛

縱然雜誌廣告和電影宣傳著夢想，但許多父母並非一直覺得愛著他們的孩子。人類只可控制本能之外的東西，而像許多父母的行為和反應，

圖 2-17 　父母們常渴望與其他父母交談

包括愛，則是隨時間、經驗和學習而來。許多父母有時對他們的孩子有矛盾的情緒，被激怒和怨恨的感覺所包圍住，有時生氣的感受壓過了愛的感覺。

　　由於父母們多少受到「完美父母」幻想的不利影響，許多人不自覺地承認自己這樣對待孩子是不正面的，而感覺到他們「沒有骨肉之情」，且或許有些罪惡感。

□**對老師的隱含**

‧介入父母的微妙教育中，試著去除掉一些使許多父母受到不利影響的神話和印象。

‧對於你所看到父母對孩子做的正面事情給予讚美。

‧老師對於孩子所表現出之惱怒和挫折(即使是對其最關懷的大

人），可表示同情及理解。

## 四、罪惡感

令人驚訝今日的父母多常提到罪惡感。有許多陷入此感覺的因素：各種媒體的理想父母形象；生活型態和角色行為的改變，表示許多父母和他們以前的父母生活有許多的不同；父母應該製造出比他們表現更好的孩子之普遍感覺；「沒有不好的孩子，只有不好的父母」之社會態度（LeMasters & DeFrain, 1983）。

父母中對罪惡最敏感的是母親，可能是因為她瞭解社會是把她看作最為有力的親人。她是否選擇在外工作並沒有關係，就業和留在家裏的母親都同樣感到罪惡感。就業母親可能會因為她違背了所熟知的方式，且感受到從研究者和社會而來的綜合評論而感到罪惡。把哭泣中的孩子留給代理的照顧者，與她的孩子長時間的分離，和甚至更糟的是在她自己精疲力竭的剩餘時間最後，脾氣暴躁地對待累了的孩子，她可能對這些感到不好（圖2-18）。也許較好的部份是，超級媽媽現象已被罪惡感所填塞，這迫使她去確定她的孩子並不會失去權利或特權。罪惡感的程度

**圖 2-18　父母要離開在哭泣的孩子是困難的**

與就業母親是如何困難地決定她的就業、她認為她的親職角色的重要程度、先生和同伴們的態度有多支持，以及她覺得她作為母親的表現是多麼的無能，這些都有密切的關係。

在家和孩子在一起的母親，並非就不受精疲力竭或挫折和較不完美母職行為的影響。她可能會覺得剝奪了給予孩子額外收入的享樂，更遑論擔心她的孩子可能變得太依賴她，或是感到社會對於她「只是個家庭主婦」的壓力。要對抗不可能符合事實的理想父母形象，可憐的父母並沒有什麼機會，只剩下無法測量的罪惡感。

□**對老師的隱含**

- 記得罪惡感可能位於許多談話的表面之下而使父母遇上，這樣的意識會幫助老師在潛意識下考慮所說的話和行為，以確保老師這部分不會增加任何可能使父母產生不適當的感覺。
- 儘可能常以小的欣賞讚美給予孩子和父母肯定，因為老師在和父母分享有關孩子的事時，可能有時免不了會增加其罪惡感的負荷。

## 五、滿足感

縱然可見到負面的責任和限制，大多數的父母發現當中還是有許多的喜悅。看著孩子成長和發展有很大的滿足感，特別是當一個人在其成長的養育上扮演一重要的角色時。對許多父母來說，孩子的成就和人格給予了父母回饋，而這會併入父母的自尊中。在某種程度上，孩子的表現好或不好讓父母覺得是他們做得如何的一種反射。大多數的父母覺得沒有人能像他們一樣瞭解他們的孩子且照顧得那麼好。

父母滿足感的另一個來源是大人和孩子之間所形成的相互依戀（Russell, 1974）。知道你對這世界上其他人是一個最重要的人是一種很正面的感覺，而因為它是如此的重要，許多父母害怕可能會破壞那種關係的任何事或人。許多父母在他人成為孩子生命中重要的人時，會經驗到嫉妒或怨恨，縱使常常這種情緒是隱匿而父母不自知的。

□**對老師的隱含**

- 尊重親子關係中的親密性，擔保學校的態度和訓練會增加和保存

該種依戀。

- 要知覺到在和父母接觸時，可能會引起父母的妒意，因此在你這部份，不要有增加這種感覺的行爲。
- 表達評論要避免個人評價和反應的方式，父母們常會反應出防禦性，如果他們感覺到他們的孩子被批評（也批評到他們的親職技巧）。
- 要有清楚和確實的證據顯示孩子由補充的照顧者那裏得到適當的照顧——而同時，也確定孩子仍需要父母！

## 六、不確定性

每個孩子對世界都有其獨特的反應，不管父母讀過多少有關孩子發展和親職技巧的書，對特定的孩子，在特定的情況下，它常常是件須運用不同原則的事！隨著孩子的改變，父母也必須改變，因此曾在某一點上做得很好的親職技巧可能須放棄而學習新的技巧。對某一個孩子有效的方法，用在他的兄弟姐妹身上常常並沒有效。父母時常對他所做的是否爲正確，無法感到完全的自信。隨著家庭內和周圍文化的改變（之前在第一章討論過的），今日的父母在行爲上並沒有角色模範、清楚的方向或是來自於社會肯定的許可。難怪大部分的父母常常對情況感到不確定，社會價值卻又暗示負責的成人知道他們在做什麼，使得父母們覺得他們不應感到不確定。

> 在我們的社會有一個幾乎是普遍的偏見，認爲做事情只有一個正確的方式，而其他的都是錯的。而只要我們順著這種正確的方式，要達成目標是件相當簡單的事。（Bettelheim, 1987:16）

由於每個父母感覺到養育孩子並非那麼簡單，使得眞實的不確定感覺引發了無效能感覺的循環，而那並不能成功地對抗這種錯誤的社會標準。

### □對老師的隱含

- 父母需要有瞭解不確定性的人介入情況中，他們眞的不需要那種相信養育孩子只有一個正確的答案，或是傳達她一直都完全確定

她自己行為的人。

- 傳達共同尋求答案的印象，是一個對父母有幫助的老師反應。

## 七、眞正關心孩子

無論外在表現如何，大部分的父母是眞的想學著去愛和照顧他們的孩子。他們要給孩子最好的，不管是關心其生理、教育或是其未來的計畫。

### □對老師的隱含

- 要瞭解父母眞的在乎和關心他們的孩子。即使當父母的行為使你覺得有異或是不在乎，要相信關心其實是存在的，有許多因素可能導致傳達出負面印象的行為(其中有一些將在第六和第十六章討論)。

## 摘　要

　　在人際關係和溝通的領域中，大部分瓦解的發生是由於對他人之處境和感覺的不靈敏。無疑地，老師會帶著他自己的需要和情緒反應來面對所遇到的人，但這些是可處理的，而具備隨著親職而來之可能角色和情緒反應的知覺，將有助於老師和父母的合作。

　　幾個獨特的角色構成了父母的生活，這些包括：

　　(1)父母為養育者。

　　(2)成人關係中的父母。

　　(3)父母為一獨立個體。

　　(4)父母為工作者。

　　(5)父母為消費者。

　　(6)父母為社會的成員。

　　(7)父母為教育者。

　　縱然事實上每個父母的經驗是各自獨特的，但仍有幾個共通的經驗可提供給與父母們合作的老師。大部分的父母經驗是：

　　(1)親職的不可取消性。

　　(2)限制、孤立、疲勞。

　　(3)非本能的愛。

　　(4)罪惡感。

　　(5)與自尊有關的滿足感。

　　(6)不確定性。

　　(7)真的關心孩子。

## 進一步學習之作業

(1)閱讀由父母所寫的個人敘述性文章，建議：

　　Birns, B., and Hay, D.,(Eds.)(1988). *The different faces of motherhood.* New York: Plenum Press.

　　Ehrensaft, D.(1987). *Parenting together: men and women sharing the care of their children.* New York: The Free Press.

　　Friedland, R., and Kent, C.(Eds.)(1981). *The mother's book:*

*shared experiences.* Boston: Houghton Mifflin Co.

Gansberg, J. M., and Mostel, A. P. (1984). *The second nine months.* New York: Tribeca Communications.

Greene, B. (1985). *Good morning merry sunshine: a father's journal of his child's first year.* Boston: G.K. Hall.

Greenberg, M. (1985). *The birth of a father.* New York: Avon.

Harrison, B.(1986). *The shock of motherhood.* New York: Charles Scribner's Sons.

Kent, C., and Friedlander, R. (Eds.)(1986). *The father's book: shared experiences.* Boston: G.K. Hall.

McBride, A. B.(1973). *The growth and development of mothers.* New York: Harper and Row Pubs.

(2)與幾個父母談談。如果可能的話,選擇有包括嬰兒、學步期兒童和學齡前兒童孩子的父母。至少和一個父親交談,討論他們對親職的反應: 調適、負面、正面、成人關係和生活型態的改變。與你的同學分享你的發現。

(3)與一個工作於支持和(或)教育父母機構的專業者談談,什麼是父母常提到所主要關心的問題,其困難和需要有那些。

## 複習問題

(1)列出七個父母所扮演的角色。

(2)討論老師和父母們合作時,關於這些角色的一些隱含。

(3)列出七個父母的情感反應。

(4)討論老師對這些情感反應的隱含。

## 進一步閱讀的建議

Barud, S.L., Collins, R.C., Divine-Hawkins, P. (1983). Employer supported child care: everybody benefits. *Children Today, 12* (3), 2–3.

Bredekamp. S., and Shepard, L. (1989, March). How best to protect children from inappropriate school expectations, practices, and policies. *Young Children, 44* (3), 14–24.

Bronfenbrenner, U. (1984). The parent/child relationship and our changing society in E. L. Arnold (Ed.), *Parents, children and change*. Lexington, Mass.: Lexington Books.

Charlesworth, R. (1989, March). 'Behind' before they start? deciding how to deal with the risk of kindergarten failure. *Young Children, 44* (3), 5–13.

Kamii, C. (1990). *Achievement testing in the early grades—the games grown-ups play*. Washington, D.C.: NAEYC.

Levine, J.A. (1976). *Who will raise the children? New options for fathers (and mothers)*. Philadelphia: J.B. Lipincott.

## 參考文獻

Balaban, N. (1990, March). Statement to the Montgomery County council. *Young Children, 45* (3), 12–16.

Bettelheim, B. (1987). *A good enough parent: a book on child-rearing*. New York: Alfred A. Knopf.

Bigner, J.J. (1985). *Parent-child relations: an introduction to parenting*, 2nd ed. New York: Macmillan Co.

Bredekamp, S. (Ed.) (1984). *Developmentally appropriate practice in early childhood programs serving children from birth through age 8*. Washington, D.C.: NAEYC.

Burr, W. (1970). Satisfaction with various aspects of marriage over the family life cycle. *Journal of marriage and family, 32*, 29–37.

Elkind, D. (1970, April 5). Erik Erikson's eight ages of man. *New York Times Magazine*.

———. (1987). *Miseducation: preschoolers at risk*. New York: Alfred A. Knopf, Inc.

Galinsky, E. (1986). How do child care and maternal employment affect children? *Child care information exchange, 48*, 19–23.

———. (1987). *The six stages of parenthood*. Reading, Mass: Addison-Wesley Publishing Co. Inc.

Gottfried, A.E., and A.W. (Eds.) (1988). *Maternal employment and children's development*. New York: Plenum Press.

Harrison, B. (1986). *The shock of motherhood*. New York: Charles Scribner's Sons.

Hochschild, A. (1989). *The second shift: working parents and the revolution at home*. New York: Viking.

Hoffman, L.W., and Hoffman, M.L. (1973). The value of children to parents in J.T. Fawcett, (Ed.) *Psychological perspectives on population*. New York: Basic Books.

Kamerman, S.B. (1980). *Parenting in an unresponsive society: managing work and family life*. New York: The Free Press.

Karen, R. (1990, February). Becoming attached. *The Atlantic Monthly.* 35–70.

LeMasters, E.E., and DeFrain, J. (1984). *Parents in contemporary America: a sympathetic view.* (4th Ed.) Homewood, Illinois: The Dorsey Press.

Rollins, B., and Cannon, K. (1974). Marital satisfaction over the family life cycle: a reevaluation. *Journal of Marriage and the Family, 36,* 271–278.

Rossi, A. (1968). Transition to parenthood. *Journal of Marriage and the Family, 30,* 26–39.

Russell, C. (1974). Transition to parenthood: problems and gratifications. *Journal of Marriage and the Family, 36,* 294–302.

(1988). *Testing of young children: concerns and cautions.* Washington, D.C.: NAEYC.

(1990, February 19). A bringing up baby budget. *U.S. News and World Report.* 70.

# 第 3 章

---

## 兩個家庭日常的一天

本章是檢示在第一章所介紹的兩個虛構家庭之假設生活，以提高我們對有小孩父母生活中之需求和壓力的認知。老師對不同家庭的複雜生活愈敏感，愈能以瞭解的心理接近小孩，而達成真正的夥伴關係。

## 目　　標

　　在讀完這章之後，學生將可以：
(1)列出幾個導致描述中家庭壓力之外在因素。
(2)列出幾個描述中父母所顯示出的情緒反應。

　　首先看到的是 Jane Briscoe，她試著去想像她所熟悉的一些家庭的生活是像什麼樣子，他們有獨特的生活情況，但又因有共通的親職角色和經驗而相關著。一個只是家庭生活困境的旁觀者的人並不能仔細地瞭解組成一個家庭經驗的數千個細節、交互作用，和情感的細微差異。研究者(或老師)並非經常有機會去記錄家庭成員每日生活的行動，但也許透過家庭網路中某一個人的方法，可以去覺察和瞭解。這裏我們仔細看看兩個虛構家庭生活的一天。

---

# Lawrence 一家

---

　　當鬧鐘走過六點時，並沒有人移動。Fannie 靜止不動，她希望 Otis 會記得今早是該他叫孩子們起床，並準備穿衣和早餐。她覺得很累，她告訴自己，無論如何她還無法起床，因此壓抑不去想 Otis 昨晚十一點下課回來，而他也一定相當累的罪惡感。過去的這個月她似乎是完全精疲力竭地開始著每一天，她懷疑她將如何過接下來的三個月，而雖然工作直到生產可能又是個錯誤，但那是使她能得到之後三個月休假的唯一方法。她在腦中複習了所有的選擇，但似乎沒有其他的方法行得通。他們的收入表面上看來還不錯，但當你扣掉每個月 Otis 寄給他孩子的五百美金——現在因 Danny 需要支持而更多——她就是無法再請任何無給付的假。

　　她哼了一聲，但 Otis 仍然沒有動。在一陣惱怒中，她從床上跳起來，

並將房門用力地關上。Otis 伸展一下並翻過身來，對 Fannie 感到罪惡感，但也告訴自己在昨晚那麼晚下課之後，他需要額外的休息，他今晚還必須工作。他在幾分鐘後將會起床並幫 Fannie 打理孩子。

Fannie 準備好早餐並去叫醒孩子。Pete 很累而難以使他移動，所以她必須特別去幫他穿衣服，而 Kim 很沒耐性讓她把頭髮弄好。在他們吃早餐之前，Fannie 看了看鐘，瞭解到她必須略過他們而快些穿好衣服，否則她將會再次遲到。在仍黑暗的房間裏，她胡亂地摸索著衣服和鞋子，然後走進浴室快速地梳洗和穿衣。她回到廚房，發現電視大聲地開著，而桌上散佈著穀類食品和牛奶。「Kim，當我要妳負責時，並不是要妳讓 Pete 看電視。看看這團混亂。關掉電視，把牛奶收好，把牙刷好。Pete，看看你是不是能把鞋帶綁好，讓媽媽今天能出門。」

Kim 說：「媽，我要帶午餐盒，今天學校的午餐是炸雞；我討厭炸雞。」

「Kim，我以前告訴過妳，我必須在晚上就把午餐弄好，我沒有時間了，我們現在就得出門，所以不要再說了。」Kim 的嘴唇顫抖著，而 Fannie 背過身去。她現在沒有時間顧到 Kim 的任何狀況；此外，她對這些已開始感到厭惡，因為 Kim 常常如此。昨晚她花了一小時抱怨在班上她沒有任何朋友，且她討厭 Johnston 小姐。這並不像 Kim，Fannie 迷惑地想著，她本來是個快樂的孩子。

Otis 在 Kim 哭出聲時正好及時出現在廚房。「嘿，這裏怎麼了？」他快樂地問著。當 Kim 嗚咽地說著媽媽不幫她作午餐，而她不想在學校吃午餐時，Fannie 注視著他：「哦，她不能——」Otis 開始懇求，但Fannie 很快地打斷，「閉嘴，Otis，今早我連一秒也沒有空，我甚至沒時間吃早餐，所以如果她要午餐，你要幫她作，但我們必須現在就離開！」

Otis 拿一些零錢給 Kim，對她說：「嗯，至少妳能吃一些冰淇淋，好嗎？現在讓妳媽靜一會兒。」他抱歉地輕拍 Fannie 的肩膀，「慢一點，寶貝，妳做得到的，妳不應該省略掉早餐的，祝妳有愉快的一天。Pete，快點，你媽媽在趕時間。Fannie，別忘了我今晚要工作到很晚，十點見，試著在那時還醒著。」他開玩笑地說，再拍拍她。

「機會很渺小。」Fannie 喃喃地說，然後把孩子趕上車，Kim 仍大聲地吸著鼻子。當她開車上路時，Fannie 想到有時她很懷疑他們為什麼

要結婚，Otis 晚上未曾在家，總在工作和學校課堂上。但她馬上又壓下這想法，並希望她曾至少給他一個擁抱，因為他實在很辛苦。

她在 Kim 的學校放她下來，帶著決定性的微笑。Kim 悶悶不樂地走了，而 Fannie 試著不去介意。她注意到沒有其他人和 Kim 一起進校門，她知道時間還很早，但她必須載送 Kim，然後是 Pete，而在七點四十五分之前到達她自己的學校。她只是覺得讓 Kim 自己去等公車是不恰當的，但這也是 Kim 所抱怨的事情之一——所有其他的小孩都是搭乘公車。她在心裏記得要儘快試著去見 Kim 的老師，並問她 Kim 所說的她沒有朋友是否正確，也許她可在自己時間許可的一天，讓 Kim 不必去課後托育中心，安排一個女孩放學後和 Kim 一起玩。無論如何，她必須問問 Johnston 小姐，Kim 太早被帶到學校是否會產生問題。她有點害怕這麼做，因為老師是個年輕、單身的女性，她或許不能瞭解早晨的行程，天知道明年將會更糟，因為 Pete 的中心並不接受嬰兒的托育；那表示在七點四十五分之前必須停三站。她嘆了一口氣，然後發現他們已到了 Pete 的中心。感謝上帝他一直很安靜，異於平常。

「哦，糟了，」當他們經過教室的佈告欄時，她想起老師說要帶牙膏，「我又忘了。」Fannie 幫 Pete 脫掉他的夾克，並對靠近她的老師微笑。

「哦，Lawrence 太太，我看到 Pete 又帶了一部他的小車子，我們真的不能讓孩子帶他們自己的玩具來；那會產生許多麻煩，請將它帶走。」Fannie 搞迷糊了，她向下看，瞭解了 Pete 緊握一部小車子在他手上。她開始向老師解釋她不知道他帶著它，而在她瞭解到那使她聽起來像是一個很不盡心的母親時，她沈默了。Pete 把她的手拿開，Fannie 向老師求助，但老師將目光移開。Fannie 知道她必須將車子拿走，她對老師感到不滿，並從 Pete 的手上拿走那車子。Pete 哭了出來，Fannie 的胃緊抽起來。她給他一個快速的擁抱並在他耳邊說了一些話，並求助地看著老師——但她現在似乎更困擾了——因此只好快速地跑下大廳。當她聽到 Pete 的哀號和想到對他們來說這是個多可怕的早晨，她覺得自己快哭出來了。她是如此凝神想著孩子的反應和須好好解決以有個平靜的夜晚，因而沒注意到走過她向她打招呼的另一個家長。羞怯地，她招招手然後快步走，她的臉因尷尬而熱起來。在到她自己學校的途中，

被紅燈和塞車所延誤，在發現到好幾車的孩子已到達後，她幾乎是從停好的車中奔出。

　　對 Fannie 而言，這天早上相當順利地過了，即使有二十八個三年級學生要照顧，再加上輪到操場的值班。在最後一節課鐘響時，她已很疲倦了。一個來接孩子的家長要和她談談新的閱讀課程的問題，但 Fannie 必須打斷她，以準時參加每週的教職員會議。當她快速地走下大廳時，她想到要去和 Kim 的老師訂好約會，所以她想不驚擾其他老師而走掉。教職員會議拖長了，而 Fannie 發現她自己一直重複地看著她的錶，估計著去接 Kim 並送她去上舞蹈課要花多少時間。

　　會議終於結束了，她衝向她的車子，注意到留在後面的一群年輕女孩，正聊著並計畫要去喝一杯。

　　當她到達每天下午到課後托育中心接 Kim 的地方，看到 Kim 正和另一個女孩玩得高興時，她的心都懸起來了。負責他們的大學生因為忘了今天是 Kim 上舞蹈課的日子而感到抱歉。Fannie 嚥下她的煩躁，但事情已變得很難控制，因 Kim 已和朋友玩到了 Fannie 必須粗魯地命令她離開並趕快的地步。Kim 開始發牢騷，但當她看到媽媽的臉色時，她停了下來。

　　在他們開車到舞蹈班的途中，Fannie 試著放鬆並和 Kim 愉快地談談 Kim 的一天。Kim 高興地談著她在托育中心的新朋友，並且詢問是否可在那一天下午到她的家裏去玩。Fannie 答應了，隨後就想到可能引起的接送問題和時間問題。她在門口放下 Kim，允諾試著及時回來看她最後幾分鐘的上課。看一看她的錶，試著在限制的時間裏組織好她的任務——洗濯衣服、到銀行兌現支票、購買一些雜貨，並在郵局關門前去買郵票。辦好了那些已剛好接近去接 Pete 的時間。她不喜歡讓他待那麼久，但她從經驗中得知，拖個疲倦的孩子跟著她跑更糟。她試著忽視自己的疲憊，趕往 Pete 那兒。

　　當她走進托育中心時，Pete 充滿希望地看著她，她心痛地瞭解，他可能在半小時前每個家長進教室時就開始巴望著了。他老師說他在一開始的擾亂之後，有個愉快的一天。Fannie 氣憤她又再一次提起那件事，她只希望這個年輕的女人能夠瞭解在早晨必須催促著 Pete 已夠糟了，更別說奪去了他一天中所有最喜歡的東西。

在回到 Kim 舞蹈教室的路上，遇上了因交通意外的塞車，而在他們到達時，Kim 和舞蹈老師在停車場等著，老師看起來急於離開。Kim 在質問 Fannie 時，臉色顯得憤怒，「妳答應過的。」Fannie 試著要解釋，但在八歲孩子的面前她只感到無助和生氣。她換了個心情並對自己的疲憊投降，她建議晚餐到麥當勞吃。在孩子的歡喜尖叫聲中，她抑鬱地想到營養的重要性，並決定不問他們中午吃了些什麼。她的腦中浮現出一些母親和她對自己媽媽的印象，準備了豐富的晚餐。甚至她都沒有為 Otis 準備些什麼，嗯，如果他回來不太晚，或許她能為他煎個蛋捲。

孩子們很高興地閒談、吃著漢堡，因此 Fannie 放鬆自己並分享著他們的事。「我們做得不錯，」她告訴自己，「真的很好。」

當他們回到家已超過七點了。Fannie 把 Pete 放進浴缸並叫 Kim 到房裏寫她的閱讀作業並看著弟弟，使 Fannie 能打開雜貨並洗一堆衣服。還好 Otis 有時間去收拾早餐後的混亂；在累了十二個小時之後，她再也無法站著了。

她為 Pete 唸了枕邊故事然後蓋好被子。他累了，很快地入睡。Fannie 回頭溫柔地看著他，他成長得這麼快；他再也不是嬰兒了。她想過千百次，當新的寶寶來臨時，他的感覺會如何。

Kim 想看電視，但 Fannie 提醒她先去找好明天早上要穿的衣服，並決定是否需要她準備午餐。作著三明治，Fannie 想：「也許明天將會是較好的一天。」在上床時，Kim 要求 Fannie 要幫她給爸爸一個吻。Fannie 再一次地希望 Otis 能晚上常在家，以使他們能覺得像個真正的家。她知道如果她再提起這問題，Otis 將會怎麼說——「上課很重要，如果我能，我會停止晚上去賣車，只要再幾年就好了，但在此時，賣車可以給我們一個好的生活。」當然，他是對的，但孩子們實際上很少看到他，關於這一點，對於他們全體都是很冷酷的。

Fannie 摺疊洗好的衣物，洗完頭，將早上要穿的衣服擺好，躺在床上看早上的報紙，不到十分鐘，她已熟睡了。當 Otis 在十點進來時，她仍睡著。他嘆了口氣，關掉燈，走到廚房看看是否有任何剩餘的東西可以吃。

# Ashley 一家

　　當鬧鐘在六點響時，Sylvia Ashley 趕緊起床，她昨晚洗了 Terrence 的襯衫，必須在他起床以前把它熨好。無論如何，當大樓仍安靜時，她似乎在一大早還有時間，在一天當中唯一沒有人在大叫或丟東西的時候處理事情。她小心地打開廚房的燈，知道蟑螂會從水槽中快速地爬走。

　　她仔細地熨著衣服，她為 Terrence 必須一再重複穿同一件衣服感到很糟，但起碼他總是乾淨和整齊的，她希望老師有注意到此而不會對他不好，就如同一些人對窮人的方式——她因為自己是窮人而恨它，因此她不要她的孩子因為他們住在公共的房子裏，且沒有父親在背後支持著他們，而在他們不如他人的想法中長大。

　　她嘆了口氣，想起今天必須回社會服務處去和社工人員交談。她很怕那件事，但自從兩個月前他們的津貼被刪減後，她不能讓它再降低了。上個禮拜她已向對面的鄰居借了三塊錢買一些當孩子晚餐的通心麵和牛奶，而她知道她不能再那麼做了——那女人幾乎不跟她說話了，為了嘗試進入工作訓練計畫，她知道必須買一雙新的鞋子，而 Ricky 的膠底鞋也破了個洞，正好露出他的腳趾。

　　她拔掉熨斗的插頭並看了看時鐘，是叫男孩們起床的時間了。他們很愉快並閒聊著出門，Terrence 幫 Ricky 穿好衣服。Ricky 吃了一碗穀類食品，而 Sylvia 給了 Terrence 一杯牛奶，以使他在到學校前有點東西在胃裏。其實他寧願在家吃早餐，而她也總是讓他如此，直到手頭變得如此緊。既然他符合學校供應免費早餐的資格，那總是讓她能省下一些錢的一個小地方。

　　她快速地穿好衣服，然後將廚房收拾好。當她到門口時，Terrence 已準備好，頭髮整齊地梳理著。他每天都抱怨著媽媽和弟弟陪他一起到學校，但她不喜歡讓他一人穿過這些鄰居走六條街。當他獨自爬著學校的樓梯時，Sylvia 和 Ricky 從街上向他招手。Sylvia 擔心著他——他從未提起過朋友，放學後她和 Ricky 跟他一起走回家，之後他就和 Ricky 玩。她知道他需要同齡的朋友，但他還是將他留在公寓中，除非她能陪

他們一起到遊樂場。她已看夠和聽夠了他們這棟公寓中一些孩子的爭吵和粗暴，而她知道他們中有一些已在警察那兒惹上了麻煩，她將使他的孩子遠離那些人。Terrence 是個好學生，一個聰明的男孩──他不同於那些其他孩子。

她和 Ricky 在巴士站等著能載他們到市區廣場的巴士，那兒他們可轉車到社會服務處大樓。一路上，她幾乎沒有聽到 Ricky 說話，指車子和問問題，她預想著她必須說些什麼話。

等候室已滿了；她找到一張椅子，抱起 Ricky 在她膝上一會兒，直到他開始擺動，然後她讓他坐在她旁邊的地上。她繼續聽著是否叫到她的名字，她知道 Ricky 已變得不安靜了。當他看到一個人吃著從自動販賣機買來的餅乾時，他向她要求要吃東西。Sylvia 不想浪費五十分錢在那上面，她但願她有想到該為他帶些東西。幸運地，就在那時他們叫了她的名字，Ricky 被帶進小辦公室而分心了。

至少這個社工人員比上次那個好，那個在每次 Ricky 動時會斷然地吸氣。Sylvia 總在下面感到狂怒，因為這個女人必須知道他們沒有錢請保母，也沒有人能幫著帶他們到外面去，但她無法使氣憤表現出來。

在討論結束之前，Sylvia 感到很沮喪。她很恨人家問起是否有孩子父親消息的問題；她總是要說她很感謝並沒有，且無論如何也不會從孩子父親那兒拿到一分錢。看起來她每月的支票並不會有任何的增加，因為社工人員指出工作訓練在四週內開始時，社會服務處將必須支付 Ricky 的托育費用。Sylvia 不知道他們會如何處理，但她知道將會花更多錢在課程上，然而她還是要去做，以後也許她能夠賺足夠的錢使他們能搬進另一處較好的小公寓中，她會有一些工作中的朋友，而 Terrence 也能有一起玩的朋友，事情將會變得更好，她必須這麼做，她的孩子應該得到更多。

當他們等巴士回家時，Ricky 累了並暴躁起來，他開始哭。她打了他一巴掌，並不是很重，但她現在就是無法再忍受他的哭聲，或是在她帶個哭泣的孩子上車時，被司機注視著。

他在巴士上睡著了，她將他拉向她的肩膀，以便在他們必須轉車時叫醒他。對他來說，那是個漫長的早晨。當他們坐上最後的車和走回家吃午餐時，他們兩個都沒有多說話。Ricky 喝完了他的湯，她把他放到

床上小睡一會。她坐下來，想著 Ricky 將開始上托育班，而她自已的訓練課程也將開始。她希望她能做得到，距離她以前到學校的日子已有很長的一段時間，而那時她沒有孩子和其他操心的事。她擔心 Ricky 將會如何，他從未離開過她一步，社工人員已告訴過她，那是個好的托育中心，但那並無法使她確信 Ricky 不會感到痛苦。

她看了一下鐘，再過幾分鐘，她就必須叫醒 Ricky，帶他去接 Terrence。可憐，他已累壞了，她希望能讓他再睡一會兒，但沒有人可照顧他使他留在家裏。她又操心起 Terrence，他以後將必須自已回家，獨處幾個小時，直到她結束她的課程，接 Ricky 回到家。為了擔心這個她已經失眠了幾個晚上，但沒有其他的辦法，她必須警告他關於應門、不要使用火爐，和所有她能想到的事，然後只能希望他會自已平安地待在公寓裏。

Terrence 安靜地回到家。他翻開一張通知交給她，它提醒父母們必須在隔天交一塊錢，以支付下週到兒童戲院去玩的票。Sylvia 避開 Terrence 的眼睛，告訴他，她無法交錢，所以他可以在學校去玩的那天待在家裏。Terrence 沒有說什麼。

她收拾了要洗的衣服、錢包和鑰匙，並帶著孩子和她一起到樓下地下室的洗衣間。孩子坐著、無精打采地爭論著。當另一個女人進來時，Sylvia 厲聲要他們安靜，他們抑鬱地坐著，直到她要求 Terrence 幫她把襪子配對。回到樓上，當她做晚餐的漢堡時，孩子們看著卡通。晚餐之後，Terrence 在廚房的桌上寫功課，而 Ricky 坐在他旁邊，畫著她從雜貨店買回來的著色簿。當她收拾好廚房後，她將他們一起帶進浴室中洗澡。在孩子看了一些電視節目後，她將他們帶到床上，而她自已獨坐在她睡覺的臥榻上。她並沒有什麼想看的，但她讓電視開著陪伴她，一個多小時之後，她關上電燈睡覺。

## 與學生家長合作

試著去理解你將相處的人之家庭生活是一個很好的主意，也許這對你是個有用的提高自覺訓練。

這兩個家庭有其獨特的生活情況和經驗，但兩者在角色壓力和責任上都有共同的脈絡可尋，來自專注於照顧孩子的孤立和深切地關心孩子的生活。

　　讀者可能是也可能還不是父母。如果你是的話，那麼你有以父母觀點出發的日常經驗，而不需要進一步去證明履行這些不同的角色是件多麼令人驚訝的任務。分述於不同的頁數，它們看起來都是需要的；但當經歷過其一起出現於每天的生活中，它們可能會使其失去自信。

　　對於尚未爲人父母的人，回憶那些可能是模糊且不會對生活需求作惡意判斷的童年期，那時你父母的生活。即使是班上你所熟識的父母，可能你也無法完全瞭解他們的需求。生動的想像力將會對你有所幫助。在一張紙上，略記一些你所知道的家庭生活的事實——家庭成員的年齡、工作或精神、嗜好和興趣、特殊的家庭情況。

　　現在將你自己放進一個例子的白天、晚上生活中(親職工作並非只明確地局限於一定的工作時間中)。記得要包括日常生活的細節，像是看醫生、剪頭髮、到圖書館和銀行，還有一些無法預知、突發的緊急事件——車子拋錨、保母生病和工作上額外的任務。選擇兩個家庭的交集來加以深思；要記得任何家庭的社經狀況可能會增進其額外的壓力，不管是需要每天掙扎的貧困家庭或是往上流階層走的專業者家庭。如果你做得對，你將會在想像中很快地搖頭和感到疲倦。

　　當你發現你自己在對一個家庭作評斷或抱怨時，重複做這種練習可能是有用的。實際上一個老師要有效率地和班上同學的家庭合作是不可能的，除非她能對他們有同理心。記住，這只是在心理上瞭解其可能情況的一個嘗試；沒有人能夠完全瞭解任何一個家庭的眞正狀況，每個家庭都存在著其獨特性，而且有其難唸的經。

## 摘　要

　　沒有人能真的瞭解親職的所有情感牽連，因為每個父母在這上面都有其特殊的一套需求、經驗和動機。儘管如此，去瞭解伴隨親職而來的部分情感是很重要的，如此，老師們才不會不經意地忽略或是加劇其情緒反應。

## 進一步學習之作業

(1)再讀一次第一章十個虛構家庭的摘要，選擇另一個家庭並想像他們生活的一天。和一位父母相處，以刺激你的思考靈感。和班上同學分享你的報告。

(2)邀請一位學齡前兒童的父母到你的班上來參加討論。要求他(她)準備好報告他們家庭日常生活的一天。

(3)閱讀一篇關於美國家庭的文章或其他的資料，那可能會使你增加對不同文化或社會片段的瞭解。可參考進一步閱讀的建議。

## 複習問題

(1)列出幾個導致描述中家庭壓力的外在因素。

(2)列出幾個描述中父母所顯示出的情緒反應。

## 進一步閱讀的建議

Bohen, H. (1981). *Balancing jobs and family life.* Philadelphia: Temple University Press. [case studies]

Bozett. (1987). *Gay and lesbian parents.* Westport, Conn.: Greenwood Publishing Group.

Duberman, L. (1975). *The reconstructed family: a study of married couples and their children.* Chicago: Nelson-Hall. [case studies]

Glazer, N., and Moynihan, D.P. (1970). *Beyond the melting pot: the Negroes, Puerto Ricans, Jews, Italians and Irish of New York City.* Cambridge: MIT Press.

Hadley, N. (1987. May/June). Reaching migrant pre-schoolers. *Children's Advocate,* 19–20.

Hale-Benson, J. (1982). *Black children: Their roots, culture and learning styles.* (Rev. Ed.) Baltimore: John Hopkins University Press.

Kozol, J. (1988). *Rachel and her children*. New York: Crown Publishers. [studies of homeless families]

Lewis, O. (1966). *Lavida: A Puerto Rican family and the culture of poverty*. New York: Random House.

Schneider, D.M., and Smith, R.T. (1973). *Class differences and sex roles in American kinship and family structure*. Englewood Cliffs, New Jersey: Prentice-Hall. [case studies]

# 第二篇

# 早期教育中親師之
# 合作關係

因爲SyLvia的最小孩子太小不能進入托兒所，他們已決定謊報年齡以便他能進入！

# 第4章

## 什麼是父母參與？

父母參與的說法常界定於孩子各種發展課程的相關事務中。

## 目　標

在讀完這章之後，學生將可以：

(1)列出三個父母參與的動機和模式，並討論每個動機和模式的觀念。

# 父母參與的觀念

Jane Briscoe 又提到，「你知道嗎，我真的很迷惑，在最近我參加的一個會議上，父母參與的主題被提出討論。在幾個人討論了他們所認爲的父母參與是什麼之後，我瞭解到過去我對它的使用和他們大部分的人想法是不同的。他們其中一個提到，父母參與是父母們聚集在一起並對課程作決策；另一個所說的就好像父母參與是指父母們在課堂上隨侍在側當助手；其他人則提到父母被教導很多關於孩子的早期參與課程，使他們可以推展以幫助自己孩子發展的方法。而我還只是認爲父母參與是試著去讓父母儘可能地知道他們孩子的學校生活是如何。」

Jane 所迷惑的並不足爲奇。在課程說明、研究、和老師之間的談話習慣中，父母參與的說法常習慣被描述爲：早期幼兒教育中所有這些型式的父母參與。

「父母參與」在各點來看是被描述爲使父母與課程交互影響的所有方法：政策之決定、父母教育、籌募基金、義工父母時間，甚至只是和教職員交換各種種類的資訊。在照顧的連續性之一般目標下，參與的最終願望可能是較好的親職、較好的托育，或是包含二者。父母參與終生持續地進行(從父母控制的期望到父母完全爲專家的輔助者)。父母們也許投身於從專家(對他們自己的孩子)到學生的各

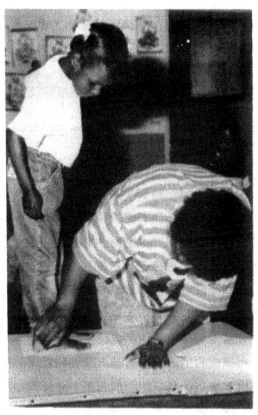

**圖 4-1　父母能在教室中幫助老師做例行的工作**
Courtesy Bethlehem Center, Charlotte, N. C.

種角色，因此把教職員的地位置於從僕人到學者。(Pettygrove ＆ Greenman, 1984, 1989)。

依這個陳述所指，父母參與並沒有一定的模式。被選出的幼兒園提出各種方式的父母參與，包括從低層次到高層次的父母參與。低層次父母參與的中心允許父母參與一些不會挑戰到老師的專業見解或是學校決策權力的活動。活動像是定期簡訊、家長會或是個人的父母會議，都傾向於使父母保持距離，去得知他們孩子學校生活的第二手資料。高層次父母參與的學校則提供父母自己作決定的機會，特別是在教育的型式上，藉由父母訪談、觀察或是各類的自願協助；在這兒父母被認為是協助的一個來源(圖 4-1)。最高層次的父母參與是在於學校相信老師和父母雙方

都是專業者，父母和學校雙方都有決策的權利，經由許多方面的溝通，父母們有力量對他們孩子的教育作決策。

# 父母參與的歷史背景

對幼兒早期教育的父母參與之興趣並非是個新的課題，在本世紀頭十年的美國，父母即已參與一些初步的托兒教育運動。對中層階級的父母而言，父母和托育學校的合作興盛於整個一九三〇、四〇年代，且持續到今天。這種現象時常出現於中階層的領域，像是大學或郊區城鎮，這些學校歡迎父母——一些原來是傳統的居家母親，她們常受過一些訓練。這些母親在幼兒園教室中常常是處於與專業者平行的地位，以幫忙受過訓練、有薪水、專業的老師。這種在她們孩子課堂上密切參與的生活，給予父母們豐富他們孩子和他們自己生活的機會。這些合作時常提供父母機會去參與學校的生活，由對基本原理和實際運作的確認到促使機構去照顧和維持其服務。其所持的信念是：父母們知道他們自己和他們的孩子要的是什麼，因此應該參與學校(父母合作模式最近已常被使用，即使是父母全職工作的托育機構。請參閱第十七章的參議院員工之孩子托育中心。父母們的貢獻減少了像是清潔、會計、購買和洗衣服這些項目的預算花費，並且也加強了父母和學校之間的聯結)。

低社經背景的父母之參與托育學校和孩子照顧中心是由政府所提供，以補充孩子的營養和健康需要，但此被不景氣所中斷。之後，在第二次世界大戰中，萊漢姆法案兒童托育中心(Lanham Act Child Care Center)提供從事戰役父母之孩童照顧。即使在那些有壓力的時代需求下，以及來自文化和種族多樣化的背景之下，這些父母團體仍對與中心有關的父母教育工作者有極大的反應，以支持父母的自我發展和學習。

在二十年之後，幼兒早期教育的領域又再次地擴展，隨此擴展而來的是：重新致力於與父母們合作，幫助生活不利者的計畫，包括先鋒和其他援助計畫，在一九六〇和一九七〇年代出現。父母們加入了大部分的這些計畫(圖 4-2)。不久之後，美國社會結構的改變使得婦女外出工作的數目增加，伴隨而來的是有嬰兒和很小孩子之家庭托育需求的提高，

圖 4-2　父母們介入許多涉及計畫
Courtesy Head Start Burean.

因此注意力又再度放在讓父母和老師在問題上找到協商答案的方法：誰
有權力，且為的是什麼？幼兒早期教育的領域不斷地在試著澄清它對家
庭的專業責任，並且定義出適當而有幫助的實際運作。肯定地，這種討
論將會持續於讀本文之專業者的一生當中。

　　關於此領域中親職和類似標記的操作型定義，並沒有達成一致，因
　　此有部分巨大變化以類似的或完全相同的標記被施行。(Powell,
　　1989:19)

雖然托育已存在了一段相當長的時間，去幫助社會工作者處理在危機情
況中的家庭，但這種新式的托育還是幾乎讓所有的美國家庭中那些不是
成長於托育中心的許多成人感到迷惑，因此對於它是什麼或是孩子們的
經驗應該如何與父母分享並沒有清楚的模式。這使得關於多少的親職興
趣和需求應該被納入課程中產生了難以解決的緊張。基於父母對他們自

己孩子的承諾，應該給予父母的想法多少份量？基於專業的訓練，應該給予專業教職員之判斷多少份量？其分界線在那裡？猶豫就在這兒產生，也隨之產生了該把父母的參與認為是什麼的疑惑。

就如同父母參與有不只一種模式，關於參與的動機也有不只一種情況。至少有三種各自的推動力使家庭和學校結合在一起。一個對父母參與有影響的是有關教育和兒童發展的研究強調：父母、孩子和社會機構的相互依賴，可提供孩子最適度的發展。這種例子包括與父母有交互作用的課程型式、參與特別是參與和課程有關的認知和社會發展的研究。第二個動機是因各種法律和基金調度所委任的推動力，父母在計畫中扮演一重要角色。委任父母參與的例子包括先鋒計畫，以及所有殘障孩子之教育法案(PL 94-142)和修正案(PL 99-451)。第三個影響是社會的關心和努力，鼓勵父母參與以改進學校並強化家庭，如此也可解決一些社會所關心的問題。這種例子包括全國性的家庭和教育之共同合作探討。所有這些動機都暗示了比與父母合作使他們去烤餅乾和去野外郊遊更大的主題探討。

今日，美國大部分的幼教老師都沒有進行以明確的方式將父母包括在內的課程。私立的營利托育中心——包括連鎖式托育中心和家庭式托育，以及數目增加中的非營利托育計畫和傳統式托育學校，皆將許多老師置於家庭和幼兒園接觸的前線。一些老師們確信和父母合作可幫助他們找出較好的方法，以便為他們所照顧的發展中孩子創造一個支持的環境。因此，本文將提供各種不同型式父母參與的動機之簡要觀點，並指出一些課程方式和已作過的研究之方向，學生的需要或興趣應該會促使他們去作進一步的推敲。

# 以孩子發展為動機的父母參與研究

一九六〇和一九七〇年代參與計畫進行的結果是產生了描述各種交互作用和環境對小孩發展是有影響效果的研究團體。這樣的資料暗示了許多教育學者去促使父母參與的增加。研究指出兒童期是孩子和家庭建立學習方式的極度重要時期，幾乎是再怎麼強調親職的重要性也不為

**圖 4-3　依戀是一種強烈的、相互的、對健康發展有決定性的結合力**
Courtesy USM 出版社

過。依戀，一種形成於生命的前二年間，強烈的、相互的親子聯結，實際上是與發展的各個方面都相關的：身體的成長；認知技巧的基礎——探索、好奇和解決問題；語言表現和溝通技巧；情緒的安定和社交的自在（**圖 4-3**）。而除了大體的幸福感以外，研究證實了父母類型之特定因素（特別是母親）對孩子的學習方式、認知成長和教育成就是重要且有持續影響的假設。例如，研究已注意到許多來自於低社經背景的母親，在與她們的小孩進行一件特殊的工作時，大部分只注重把工作完成，而較少注意到給予其言語上的指導，幫助他發展解決問題的技巧，或給予正面的回饋。之後，並不出人意外的，他們的小孩並沒有在學術環境上準備好去學習，並且與期待孩子能跟上她言語指導且能獨立解決問題的中階層老師互相配合。

　　教育的參與計畫被審慎地設計以藉著刺激孩子早期學習環境之中關鍵要素的改變，包括父母行為的改變，來改善孩子的第一個學習機會。先鋒計畫是所有早期參與計畫中維持最久的，始於一九六〇年代中期，詹森（Johnson）總統對貧窮宣戰而設置的。早期對先鋒計畫的研究對它

在增進認知發展的評估上，提出了過度樂觀的說法，不過肯定的是，父母的參與與孩子的考試分數、學業成就，和自我觀念有正向的相關，也和父母的成功感覺以及對社會活動的參與有相關（Midco, 1972）。現今的研究則提出了更客觀的看法：在孩子參與了學前課程後，會有至少十五年長期的效果在學校表現、自信和自我形象方面（Collins & Deloria, 1983）。先鋒計畫的效能仍被質疑，是由於各種研究的不一致結果（Schwinhart & Weikart, 1986）。然而，該計畫對孩子、家庭和社會的所有影響並不能單以分數爲準來評估，這點被爭論過（Bronfenbrenner, 1976）。

其他著名的以中心爲主之參與計畫，包括 Perry 學前計畫，此計畫依照皮亞傑模式，注重語言及認知發展，在一九六〇年代初期開始於密西根的 Ypsilanti。除了孩子參加一星期五天、每天兩個半小時高品質的早期幼兒計畫之外，每星期還由老師到家裏和父母晤談九十分鐘。在這較少見的長期研究中，研究者追蹤一百二十三個孩子，從學前計畫一直到他們的十九歲生日爲止，結果發現他們在一些社會和教育成就的評量上都表現得很好，他們較少接受補正教育，高中畢業後就業或繼續升學的比例兩倍於那些沒有加入學前計畫的孩子。另外，一般說來，他們較少有青少年犯罪、在青春期懷孕、依靠救濟或其他會對家庭和社會產生問題的負面行爲（Berrueta-Clement et al., 1984）。

另一個從一九六〇年代初期開始的著名參與計畫是 IDS 哈林計畫，提供特別的課程給鄰近學校的四歲孩子，加強其語言和認知發展。此計畫首先發起以學校爲主的早餐計畫。另外，父母們被鼓勵常和他們的孩子一起閱讀，並且積極地加入家長中心，以致力於他們自己需求的滿足以及他們與社會和學校的關係。這項計畫持續進行到孩子三年級時，研究追蹤到其二十一歲。結果顯示他們的就業率高於控制組一倍，三分之一以上的人高中畢業或同等學歷，而三成以上的人繼續到大學升學或職業訓練（Schorr, 1988）。

和以中心爲主的計畫一樣，先鋒計畫和一些參與計畫也在以家庭爲主的計畫中實施：在他們自己家中，提供孩子和家庭直接的服務。研究結果顯示，考試分數不只在施行此方法的期間提高，也在參與被停止之後還維持好幾年。此效果甚至也可能在家庭中沒有直接指導之較小的孩

**圖 4-4    涉入計畫的效果甚至在家中較小的孩子身上也能發現**
Courtesy 先鋒計畫部

子身上找到；這指出父母所學習的新技巧是有影響力的(**圖 4-4**)。由「改善孩子照顧法案」（ABC Bill)提供資金以推展計畫的努力,可顯示出先鋒計畫的重要性。它建議國會撥款補足額外的資金,從一九八九年開始至其後的每一年,因此在一九九三年之前,所有三歲和四歲需要登記進入先鋒計畫的合格者都能如願。

在先鋒和大多數的其他參與計畫中,父母的參與被認為是一必須的要素。《先鋒計畫手冊》陳述父母的參與是必要的。

許多先鋒的受惠者被根深柢固地「改變」,這些改變也許發生在家庭本身、社會和在影響人們和機構雙方的態度上。(先鋒計畫手冊,1970:3)

**圖 4-5　作決策的經驗能有助於父母自我的自尊**

　　在參與計畫中，強調父母的參與是在於下列兩點：(1)父母為學習者，增加父母對於孩子和他們需求的認知，並且能培養和支持孩子發展的方法。(2)父母為教師，與教室和(或)家中的專業者合作以提升並擴展專業者的效能。該模式是為了教育父母，以使家庭和孩子能夠訂定使他們自己成功地邁向學校的方向。這種探討是假定教育系統是完善的，它能夠使家庭預期可在那兒得到成功，即使他們可能並不知道要如何去達到，且它也提供父母新的知識和態度的機會——此為成功之鑰。一些研究指出，父母在計畫中所參與的時間對於孩子的進步是一個重要的因素。

　　研究也指出，其他與後來學校成就有關的因素也可能是間接受父母參與他們孩子計畫的影響，似乎很明顯，父母的興趣和孩子的學業成就呈現正相關。家庭對於學校學習所持的價值觀也和學業表現的差異有關。事實上，研究發現家庭態度和因素對孩子學校成就之正面影響雙倍於社經的因素，而最重要的一個因素是父母的自尊。

　　有一些明顯的方法使父母的自尊能藉由參與他們孩子的計畫而提高。學校要將父母找出來，使他們扮演他們孩子教育的必要角色，增進其互動的技能，以幫助父母感覺對他們的孩子和他們的親職角色是有效力的，使父母能夠知覺到他們自己的角色是重要的。領導技巧、作決策、與他人社交互動滿足的經驗，都能增進父母正面的自我形象(**圖 4-5**)。要

**圖 4-6　父母的自尊將會隨著涉入孩子計畫的肯定而提高**
Courtesy Bienvenides Children's Center, Inc.

說明的是，這樣的自尊只歸因於早期幼兒計畫的參與是很困難的；不過，追蹤研究顯示，積極的計畫對於母親的經濟自足和教育水準都是有效果的。先鋒評估報告指出，參與的母親在計畫結束時，聲稱有較少的心理問題、有較多的掌握感，且對其目前生活情況較滿意。可預期的一點是，孩子也會從有如此正面感覺的父母那兒獲得極大的影響(圖 4-6)。

研究指出，父母因參與而使孩子和他們自己在發展上受益，會使其有強烈的動機去加入更多的父母參與。

# 委任父母參與

當基金掌控者以權力委令父母參與作為計畫的必要條件時，就不會再有關於父母參與與否的任何討論，一些法令上的效力使得父母參與成為提供孩子服務的機構和行動之必要結構的一部分。此外，近來的政策和執行指導方針宣告了與家庭有關的計畫遵循方向，有時這是為了要得

到對於計畫的認可或贊同。以下將討論委任父母參與的幾個例子。

## 一、先鋒(Head Start)計畫

當社區行動計畫因一九六四年的經濟機會法案(Economic Opportunity Act)而建立時，先鋒計畫需要家庭提供其「最大可能參與」。在它的計畫手冊中，對父母參與的四個領域有特定的實施標準：

(1)爲計畫的方向和執行作決策，而經由政策委員會的委員討論通過。

(2)參與課堂教學成爲義工，並在有升上專職階層的可能性下成爲有薪給的員工。

(3)父母的活動由父母們自己計畫。

(4)和中心職員一起，爲他們自己的孩子共同合作。

父母參與之理論基礎爲：「如果想要先鋒的孩子去發揮他們的最大潛能，對先鋒父母們而言，去影響那些對他們孩子發展有影響之計畫的性質，可能是個機會。」(Head Start Policy Manual: 1)父母們對於爲他們孩子作些事，有了具體的觀念，而決策者的主要角色，強調是去提供父母機會以勝任計畫之運作，例如，父母設立專業教職員雇用的標準，並經常去面試和挑選教職員，此外，他們也參與預算事務的決定。

> 父母參與決策之基本原理是基於相信人們不會對於他們沒有參與的決定全力以赴，此外，也相信去思考資訊、作決策和履行的過程，對父母而言，也是在教育他們自己且幫助他們發展領導技能。父母們最知道他們自己的情況，因此必須參與他們孩子的教育計畫，不過，這仍是被爭論的一點。(Hess, 1971:277)

父母身爲決策者會影響機構去對於家庭的文化和需要變得敏感。

> 如果不努力去找出誰對此有興趣，且不努力去對那些有些許興趣和狂熱的人有耐性，那麼常見的憾事就會發生。因爲貧困的人不作決策，其他的人就會去作，我們就將會錯失掉貧窮計畫的本質：

去減低人們感受他們自己命運中的無助。(Greenburg,引自 Powell,
1989:5)

在實務中,對於指導者和專業人員在必須作決策時去分擔責任,明
顯地,並非很容易。常常必須去協調什麼對孩子是好的之衝突點,而對
於問題的解決和時間應用的過程要有效率。即使他們真的讓父母參與其
中,教職員也必須防範自己在正式會議和作決策時,以他們自己較好的
訓練和經驗來支配會議。

## 二、第一章(Chapter Ⅰ)

就在最近,聯邦政府優先授權資助第一章(PL 100-297)的成立。它
被稱作「平等的起跑線」(Even Start),是以家庭為中心的教育計畫,
資助地方致力藉由將早期幼兒教育和父母的成人教育整合成統一的家庭
中心計畫,以改善國內孩童和成人的教育機會(以「家庭為中心」被定義
為將孩子和父母視為一個單位,父母積極地參與他們孩子的發展,而不
是以個別的課程分別教導父母和孩子)。委任令要求計畫要以現存的社會
資源來建立,以產生新範圍的服務,包括鑑定和招收符合資格的孩子;

圖 4-7    父母們涉入孩子的學前課程,可學習新的技能

審查計畫並使父母和孩子對計畫作好準備；建立指導計畫以增進成人的讀寫能力；訓練父母去支援他們孩子的教育和成長；為孩子在一般學校的學習作準備；為教職員提供特殊訓練以發展其與父母和孩子共處的技巧；以及盡可能經由以家庭為基礎的計畫整合其指導性的服務（圖4-7）。

## 三、殘障孩子教育（Education of Handicapped Children）

委任父母參與於計畫中以提供特殊需求孩子服務。首先提出的是一九七五年的 PL94-142 的全體殘障孩子教育法案。此法令要求父母要與專業者一起參與計畫，為他們孩子發展特殊教育計畫（IEP）。如果父母不同意孩子的診斷、安置或 IEP，會使他們加入聽審會再度審查。一九八六年的殘障法案教育修正案要求服務要將焦點放在家庭，因此父母或監護人被包含於發展特殊家庭服務計畫（IFSP）的綜合學科小組內，包括使殘障嬰兒或學步期幼兒達到最大發展的家庭能力和需求的聲明。

## 四、改善兒童保育法案（Act For Better Child Care）

改善兒童保育法令（ABC 議案）終於在一九九〇年由第一〇一次美國國會籌資設立，是一個歷史性、聯邦的托育計畫。它是從一九七一年尼克森總統否決了兒童保育立法以來，將近二十年的努力之後，首次所達到的頂點：立法為國內的安全系統和托育給付設立了基金。ABC 議案的許多條款都強調父母選擇和參與的重要性。議案中聲明任何條款皆不得「侵犯或僭取父母之倫理和合理的權利及責任」，以保留系統中父母的權利。父母們有權去協助設定托育標準和全國、全州及地方的政策。州議會設定了最基本的全國性標準，包括父母參與，以幫助父母評量並改進計畫之品質。聲明提供托育者應當確保在一天當中，父母可無限制地去接近他們的孩子。議案也將資金運用於對父母和大眾的計畫上，以教育其與兒童保育有關的選擇，對要求的許可和調整，以及對程序不滿的控訴。每個州必須保持有關父母之控訴和可行之要求的實證資料。這些ABC 議案條款使人瞭解了將父母包含進兒童保育系統的重要性。

## 五、專業組織的推薦(Recommendations of Professional Organizations)

在這些立法的委任之外，幾個專業組織也提出清楚的聲明，指出包括有關小孩學校中父母參與之方向，以作為一有品質計畫的衡量。

### ㈠ NAEYC 審查

美國幼教協會(NAEYC)已發展出一套審查幼兒計畫品質的標準。在其包含的事項當中，父母——教職員之相互作用被涵蓋為一必要的成份，目標是要父母對計畫瞭解且受歡迎以成為計畫的觀察員和促進者。

> 理論基礎：幼兒是與家庭整合連結的，除非計畫也瞭解孩子家庭的重要性，並發展出與家庭有效合作的策略，否則就無法適當地符合孩子的需要。所有中心和家庭之間的溝通應該根基於父母是且應該是孩子生活中的主要影響之觀念。(NAEYC, 1984:15)

有七個項目應該併入父母參與計畫之審核綱要中：

(1)給予新的和期望中家庭有關計畫的資訊，包括計畫之基本原理和執行程序的書面說明。

(2)使孩子和父母們能逐漸地適應中心，可能包括預約訪問、父母指導會議，或是逐漸介紹孩子進中心裏。

(3)教職員和父母要針對有關家庭和中心對孩子教養的方法加以溝通，以使孩子可能的衝突和迷惑減到最低程度。

(4)隨時都歡迎父母的來訪；例如：探訪、吃午餐或在課堂上自願幫忙。鼓勵父母和其他家庭成員的各類參與，並對就業父母沒有時間的特殊困難加以考慮。

(5)建立口語和書寫系統以每日分享對孩子有影響的資訊。

(6)會議每年至少必須舉行一次。

(7)其他的溝通方式，像是簡訊、佈告欄、常發通知給父母，以及常打電話。

由 NAEYC 執行委員會在一九八九年認可的倫理指引章程和承諾聲明中，包含家庭的倫理責任部分，清楚地說明七個理想和十一個特定

圖 4-8　　NAEYC 之倫理章程鼓勵老師「去尊重
每個家庭的尊嚴和它的文化、習俗、以及信仰」

Courtesy Jakararat Verrswarn, Washington, D. C.

的管理法令原則(**圖 4-8**)。此理想包括：

(1)與所服務的家庭發展出相互信賴的關係。

(2)當我們支援家庭之教養孩子工作時，要使父母認知並建立起其力
　　量和能力。

(3)要尊重每個家庭的尊嚴和它的文化、習俗以及信仰。

(4)要尊重家庭的教養孩子價值觀和為他們孩子作決策的權利。

(5)從發展觀點的架構之中去判讀孩子的進展給父母知道，並幫助家
　　人瞭解和欣賞適當的早期幼兒發展課程的價值。

(6)幫助家庭成員改進他們對孩子的瞭解且提升他們為人父母的技
　　能。

(7)提供機會使教職員和家庭在計畫中互動，以參與建立家庭的支持網絡。（Young Children Nov.／89 or NAEYC Brochure ＃ 503）

## ㈡ NASBE 報告

起始權利（Right From The Start）報告是由州立教育委員會之早期幼兒工作全國協會在一九八八年所提出，焦點是放在從一開始即將父母參與置於學校系統中。建議使父母參與成爲早期幼兒基礎教育的一個構成要素，使父母參與成爲孩子教育的重要夥伴，讓他們認知他們對孩子生活有重要的影響。

> 只有經由對父母之角色誠摯的尊重，老師們才可能開始視父母爲他們工作的支持來源，也才能使一些父母克服他們從他們自己的學校經驗中發展而來的不良印象，而減少在接觸教育者時的猜疑和反抗。（NASBE, 1988:19）

## ㈢美國黑人孩童發展學會（National Black Child Development Institute）

美國黑人孩童發展學會也關心公立學校系統之中的早期幼兒課程，提出父母參與是十個重要「護衛」之一，父母應該參與和計畫方針及課程有關的決策。特別的建議包括建立一與教職員共同爲課程主題努力的持續父母承諾，以及使父母積極地參與計畫的評估。

一些這種委任和政策是由於增強中的所有公民運動之結果，不只是少數民族。其促使社會去批評和支持學校的權利，父母們學到了他們的聲音可以有所影響。存在的「反專家」情結和對官僚作風的不信任，部分地反應於父母去推動他們參與的權利（圖 4-9）。大多數的父母對他們的孩子有完全的責任，但少許則控制在一些衝擊他們孩子生活之較大的社會強迫力之下。在過去，托育主要是那些無法扶養孩子的家庭在使用，那些家庭並非美國人生活的主流，常常那些父母並不需要說出他們對孩子希望的想法。然而，當托育漸漸地被那些選擇它作爲他們生活方式之一要素的中產階級父母所使用時，父母也漸漸地說出他們的孩子要什麼。這種輸入的需求將隨托育小孩年齡的提早而持續增加。

**圖 4-9　父母們要盡所能地知道他們孩子的學校生活**

　　美國社會早就知道了父母們有決定什麼是對孩子的最佳利益之主要責任，而公共政策現在似乎也關心要護衛著家庭「教育、扶養和監督他們孩子」之權威。官方的政策愈來愈注意介入家庭事務可能也導致了較多注重父母參與的特殊委任。

## 社會對家庭支援的關心

　　美國社會人口統計的變遷已使家庭生活產生了改變且注意到了父母的需要。今日的父母可能更加孤立、有較多壓力、更窮、更需要他們能得到的所有幫助。當社會有愈來愈多因青少年懷孕、輟學、耽溺於藥物、犯罪以及其他反社會破壞下之不適任父母和家庭壓力時，學校、社會機

**圖 4-10　社區機構之間共同努力以迎合家庭的綜合需求**
Courtesy Council for Children, Inc.

構、法令、企業和其他相關的社會組織有強烈的動機想去動員並結合努力以成爲家庭支援。家庭是位於中心軸之綜合和動態的一個系統，其受到其他綜合系統，像是學校、工作場所、健康系統、服務系統和政府各種不同程度的影響。

家庭資源和支持計畫似乎已遍佈全美國，提供服務給父母們，那可能包括親職教育、成人教育和工作訓練、情緒支持，和各種托育服務。計畫是由老師、心理學家、社會工作者、其他專業者或父母所進行。一九六〇、一九七〇年代和最近的家庭資源運動之間的參與模式差異爲：參與計畫視孩子爲參與的單位，然而家庭資源和支持計畫則是視整個家庭爲參與的單位。參與的焦點在意義上並不是去解決問題，而是爲所有家庭需要服務，忽視其社經或文化背景，去予以支援以發揮其適度的功能，特別是針對家庭生活週期中的關鍵點上之壓力、危機和改變。其方法是預防，不是治療。並非所有家庭所需要的是同一類的支援，所以家庭資源和支持計畫是個人性、具彈性和適應性的。社會機構之間共同努力提供健康、福利、社會服務和教育以符合家庭的綜合需求(**圖 4-10**)。

## 一、州立出資的家庭支持計畫

州立出資的家庭支援例子起初是開始於一九七五年，包括明尼蘇達州的早期幼兒家庭教育計畫。由當地校區所執行，提供各種方法以提升父母在教養孩子發展上的能力：兒童發展課程、家庭訪問、父母討論團體、發展上的學前活動、簡訊、偶爾造訪中心、玩具和書籍借用，以及為特殊人口(單親父母、東南亞移民家庭)之特別服務。

從一九八五年開始，密蘇里州的父母教師計畫也是經由學校系統來執行，從孩子出生前三階段期間給予資訊和指引，直到孩子三歲生日。計畫包括：每個月的家庭訪問和個別家庭會議、與其他父母每個月團體會議、使用學校的父母資源中心，以及為孩子定期審查。

肯塔基州的親子教育計畫從一九八六年開始，經由校區籌款，提供母親 GED 訓練、依據 High／Scope 模式的三至四歲孩童學前計畫、聯合親子活動，以及母親自尊和能力的支持團體，為父母和孩子力求改善教育遠景。也是從一九八六年開始，康乃狄克州和馬里蘭州都進行全州的父母支援中心制度，提供一些父母教育和支援服務。

## 二、個別的社區努力

個別的城市和社區也已發展出各種計畫，提供小孩的父母們支援和教育，包括努力以早期幼兒計畫參與家庭。紐約市有 Giant Step 計畫，一種對四歲孩童提供健康和教育服務的計畫，在每個教室中都有一位家庭社會工作者。Family Focus(在芝加哥地區)在各種族和社經區域周圍運作一些歡迎隨時參加的中心，在孩子由優良的學前計畫中心所照顧的同時，父母可從不同的教育和支援提供中選擇所需。Avance(在德克薩斯州的聖安東尼市)對有幼小孩子的墨西哥裔美人家庭提供父母支援計畫。期望藉著教導父母在孩子的發展期之中如何與他們溝通得更好並激勵他們，能減少日益增加的輟學率，以及打破貧窮的循環。

洛杉磯統一校區提供了數以百計的親職和家庭生活教育課程，其一開始是一九二八年的孩子觀察和討論課程，主要是吸引中階層的父母。此計畫現已擴大以迎合許多父母團體的特殊需求——嬰兒和學步期兒童、青少年、父親、就業父母、被法院命令去接受親職教育的父母、所

有社經階層的人。經由多重訓練教育過程，父母們被給予各種課程設計，以提升父母的勝任感以及孩子的成長和發展之學習機會。一種典型的方式是父母和孩子每星期到中心一次，花一些時間在親子活動上。受過訓的老師示範與孩子適當的互動，之後，孩子由助手照顧，而父母與專業老師作團體討論，或是在工作場所提供就業父母專題討論。既然親職教育課程是由加州法律所委任，親職教育課程所提供的成人和職業教育並不需要註冊費用，而學生可取得高中畢業所要的學分。

家庭資源聯盟是一全國性的民眾組織，有兩千個社區計畫以提供家庭資訊、教育、建議和支援。聯盟的目的是去提供想要開始努力於他們自己的家庭資源和支持機構者相關的資訊、計畫模式和社區募款。一些家庭資源和支持計畫細節描述的出處，看參閱本章最後「進一步閱讀之建議」中的：*America's Family Support Programs, Evaluating Family Programs, Programs to Strengthen Families, Harvard Family Research Project,* and *Focus on the First 60 Months*。

除了提供父母心理支持和需要的知識以幫助他們瞭解他們孩子的發展和需要之外，家庭資源和支持計畫也為父母和專業者在平等下共同合作設立了模式：彼此尊敬、重視，並支持他人的貢獻。如此的態度使得學前教育中心成為提供家庭服務的眾多機構之一。學前教育中心最重要的角色是去確定孩子教養和父母角色對孩子之重要性，而不是去成為家庭的替代者或是成為威脅它的來源。與父母共同為教養孩子努力的中心，可能扮演的是大家庭之重組型式，提供父母遠離教養孩子之孤立感。

當社區集中注意力並結合努力以經由各種計畫支援家庭時，此推動力將使學校對家庭的需求愈來愈有反應，且成為家庭的力量和資源。

## 摘　要

讓父母參與孩子的早期照顧和教育有三個主要的理由：

(1)有關孩子照顧和發展的研究。

(2)來自政府和專業協會的委任。

(3)社區對家庭支持計畫的關心和聯盟。

## 進一步學習之作業

(1)找看看你的社區是否有父母合作型式的學前計畫。如果有，訪問並找出父母所參與的是那一方面。

(2)訪問幾位學前教師，看看

　1.他們如何定義父母參與。

　2.他們使用何種父母參與活動和策略。

　3.他們估計他們每個星期或每個月會花多少時間和父母們合作。

　4.考慮到參與的時間，他們對父母參與之重要性的想法。

(3)與幾個有孩子在學前計畫的父母交談，看看以他們的觀點，對於父母參與計畫，他們想要什麼，而他們實際的經驗又是什麼。

(4)看看在你的社區是否有先鋒計畫或第一章學前計畫，如果有，訪問並找出父母們如何參與計畫中。

(5)在你的社區打電話給當地的聯合辦公室或任何資訊和委託服務機構，問看看有什麼家庭支持和資源組織存在於你的社區裏，與那些機構聯絡以查知他們提供家庭什麼服務。

(6)看看你的社區是否有任何小孩之學校有接受 NAEYC 的任命，如果有，訪問以得知父母如何參與本章第 99 頁所列出七個項目的各個項目中。

## 複習問題

(1)描述父母參與的三個動機。

(2)對於父母參與的每種型式，解釋其觀念。

## 進一步閱讀的建議

Kagan, S.L., Powell, D.R., Weissbourd, B.T., and Zigler, E.F. (Eds.) (1987). *America's family support programs: perspectives and prospects.* New Haven: Yale University Press.

Weiss, H.B., and Jacobs, F. (Eds.) (1988). *Evaluating family programs.* Aldine Press.

Galinsky, E., and Hooks, W.H. (1977). *The new extended family: day care that works.* Boston: Houghton Mifflin Co.

Gordon, I.J. (1977). Parent education and parent involvement: retrospect and prospect. *Childhood Education, 54*(2), 71–78.

*Focus on the first 60 months,* available from the National Governors Assoc., Hall of the States, 444 North Capital St., Washington, D.C. 20001.

*Harvard family research project,* available from Harvard Graduate School of Education, Gutman 301, Appian Way, Cambridge, MA 02138.

Kagan, S.L. (1989, October). Early care and education: beyond the schoolhouse doors. *Phi Delta Kappan, 71*(2), 107–112.

*Programs to strengthen families.* Yale University Bush Center on Child Development and Social Policy. Available from Family Resource Coalition, 230 N. Michigan Ave., Suite 1625, Chicago, IL 60601.

Schorr, L.B., with Schorr, D. (1988). *Within our reach: breaking the cycle of disadvantage.* New York: Doubleday.

## 參考文獻

(1984). *Accreditation criteria and procedures of the national academy of early childhood programs.* Washington, D.C.: NAEYC.

(1983). *As the twig is bent: lasting effects of preschool programs.* The Consortium for Longitudinal Studies. Hillsdale, N.J.: Lawrence Erlbaum Assoc. Publ.

Berrueta-Clement, J., Schweinhart, L., Barnett, W., Epstein, A., and Weikart, D. (1984). *Changed lives: the effects of the Perry Preschool Program on youths through age 19.* Ypsilanti, Mich.: High/Scope Press.

Bronfenbrenner, U. (1976). *Is early intervention effective? A report on longitudinal evaluations of preschool programs.* (U.S. Dept. of Health, Education and Welfare, Office of Child Development) Washington, D.C.: U.S. Govt. Printing Office.

Cicerelli, V., et al. (1969). *The impact of Head Start. An evaluation of the effects of Head Start on children's cognitive and affective development.* Westinghouse Learning Corporation and Ohio University. Washington, D.C.: Government Printing Office.

(1989). Code of ethical conduct, NAEYC. *Young Children, 45*(1), 25–29.

Collins, R.C., and Deloria, D. (1983). Head Start research: a new chapter. *Children Today, 12*(4), 15–20.

(1984). *Head Start policy manual.* Washington, D.C.: U.S. Dept. of HHS.

Hess, R.D., et al. (1971). Parent involvement. *Day care: resources for decisions.* in Grotberg, E. (Ed.) Washington, D.C.: Day Care and Child Development Committee of America.

Lazar and Darlington. (1979). Consortium for longitudinal studies. *Lasting effects after preschool: summary report.* Washington, D.C.: U.S. Dept. of Health, Education and Welfare.

Mann, A.J., Harrell, A.V., and Hunt, M.J. (1978). A review of Head Start research since 1969. *Found: long-term gains from early intervention.* in Brown, B. (Ed.) Boulder, Colo.: Westview Press.

MIDCO. (1972). *Perspectives on parent participation in Head Start: an analysis and critique.* Washington, D.C.: Project Head Start.

Pettygrove, W.B., and Greenman, J.T. (1984). The adult world of day care. in Greenman, J.T. and Fuqua, R.W. (Eds.) *Making Day Care Better: Training, Evaluation and the Process of Change.* New York: Teachers College Press.

Powell, D.R. (1989). *Families and early childhood programs.* Washington, D.C.: NAEYC.

(1988). *Right from the start: the report of the NASBE task force on early childhood education.* Alexandria, VA: NASBE.

Schweinhart, L.J., and Weikart, D.P. (1986). What do we know so far? A review of the Head Start synthesis project. *Young Children, 41.2.* 49–55.

# 第5章

## 親師合作關係對孩子、家長和老師之益處

本章探討建立一正向的合作關係對孩子、父母和老師們的益處。

## 目　標

在讀完這章之後，學生將可以：

(1)列出當親師積極合作時，對孩子的三個益處。

(2)列出當親師積極合作時，對家長的三個益處。

(3)列出當親師積極合作時，對老師的三個益處。

如同前一章所提到，「父母參與」有各種的意義，這些概念也會因老師產生出的氣氛和所導致也許有助或是阻礙此努力的原始反應，而有各種態度和情緒上的反應。

先聽一聽幾個兒童發展中心老師的描述，之後我們將會看到他們和家長的相處。

之前已提過 Jane Briscoe。Jane 今年二十七歲，單身，自從五年前畢業於州立學院（兒童與家庭發展課程）後已教了四年書。她覺得自己很外向，是家中四個女孩中的長女。她十分相信應與父母們共同搭擋，她抱怨許多家長似乎太忙所以無法花太多時間在課堂上，但她仍繼續嘗試。

Anne Morgan，三十五歲，是一個有十歲女兒和八歲兒子的離婚媽媽。她從四年前離婚以後，就在中心工作。在那之前，她唯一的教學經驗是學生時代的實習。Anne 時常在中心聽到一些對家長行為的批評，但對她而言，她似乎較不去注意父母責任的問題。她不鼓勵或邀請家長參與她的課程，而當她看到他們時，她總是客氣地招呼他們。當家長在晚上有問題打電話到家裏給她時，她會向主管激烈地抱怨她的私人時間被侵犯。

這是 John Reynold 教幼兒園的第一年，他必須忍受許多來自朋友們的取笑，因為他們認為對一個在大學玩足球的黑人而言，這是一個不尋常的職業選擇。他希望在這一領域的薪水會增加，使他能繼續待在這一他感到滿足的領域。他深深地參與孩子中，認真地觀察他們，並作個別計畫以符合他們的發展需要和興趣。然而，在

他和家長們接觸時，他感到非常不舒服，感覺到他們總是注視著他。他不確定他該告訴他們多少關於他們所關心孩子的事。一位家長要求在下星期舉行一個會議，他害怕這表示她會有所批評。他和妻子今年期待有第一個孩子，而他希望這會有助於一些家長能接受他是夠資格的。其實並沒有那麼多人懷疑他帶孩子的能力，只是他確定那是他們所想的事。

Connie Martinez 喜歡在這個中心教書，她選擇這裏因爲它就在她修習碩士課程大學的附近，她在晚上努力完成她的學位。雖然她贊同父母參與，但在她的計畫和爲孩子準備活動的時間之外，她就是沒有任何多餘的時間。她從沒告訴過任何人，但她真的認爲太多的家長讓中心爲他們的小孩做得太多，而她不相信這種父母角色的替代應該被鼓勵。上週，一個母親帶著剛從醫生那回來的孩子來，且問老師是否能餵他吃第一次藥，因爲她必須趕回去上班。Connie 非常氣憤這種家長將其責任轉變成老師的責任之例子。當被問到是否相信父母參與時，她說她太忙了以至於無法花太多時間和父母們在一起。

MiLan Ha 在六歲時來到美國，她畢業於高中時是班上的第二名，在大學一年級後，她在幼稚園得到一個工作，且接受一些職業訓練。MiLan 是一個有才華的藝術家，她鼓勵孩子創作藝術。她是一個非常安靜的年輕女孩，在工作上並無親近的朋友。她和父母、舅舅、二個姪女及弟弟住在一些。她害怕幼兒園進度表所排的會議和會面，因此她用英文不好來當藉口，事實上，她的英文很好，她只是在社交接觸時極度地不自在。當家長進入她的教室時，她微笑並快速地轉向孩子們。家長們感覺她是一個好老師，但也覺得和她在一起時不自在。

Dorothy Scott 已教了十三年書，在她自己兒子學齡前的階段時，她中斷了五年。她對於孩子教養有相當明確的觀念，且認爲大多數的家長並沒有把孩子的事掌握得很好。她相信舉行會議和會面以告訴家長他們應該怎麼做是重要的，而不介意花額外的時間來作這些事，儘管她發現當家長不參加或忽視她的建議時是非常令人氣餒的。一些家長私下已問過主管是否他們的孩子必須在 Scott 太太

的班上，但她並不知道這些。她驕傲地宣稱她從未被家長抱怨過。

　　Jennifer Griffin 去年春天高中畢業後，在今年受雇為助理教師。她還不確定她要做什麼，只覺得這是個下決定前的工作。她相當意外必須參加一些指導訓練和職業計畫，因為她總是相信她在保母方面的經驗將已足夠作為此工作的背景。她喜歡孩子，但發現在指導策略上有某種迷惑，所以她讓她的上司教師去處理大部分所發生的問題。因為她留得晚，她必須負責回答家長們關於他們孩子白天的問題。由於這是一天中最忙的時刻，她經常回答她只是個助理而不是整天在那裏。她最大的不滿是一些父母常常很晚才來接他們的孩子。她告訴另一個老師，下次再發生時，她可能真的會斥責那些母親。

　　七個不同的老師有七種不同的態度，而那清楚地決定了所給予家長們的反應和與其之關係。

　　讓我們回頭再次看看 Anne Morgan，她似乎相當確定她的定位。

　　　「注意，我不是他們的父母，我是他們的老師，這二者之間有許多差異。我所能做的是在中心(我的班上)和孩子們在一起八個小時，在那之後，他們就是父母們的責任了。天曉得有些家長老是要求幫忙——有些事情是他們自己能做到的！我真的很生氣當我努力和孩子們共處之後，看到父母們進來而把我嘗試去做的所有事給毀了，但那真的沒有我的事，我想：讓他們做他們的工作而我做我的。」

　　Anne Morgan 明顯地已認定在老師和家長間建立合作關係是沒有意義的。第六章會討論她的態度是關係中的障礙，但首先讓我們來檢示一下 Anne 所忽略的領域。在成人們學著去溝通和合作時，對孩子、家長和老師的益處。

# 對孩子的益處

在早年，孩子是依賴著他們生活中的重要成人來形成他們剛開始的安全感，和之後的自我價值感。孩子們依據從父母那兒所覺察到的可預期和持續的反應而發展出對周圍人們和世界的信賴感。當然，父母在這兒是最重要的。依戀形成於和嬰兒所感覺到的安適和溫暖接觸有關的特定人們；依戀是一長久維持、情感的、學得的反應。親子關係中就是這種依戀形成了孩子信賴或不信賴周遭環境的基礎。大多數的研究者推斷這種親子間的依戀對健康人格的發展具有決定性。給予孩子依戀的母親或其他主要照顧者提供了其安全的堡壘，從那兒會再延伸出去，使他對環境的其他方面給予反應。較好的是，當孩子移入學校世界時，一開始的重要依戀所提供的安全堡壘已可使其擴展至其他人身上（圖 5-1）。

這種任務是容易達成的，如果他新遇到的人是個友善、可信賴、好相處的大人；但也可能是相反的，例如以下的二個小孩：

*Susan 的媽媽在新老師身邊會感到緊張，她覺得老師批判地注*

**圖 5-1 孩子可以輕易地在一開始重要的依戀之安全基礎下轉移至新的情境**
Courtesy CPCC Media Productions-Mike Slade.

**圖 5-2　當家長和老師一起時表現得自在，孩子會感覺較安全**
Courtesy CPCC Media Productions-Mike Slade.

視著一些她所做的事，看起來似乎不是個友善的人。結果，她花很少的時間和她交談。當接 Susan 時，總是匆忙地進出教室。她在家對 Susan 的爸爸對教室的情況說了一些負面的評論。Susan 的老師對這種逃避的行為感到很心煩意亂，且當 Susan 媽媽衝進衝出時感到憂煩和不舒服。Susan 知覺到大人間的緊張而感到迷惑，使她在教室裏無法讓自己放鬆且感到安全。

另一方面，Jenny 的父母花了很長的時間努力找到一家似乎符合他們的孩子教養信念的幼兒園。他們花很長的時間和老師交談；他們發覺彼此能共享一些休閒興趣。當他們每天共同交談時，家長和老師二邊都感到自在和信任。Jenny 似乎也感到她所愛的和信賴的成人圈子已擴大了；她能輕易地來回於家庭和學校之間。

如果不是在家庭和學校之間突然被分隔，小孩在新學校的焦慮經驗是可被放鬆的。當孩子感覺到老師和家長之間有連接性，他們會健康地發展，而那只有透過彼此瞭解和尊重的努力才能達到此目標（**圖 5-2**）。正如同老師對孩子的首要任務是去建立起信賴感和相互尊重，與家長合作時那也是同樣重要的任務。去期望老師能喜歡所有的家長是不實際的，

然而，老師去尊重所有家長的關心和努力是重要且可能的。在大多數的例子中，家長是真的關心，這種信念是所有老師互動的基礎。

> 顯然地，要在所有的領域中維持接連性並非是完全可能的，而那樣也並非就有必要的好處，然而，以小孩來說，一般相信藉著提供孩子持續、可預期的社交世界，如此的接連性可支持其達到最理想的發展。（Belsky et al., 1982:101）

孩子如果知覺到他們的父母被他人重視和尊敬，他們也會得到自我價值的感受。孩子感覺到他是誰是密切地連接於他的父母是誰的感覺。如果他的父母收到正面的回饋，他也會感受到有價值且受重視；另一方面，如果孩子觀察到老師忽視他的父母或是待他們如塵埃，他自己的自尊也會受傷。

> 當 Jenny 的老師在早上走過來迎接她的爸爸，並詢問周末的露營之旅如何時，Jenny 笑了。在她的眼中，她的老師和父親是朋友，而這表示她的爸爸在老師的班上是個特殊的人物，這使 Jenny 自己也感覺受到特殊待遇且因而被看重。

父母的存在和他們被老師的接受度，尤其對少數民族的孩子，在確認他們自己的文化在教室世界中被重視和整合的感受上是特別重要的（圖 5-3）。用心的老師學一些少數民族家庭中的問候語或一兩句語言可表示其接受度。

另一個老師和家長積極合作對孩子的益處是，可增加所有指引和教養孩子發展者的知識能力。家長和老師可自由地分享個人的觀察和探索、一般的知識和觀念，以及彼此間所發生的特殊事件和反應，那些有價值的訊息也許能幫助他們對每個孩子提供最適宜的反應，如此的資訊交換肯定對孩子是有益處的。

> 上個月當 Jenny 的爸爸出差進行長期的商務旅行時，她非常想他。在家裏她變得很黏媽媽且一直提出要求。Briscoe 小姐注意到她常在學校哭且對每天的工作易感挫折。起初她對此突然的改變感到

**圖 5-3　父母受歡迎和接受對少數民族的孩子尤其重要**
Courtesy Olga Solomita.

迷惑，但當她和 Jenny 的媽媽分享了 Jenny 在家裏行為的描述和家中型態的暫時性改變後，她就能夠幫助 Jenny 放開心去談談她對爸爸的關心。她在團體時間唸了一個有關父親有時必須外出的故事書；Jenny 幾乎每天都從書架上取出它自己閱讀。Jenny 多麼幸運，老師能夠瞭解她，因此老師不會只是把她的哭泣看作是一個不好的行為，而以忽視或處罰來反應。

一些當老師和家長們合作、分享資訊和擴展技能所給予孩子們的利益是可以測量的(**圖 5-4**)。研究顯示當父母廣泛地參與、和老師們合作時，孩子們在學業技能、正面的自我觀念和口語智能上皆會有所獲益(Honig, 1982)。

對孩子的三個益處是：

(1)增加在新的學校環境之安全感。

(2)增加自我價值感。

(3)由於大人們分享知識而導致有助的反應和適當經驗之增加。

**圖 5-4　當老師和家長分享資訊時，孩子就會獲益**
Courtesy CPCC Media Productions-Mike Slade.

# 對父母的益處

父母們和孩子的老師發展合作關係能獲得什麼好處呢？

立即的好處是在履行親職責任時有支持感。如前面所討論的，美國生活本質的改變表示許多父母在開始他們通常還未準備好的親職任務時，已失去了原先所擁有的家庭支持以及根源、傳統和典範。每天活動中所引起的許多問題和不確定時常使父母感到孤單、憂慮，以及精疲力竭。Galinsky 在寫當代的迷思時提到，每個現代孤立的家庭感覺到他們在作任何事都應只能靠自己，完全地靠自己（Galinsky　&　Hooks, 1977）。實際上，父母並非是完全獨立的；當他們工作或去購物時，他們需要別人幫忙看孩子，或者只是需要和他人談談，以使他們減輕精疲力竭的感覺。有個人會去真正關心他們的孩子，和他們每天分享美好的和不那麼美好的時光，對於焦慮感的抒緩是非常有幫助的。人們已注意到在有人願意以同理心去傾聽，讓父母們有機會去表達他們的感覺和關心之後，他們會比沒機會傾吐自己之前對孩子表現出較多的耐心，比較注意聽他們說話，並對他們的需求給予較多的反應。老師和家長之間的關

**圖 5-5　師長之間的關係可讓父母在他們的責任上不會有那麼孤單的感覺**

係能給予父母們更多所需要的支持(**圖 5-5**)。在這方面,孩子托育中心和它的人員的功能就如同一種新型式的擴展家庭,是每個家庭所需要的社會支持之一部分。

　　另外,老師從處理各種孩子的經驗和專業見解中所提供的資訊背景和技巧,也是一種正面的指導技巧典範。無疑地,父母經歷了與孩子有關的第一手知識,但常常和孩子共處的經驗是他們學習兒童發展的唯--機會。許多父母從未有機會去學習有關發展的資訊,且時常誤解培養孩子的本意。他們可能不瞭解適切教養的每個原理,現今的趨勢可以為證,許多父母促使他們的孩子早一步學習,假定「較早即較好」,而不去瞭解小孩對如此的學習並未準備好。當老師分享他們對孩子發展的知識,可幫助父母對孩子的發展需求作適當的反應。

　　老師們受過兒童發展原理的特定教育,並且受過有效指導技巧的訓練,父母們和老師交談,並且觀察、傾聽老師們和孩子的相處,可擴展他們的知識和觀念,而成為較有效能的父母親(**圖 5-6**)。

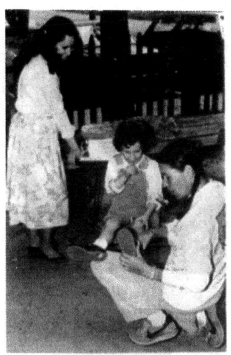

**圖 5-6　父母藉由觀察和傾聽孩子和老師的相處學習新的技巧**
Courtesy CPCC Media Productions-Mike Slade.

　　Jenny 的媽媽說：「你知道嗎，我真的很高興妳告訴我大部分四歲的小孩有點傾向於不受約束；上個月她開始鬧時，我嚇壞了！Jenny 是我所碰到的第一個四歲小孩，我姊姊家住在加州，所以我沒有機會去多看她的那個時期的孩子。知道了那不只是 Jenny，使得和她相處變得容易些，否則會去想我們做錯了什麼事。而觀察你在教室中對待孩子的一些行為也是有幫助的。原本我不可能那麼冷靜且建議她要哭鬧到浴室去。」

　　父母的自尊以正向的方式去發展是很重要的，信任自己的父母可得到最好的發展且運用適當的親職技巧；感覺自信的父母最能夠提供孩子一個安全的環境，並使他們的孩子培養出對自己正向的感覺。孩子學業成功的最重要預測變項與正向的父母自尊有關。研究指出父母參與孩子的計畫對勝任感和自尊的發展有明確的影響(**圖 5-7**)。

**圖 5-7 所有父母都喜歡他們是孩子學校世界之一部分的感覺**
(a) Courtesy Bienvenidos Children's Center, Inc.
(b) Courtesy The Crier, the magazine of the Junior
　　Leagne of Charlotte, Inc.

　　父母自尊提高的一個可能原因是,父母們能在他們作為父母親的功能上得到特殊的正向回饋,這種回饋特別有意義,因為它是來自於一個幼兒發展的專家。

「你知道，」Briscoe 小姐說道，「我很推崇你今早和 Jenny 說話的方式，你對她的感覺反應靈敏，但也相當確定你所必須做的，那種接觸有助於她瞭解界限在那裏，做得很好。」

　　幼兒園老師是很有權力的人，因為在許多例子中，他們是家庭外的第一個人看著孩子和他們的父母成長之進行；他們的贊同對父母們是很重要的。

　　當父母們感覺到他們在孩子的學校世界和家裏一樣是很重要的一部分時，也會培養出父母們正向的自尊感。能幫助家長們感覺到自己是被包括在教育過程的老師會促成父母們的勝任感。父母們要能感覺到一切在控制之中，並確定他們的孩子可獲得他們所想要的那種照顧，而不是感覺到控制在別處，而無力於孩子需求的滿足。這種被需要和包含在內的感覺對所有的父母是有幫助的，特別是對父親，他們時常感覺到被文化所阻隔，認為他們對孩子的全部需求是不重要的。

　　「妳知道嗎？Peters 小姐，」Jenny 的父親在最近的一次會議中說道，「我很高興妳告訴我，歡迎我到這兒來，且可以在任何一個可早點下班的下午來這兒，我真的喜歡知道誰是 Jenny 在家所談到的小孩──只是來看看她一天在這兒的那部分是什麼樣子，而不會感到我像是和她生活的這部分沒有一點關係，這是很重要的。」

正向的老師和家長關係對家長的三個益處是：
(1)在困難的親職工作中有支持感。
(2)父母們獲得能幫助他們孩子教養的知識和技巧。
(3)因父母的行動而收到的正向回饋所提升的父母自尊，並且感覺到自己包含於孩子的離家生活之中。

# 對老師的益處

　　對老師來說呢？他們對於發展正向合作關係的努力可能是最大的，

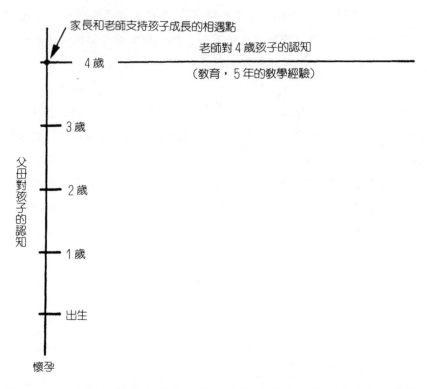

家長和老師支持孩子成長的相遇點

老師對 4 歲孩子的認知

4 歲

（教育，5 年的教學經驗）

3 歲

2 歲

父母對孩子的認知

1 歲

出生

懷孕

**圖 5-8　老師的認知是水平的，父母的是垂直的。這二點交會，父母和老師可以強化彼此的效果**

而好處是否和這樣的努力成正比呢？再一次說明，答案可能是肯定的。

任何在幼兒園工作的人都知道，每個孩子的人格和需求有其獨特性。老師們對於如何適切地反應一般性格孩子在特定的年紀和階段已瞭解許多，但為了和每個孩子更有效地相處，額外的資訊是需要的。每個孩子來到教室都帶著他們過去的歷史——好幾年的互動、經驗和獨特的人格模式行為，每個家庭對他們的孩子有他自己的夢想和期待、有自己的行為模式，以及來自於家庭與特定文化或民族道德有關的要求，還有自己的結構、關係及需求。老師們必須瞭解這些，且在和孩子以及家庭來往之前學會它。在此特定的認知上，家長的立場是去幫助老師和他們的孩子共處。描述家長和老師對於孩子認知差異的一個方式是：父母的

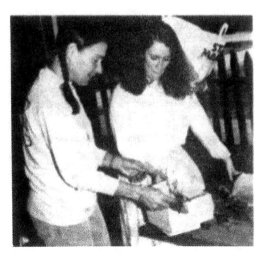

**圖 5-9　當老師看到他們的努力被看重和尊重，會讓其獲益**
Courtesy CPCC Media Productions-Mike Slade.

認知是垂直的，對於孩子生活的發展是縱向的；老師的認知是水平的，在特定的年齡層中打轉。要使這兩條線相交成一點，老師和父母們可以在認知上合作、互相支援（**圖 5-8**）。未利用這樣的資源將會降低老師和每個孩子適當相處的能力。和家長建立有效溝通的老師，在和許多他們不太瞭解的孩子相處時較不會感到挫折，且較可能去達到每個孩子的實際目標，並支持每個家庭達成他們自己的特定目標。

> 在同一個會議上，Peters 小姐說在 Jenny 入學前，即已知道她是個安靜的孩子，通常在新的環境中需花長時間去熟悉，這項認知對她很有幫助——「否則我也不會那麼注意，那幫助了我給她多點時間和支持，且不會期望她談很多，直到她覺得自在。我也很高興知道她特別喜歡拼圖——因此我可以在那些一開始的日子中為她準備一些特別的東西。」

老師的自信將會隨著來自於與其工作相關的人們之正向回饋而增加。父母的正向反應和合作的意願所表現出對他們努力的重視和尊重，是老師職業幸福感的重要促成因素（**圖 5-9**）。無疑地，老師在和家長合作

圖 5-10　當父母們花時間在教室中，給予
孩子比一對一多的注意是很有用的
Courtesy Barbara Stegall.

時會有挫折和負面的經驗；在如此複雜牽涉著人格、需求和其他人性弱
點的努力中，是不可能得到百分之百的成功的，但對於那些誠心和熱切
去嘗試和父母共同努力的老師而言，知道他們的努力是有效且受到感謝
就已經成功了。

　　父母們參與學校和中心，瞭解到許多幼兒園老師的功能，因此他們
常常成為老師的擁護者，驅策社會和中心去建立對老師有利的工作政策
和個人環境，使他們能夠為孩子盡最大的心力。

　　　「你做了那麼多，那就是他們所付給你的薪資？我想那應該隨
　　著委員會而提高，我寫了一封信給編輯，社會必須領先致力於使學
　　前教育對所有需要的人發揮其最大效用，那太重要了。」

　　老師只有一個人的資源，有他們自己的時間、精力、知識、創造力、
經驗和其他資源的限制。父母和其他人可以提供所有這些的額外資源(圖
5-10)。老師在教室所提供孩子的學習經驗，可因感覺到受邀請和包括於
教育過程中的父母的參與而變得多元化且效果提高。父母也因此學習了
許多和他們自己孩子的互動，且常常「教導」得非常好。父母成為教室
資源將在第十二章進一步加以討論。

回顧父母參與小孩教育之重要性的研究，其明顯地指出，老師和他們的課程會因學前孩子家庭的積極參與而加強並增加其效果(看第四章和 Powell, 1989)。

　　對老師的的三個益處是：

　　(1)增加認知，那使得老師能更有效地和每個孩子相處。

　　(2)正向的回饋，那增加他們自己對職業的勝任感和對興趣的堅持。

　　(3)父母的資源補充並增強他們的努力，而使得學習領域擴展。

　　老師要對他們所關心的孩子有影響力，特別是有持續影響力的最佳方法，是致力於強化並符合全家的需求。老師和家長之間的合作關係對雙方都有利，但其中獲利最多的是他們都關心的孩子。

　　無疑地，當你和家長們密切地合作時，必須付出代價。你要去適應每個人的想法，有時會進行得較快，而有時又比你所想的進行緩慢，但共同合作的好處是獨力行事所不曾有的，老師會有收穫，父母也有所得，而孩子則是真正的贏家。(Hymes, 1975)

## 摘　要

　　既然對所有人都有好處——老師、家長和孩子——就應該難以去發現形成合作健康感覺的任何缺點，然而爲何並沒有更多的老師和家長參與而構成此合作關係呢？答案可能要檢示雙方的態度和行爲，它們扮演了阻礙老師和家長關係的角色。

## 進一步學習之作業

(1)選擇這章中所描述的一位老師，說明爲何你喜歡這個老師。關於你自己對父母參與的態度有沒有任何你想改變的？

(2)和一個幼兒園老師談談她覺得從和家長的合作關係中得到和(或)學到什麼。將發現和本章所討論的老師益處比較一下。

(3)要求一位幼兒園老師想想她班上的一位特殊孩子，她所知道的什麼事是只經由其父母而得知的？

(4)和一位孩子今年上幼兒園的家長談談，什麼事是他感覺從老師那得到的？

(5)要求老師和父母雙方舉一個與孩子有關的例子，假設大人們都能夠像搭檔般合作，有同等的計畫和資訊，其情況會是怎樣。

(6)進行一個你學校中家長的研究，將那些提供學校教學意見的父母編成一個潛在資源表。

## 複習問題

(1)列出當親師共同合作時，對孩子的三個益處。

(2)列出當親師共同合作時，對家長的三個益處。

(3)列出當親師共同合作時，對老師的三個益處。

## 進一步閱讀的建議

Greenberg, P. (1989). Parents as partners in young children's development and education: a new American fad? Why does it matter? *Young Children, 44*(4), 61–75.

Stone, J.G. (1987). *Teacher parent relationships.* Washington D.C.: NAEYC.

# 參考文獻

Belsky, J., Steinberg, L., and Walker, A. (1982). The ecology of day care. Lamb, M. (Ed.) *Non-traditional families: parenting and child development.* Hillsdale, N.J.: Lawrence Erlbaum, Assoc. Pubs.

Galinsky, E., and Hooks, W. (1977). *The new extended family: day care that works.* Boston: Houghton Mifflin Co.

Honig, A.S. (1982). Parent involvement in early childhood education. in Spodek, B. (Ed.) *Handbook of research in early childhood education.* New York: Free Press.

Hymes, J.L. (1975). *Effective home school relations.* (Rev. Ed.) Carmel, CA.: Hacienda Press.

Powell, D.R. (1989). *Families and early childhood programs.* Washington, D.C.: NAEYC.

# 第 6 章

## 老師與家長關係的潛在障礙

第六章探討存在於老師和父母之間，可能成為開放地溝通和自在地建立合作關係之障礙的態度和行為。

## 目　標

在讀完這章之後，學生將可以：

(1)討論家長和老師之間，可能產生溝通障礙的幾個態度。

(2)討論家長和老師之間，可能產生溝通障礙的幾個情緒反應。

(3)討論家長和老師生活之間，可能產生溝通障礙的幾個外在因素。

---

# 爲何會有障礙？

---

第五章探討了當家長和老師爲了孩子的利益而合作時，所可能提供彼此的優點、支持和知識，但爲何有時候此關係無法順利地展開呢？

先來介紹一些家長和老師的情況，可能會有助於顯示出原因。

John Reynolds 已準備好去接受它：他坦承他害怕在幼兒園教書的第一年和家長們接觸的景況。

「瞧，我才剛在摸索和今年的孩子的相處之道，我知道那些家長對許多事都很好奇，但我對他們詢問許多問題感到很不自在，我自己還沒有孩子，並無經驗可憑靠，我確定他們甚至不會聽我所說的，更重要的一點是，有些家長在他們的事業上很成功——我甚至不確定要如何和他們說話。」

Connie Martinez 也分享了他對於中心父母參與原理的負面感覺，但是爲了不同的原因。

「只要有足夠的時間爲孩子們運作一個好的教室，就不必要求老師花更多的時間去嘗試爲家長們再做什麼事。然而，如果你問我，我會說這整個說法是錯誤的。今日的父母把他們的責任都推到別人的身上，總是要求政府或他人爲他們多做一點事。我的許多家長住在公共住宅中，而他們的孩子托育是津貼補助的。那是不對的；你爲他們做得愈多，他們就會讓你做得更多。如果我們每一步都幫他

們，這樣他們如何能學會照顧好自己的孩子呢？我的父母就是自己養育六個孩子，沒有任何的幼兒園老師幫著他們。」

Dorothy Scott 說出了她的悲觀想法。

「我到現在已和小孩相處十三年了，相信我，大多數的父母就是不在乎。我自己擬定了計畫，想利用開會教他們一些他們必須知道的事，然而他們大多數從未出席過。你告訴他們他們所應該做的，而他們卻老是故態復萌。讓我告訴你，那真是令人感到挫折。」

MiLan Ha 對於她的感覺並沒有說得很多。

「我真的希望我能只是和孩子們相處，而沒有任何人建議我也應該和家長們相處。當家長們開始和我說話，我就會不寒而慄，且無法思考要說什麼，但和孩子在一起我就感到很好。」

這些老師們表達出他們的強烈態度，那會明顯地影響他們和家長們之間的互動。但有些家長也有相同的保護性觀點。

Sara Leeper 說道：「那些老師幾乎都不能以支持的語氣和我說話，你可以看到她的不贊同都寫在她的臉上。我很想知道她以為她是誰，可以那樣批評我，我是一個好母親。」

Jane Weaver 在老師身邊感到很不自在，但是為了不同的原因。

「她就是知道那麼多，而我從未進過大學，有時候當她談到她想幫助孩子達到什麼目標時，我無法完全瞭解她所使用的一些字句。我怕如果我說任何話會顯示出我的無知，而她是個專家——她總是知道該如何去對待那些孩子，她讓我感覺到——愚笨。」

Mary Howard 說明她和老師之間的最大問題：「我覺得我像是個討厭的人，我的意思是，她總是那麼的忙，讓我不想問她什麼而打擾了她。我覺得我就像是個闖入者，那讓我感覺很不好。而Cynthia 和她整天在一起，有時候我就是覺得被阻隔在外。」

這些論述印證了我們將探討的一些態度。根據你的經驗來思考這些觀念和情緒；想看看你所觀察過的家長和老師，你是否有聽過一些評論

或看到一些行為傳達了他們對和對方合作的不舒服或負面態度？許多反應的問題是導因於家長和老師之間互不瞭解的自然人性反應，只要知覺到這些就將會有所幫助。

在考慮到老師和家長之間的溝通時，記住，大部分的例子中，開始應該是來自於老師，因為這溝通是發生在學校——老師的地盤，在她自己的環境中，她佔了優勢，而隨著優勢而來的是責任的負擔。老師負責要創造一個開放對話的氣氛，她必須不只是瞭解那些存在於他們之間的家長經驗和感受，也要分析她自己的態度和行為，如此她才不會做一些引起家長們反感的事。

就某方面來說，家長和老師可能被描述為天然的敵對者，不是因為任何的動態個人關係，而是因為由社會之社會結構所定義的角色而來的自然關係。一般說來，父母和老師對於如何去接觸和看待孩子有不同的觀點，這種差異是由他們的社會和文化角色的定義所發展出來的。我們的文化定義父母的首要責任是孩子的幸福。由於父母們的依戀，他們傾向於保護並將高度感情投資於孩子身上。他們的看法是將焦點置於個人上，對他們的孩子有特殊的期待、目標和強烈的感情。老師則被賦予理性指引的文化角色；他們的看法也許較具廣泛性，關心的是孩子在社會化和教育上的廣義目標(Lightfoot, 1975)。老師充滿著慈愛且仍能做到父母所做不到的——客觀地去考慮孩子，就是 Katz 所稱的「超然的關心」(Katz, 1980)。Katz 以許多向度來區分母親和老師之間的不同。

以下詳述這些區別：

角色向度 1：功能的範圍。父母必須扮演與孩子照顧及發展有關的每個角色，從旅行到看牙，從剪頭髮到舞蹈課或假期計畫的決策。確定孩子是健康的、好好地培育、情緒穩定、社交上快樂、對認知的反應，以及明天的衣著已準備好，都是他們的責任！而老師關心的只限於孩子的課堂生活。

角色向度 2：情感的強度。父母在感情上是高度地關切與孩子有關的任何事，包含正面和負面，而老師只有輕度地情感在相同的孩子身上，因為他們的大部分感情需求應該在課堂生活外得到滿足。

角色向度 3：依戀。父母深深地涉入持久的相互依戀中，且對孩子的

表 6-1　在七個向度上區別母親和老師主要傾向的差異

| 角色向度 | 母　親 | 老　師 |
|---|---|---|
| 1. 功能的範圍 | 擴散而無限 | 特定且有限 |
| 2. 情感的強度 | 高的 | 低的 |
| 3. 依戀 | 適度的依戀 | 適度的分離 |
| 4. 理性 | 適度的非理性 | 適度的理性 |
| 5. 自發性 | 適度的自發性 | 適度的計畫性 |
| 6. 偏袒性 | 偏愛 | 公平的 |
| 7. 責任的範圍 | 個人 | 整個團體 |

資料來源：Lilian Katz, *Current Topics in Early Childhood Education* v.3 (Ablex Publishing Corp., 1980), 圖1, p.49.

發展是重要的。而老師誠摯地關心孩子，但不會形成深度的依戀，因為他們知道他們的關係是暫時的。

　　角色向度 4：理性。父母被認為對他們的孩子是相當「瘋狂」的；當孩子沐浴在這種無條件的愛中，他們會茁壯。而由於在情感上有距離，老師能夠相當深思熟慮且客觀地解析一個孩子的能力和需求。

　　角色向度 5：自發性。由於依戀和情感的關聯，父母常常依情感反應來行動，採取相當立即、直接的方式。老師則似乎較能保持冷靜的頭腦而較客觀地計畫和說話。

　　角色向度 6：偏袒性。父母似乎大部分較偏袒他們自己孩子的利益。當老師抱怨有些父母似乎認為教室中只有一個孩子時，這就是反映出父母之偏袒。然而，老師卻被期待對任何孩子都不會特別偏愛或偏袒。

　　角色向度 7：責任的範圍。父母負責他們個人孩子的需求和生活，而老師則負責全體孩子的需求。

　　看到這幾方面，就難怪家長和老師常常從很不相同的觀點來接觸同一個問題。

今天，父母和老師遭遇了比以往更多的困難，因為有許多的小孩是由其他的大人所照顧，導致了父母和老師影響範圍的重疊。孩子的保母在頭三年為他們所做的大部分事情，也是和一般由自己照顧孩子的父母所做的事一樣。文化尚未變遷至清楚地將此一新領域的角色加以定義，而他們也無法輕易地給予定義或將其分離出來。事實上，很重要的一點是，這個主題已更複雜了，因為小孩在他們自己的父母不在時和照顧者長時間相處，已變成對照顧者的依戀了。依戀是一件互相的事情，而當二個或更多的大人對同一個孩子依戀時，他們常常會陷入 Berry Brazelton 博士所稱的「守門人」(gate keeping)現象，而會有微妙的企圖去暗中破壞其他與他所愛的孩子有關的人之地位。這種含糊不清的角色和責任，綜合著競爭的情感反應，難怪會導致經常不被承認或討論的對他人不舒服的不信任。對這種差異以及老師和家長關係的可能衝突之接受，並不意謂著將距離、不信任和敵意認為是不可避免的。這些反應是來自於缺乏溝通和誤認為差異就是完全的疏離所導致的。

比這些含糊的情感角色更強的影響力促使父母和老師發展出合作關係。很重要的一點是，要記得當人們在一起時，他們個人的人格、過去的經驗、目前的需要和情況，都會決定他們的看法和反應。「所有年紀的人都是由二條有力的線所結成的堅固蛛網所陷住；過去他們被對待的方式以及目前他們所承受的方式」(Hymes, 1974:16)。老師必須靈敏地去審查他們和家長之間的對話和行為；要做到此需要有正向的自尊和勝任感，否則老師將會不情願去忍受如此的檢驗。

Lombana 提出有效老師與家長關係的大部分障礙可被分為三類：(1)由人性所引起；(2)由溝通過程所引起；(3)由外在因素所引起(Lombana, 1983)。這些障礙值得去仔細加以探討。

# 因人性引起的障礙

大多數的人都有強烈的欲望想保護其自我形象；任何威脅到個人自我形象的觀點都被視為一種障礙，都是個人所極力避免的威脅來源。值得注意且非常有趣的一點是，在老師與家長關係中，若有一個人使用保

護他自我觀念的行為，可能也會引發對方相同的防禦行為，而啟動了循環。例如，老師保持其冷冷的專業形象，而和家長保持距離以隱藏她自己的不安全感，這可能引起家長變得吹毛求疵和頻頻提出要求，以使老師注意到他。有幾個與保護自我有關的恐懼。

## 一、批評的恐懼

如 John Reynolds 所表示過的，許多老師害怕家長的批評，因此避免任何可能的來源，特別是對那些害怕他們的地位因為缺乏教學經驗或因為他們尚未有為人父母的經驗而不被接受的年輕老師。老師不確定他們自己的能力，因此害怕任何負面的回饋會更肯定他們的內在疑惑。他們在教室門口放置一個明顯的「請勿進入」的牌子，以對家長表達他們的出現和意見是不受歡迎的。

> Jennifer Griffin 說道：「我討厭這些家長來找我──那比主管來還糟。他們問了那麼多的問題──就好像他們只是要試著找出我做了什麼事不對。」

父母也會對批評特別敏感。知覺到一般將孩子成功和正向功能的負擔放在父母肩上的文化迷思和事實，大部分的父母害怕任何跡象顯示他們沒將工作給做好。即使許多父母並不確定他們所做的是否是對的，他們仍然覺得必須證明那是對的以認定他們是適任的父母，因此常常產生對任何改變之建議的防禦心理。如果老師給了父母一個評價他們的努力之印象，那也許較容易使父母去逃避老師或去防禦，而不是去聽從老師的評價。

> Jane Weaver 承認：「當我幾天前在責備 Sandra 時，我看到老師在看我，我覺得自己就像個孩子般的緊張。你可以從她臉上的表情知道她不喜歡那樣。但我不在乎──她不必和她住在一起而我卻要。對於孩子她知道些什麼，無論如何──她從未有一天二十四小時和她相處在一起。」

忽略他們的個人觀點以及他們如何看待他們的親職表現，大多數的父母發現去尋找外援是很困難的，即使是在很嚴重的情況之下。大部分的美國父母已將他們應該自己去解決問題，以做為個人能力和親職成功的指標之想法併入自我形象中。因此，對大多數的父母而言，要去履行和老師分享責任是和他們的自我形象相違背的。

由於他們的強烈依戀，許多父母視他們的孩子為他們自己的延伸；去負面地批判其中一個就像是在負面批評另一個一樣。老師們必須記住 Katz 的觀察：對父母而言，要他們以理性和客觀的觀點去看待與他們孩子有關的資訊是不可能的，他們的反應是情緒性且強烈的。

「當老師說 Sandra 害羞時，那真是困擾了我，我自己也相當的安靜，而聽到她那麼說讓我也感到受傷。」

當孩子入學時，父母和孩子雙方都碰上他們的第一個大的測驗：「他將會如何──而因此我們──怎麼去做？」父母已投下了很深的情感在他們孩子身上，他們會去避免老師成為可能傷害的來源。

## 二、隱藏在「專業」面具之下的恐懼

一個沒有安全感的老師可能會太依賴知道答案，以及認為是照顧孩子任務中最重要者之專業形象。這種對專業行為的誇大威脅著父母且拒他們於千里之外，而那也許是老師所不自知的目的。如此的老師無法得知父母貢獻的重要性，以及父母參與的權利。當一個人的控制感覺得搖動時，就很難去分享權力。

「畢竟，我是受過訓練要這麼做，我實在不瞭解為何沒受過訓練的父母能夠計畫決策、做建議，或是干涉我在課堂上所做的。」

虛假專家主義的冷淡表現或是不願意去認知且尊重父母的重要角色，都是老師對於她希望不會被挑戰的不確定感之下的偽裝。

父母知覺到老師在過度專家主義之下的自設距離，會在恐懼和怨恨之下撤退。

「我想問她一些問題，但她似乎從未有時間，有一天她皺著眉建議我和她約個時間談話。為何她把它看做是一件重大的事？」

有這種明確地冷淡裂隙，是很難去自在地溝通的。父母不會願意花精力在他們感覺他們不是真的被需要或要求的情況。

「她想哄騙誰啊？她真的認為她做得很好，然而──為何只是邀請家長進入她也覺得麻煩？」

家長面對老師的過度專業主義之另一個可能的反應，是變成積極地去試著彌補裂隙，更進一步以表明「堅持」的行為使老師轉變或害怕。

「我不可能去讓這些家長進來我的教室。幾天前 Randall 太太打電話來，堅持她要來和孩子唱一些耶誕歌曲，然後她告訴我她計畫做什麼。給他們一點權力他們就會要接管所有的事！」

## 三、失敗的恐懼

和家長們合作是一種進行中的過程；要建立關係必須花時間和精力，而關係也僅僅是個起頭。老師要企盼他們的努力有立即的結果將會感到失望。如果老師沒有準備好去接受它是個進行過程的觀念而期待立即有效性的證據，他們可能會興起放棄所有嘗試的念頭，而不是讓自己對失望保持開放的心情。

又再聽到 Dorothy Scott 抱怨：「我一定不再那麼麻煩去計畫什麼園所開放以讓家長參觀。有十五個小孩在室內，而只有五個家長出席，那真是大大地浪費了我的時間。」

沒有人希望對他的努力感覺到不成功，而那些將父母參與定義為在任何一次活動中出席的老師，可能會保護自己免受活動取消的失敗所苦。

## 四、差異的恐懼

大多數的老師是生活於中等階層，而對於中等階層以外的生活方式、價值體系和思考方向，他們經歷得很少。當老師碰到來自各種的背景、經驗和觀點的家長時，可能會將所有人歸為一類，去假定他們的情況和行動。即使沒有很深的成見或偏見，植基於標準化的假定也會產生阻止了對個人性和他的真實人格、需求和希望的障礙。這種障礙尤其容易在一個有多種階層和文化存在的班上產生。

　　Connie Martinez 談到一些家庭。「嗯，當然囉，Butlers 家有大專程度和良好的出身，因此我想他們會好好的教他們的孩子，他們是真的不需要太多的建議。」(Butlers 家對於孩子的發展和指導並無經驗且未學過，且因為他們婚姻的破裂而受震盪，他們渴望建議和支持。)「Sylvia Ashley 家受津貼補助，所以我不認為她會致力於參加家長會。」(Sylvia Ashley 從未錯失過任何老師所提供的與他們談話的機會。)

人們很容易去選擇性地留意那些由他們的信念和自我觀念所組成的資訊，而去剔除、忽略或批評那些和他們經驗和信念不同的事情。

　　Connie 忽略了 Sara Leeper 所做的親職工作，只是不停抱怨：「我真的不明白為何他們會讓她收養孩子，如果是由我來決定，我肯定不會那麼做。一個女同性戀者能提供孩子什麼樣的環境？」「而說到環境，Joshua 的爸爸和他的女友住在一起，我曾聽到 Joshua 提到她時稱她為『我爸的女友』，這樣要如何管教孩子？」

輪到父母，他們可能會去避免和那些行為、溝通方式和期望與自己不同而使他們不舒服的老師接觸。

　　「那老師，我不知道，她把一切說的太好了。」Rodriguez 先生解釋道。

「你知道嗎？」Mary Howard 說道，「就因為我是黑人，她和我說話的樣子就好像我是住在貧民區或其他類似的地區一樣。」

　　Nguyen Van Son 很生氣。「她從來沒有試著來瞭解我們的孩子在家裏是什麼樣子、我們要什麼。我不要我的孩子喪失掉來自我們文化的每一樣東西，如果你問我的話，我會說她忽略掉我們也是有文化的事實！」

　　在老師和家長之間常常會有背景的差異，但當老師小心地行事以削弱差異的重要性，並致力於瞭解父母是個「人」，而不只是一個特別種族或社會階層的一份子，那麼這些歧異的分隔力就會被減少。

# 因溝通過程引起的障礙

　　老師和家長所傳達和接收的口語及非口語訊息，可能會經由感覺、態度和經驗的滲入而遭曲解，所使用或被判讀的字句也許會擴大而非縮小間隙(第七章將討論可使老師和家長培養正向關係的溝通技巧)。

## 一、對角色的反應

　　強烈的反應常常是因對方的角色而興起。父母有他們自己以前由所遇到的老師和學習經驗而來的童年歷史。這些歷史有的是正向的，這使得父母會自動地認為老師是一個朋友，但有許多的父母會不自覺地反應老師是一個將會不贊同、糾正父母或使父母(和孩子)感到失敗或害怕的人。有了這種不利的假定，許多從老師那兒得來的訊息可能都會被解讀得比傳送者所想的還更負面。一些家長，特別是那些社經階層較低者，有過無數次和個案輔導員、社會工作者和其他權威人士接觸的經驗。這種有過和專業人員在一起而有失掉人性或幻滅經驗歷史的家長，可能已因負向期待的形成而豎立了障礙。

　　老師必須去瞭解他對家長們不自覺的反應會如何受他和他自己父母關係的影響。一個和他自己父母有難解的敵意關係的老師，可能真的很難去和其他貼上「父母」標籤的人建立自在的關係。形成老師對家庭生

活價值觀的經驗可能和他所合作的家長實際情況是相衝突的。譬如，一個覺得母親應該待在家的老師，可能不會去對就業母親感到同情。被不自覺的情感反應所離間的人，彼此之間很難清楚地去聽或和對方說話。

## 二、其他的情感反應

家長也許會害怕因為他們的問題或評論而和老師成敵對，而當他們不在時，老師會努力地找他們孩子的麻煩來加以報復。

> 「我想要告訴他的老師我不喜歡她讓孩子做這麼雜亂的藝術活動之方式，但如果惹惱了她，她會在我不在身邊時，洩恨在 Ricky 身上，所以我最好還是不要那麼做。」

最近的研究發現，所有的家長中有五成，少數種族家長中有六成的家長，都不確定當他們把孩子留在中心時，孩子會如何地被對待（Yankelovich, 1977）。帶著如此的不確定感，就難怪家長們會害怕說出來的話可能會導致負面的效果。

另一個促成家長感覺老師是敵手的恐懼是，害怕老師將會取代父母對孩子的影響力。依戀是一種相互的過程，而和孩子的深情關係滿足了父母的許多情感需求。縱然證據顯示是相反的（Galinsky, 1986），但許多父母仍擔心會因和老師形成關係而和孩子的依戀喪失及被抑制，因此他們對老師對於他們孩子的關心感到嫉妒和競爭感。

> 「我告訴你，那真是奇怪，她走進去給老師一個早安的擁抱，而卻沒給她自己的媽媽一個再見的親吻，是誰要離開她整天？我可以告訴你，我真的很討厭聽到她說 Ha 小姐這樣、Ha 小姐那樣。」
> 「當她在一天要結束時哭著不要回家時，你認為我的感覺是什麼？」

這兒常常會有一種情緒矛盾的感覺：一個母親希望她的孩子能夠獨立且快樂地離開她，但又怨恨老師接手。

老師自己也無法免除爭奪孩子感情的競爭，特別是如果他們自己的

感情需求在教室外的生活中無法獲得滿足時。和每個孩子有溫暖、深情的連結是重要的，但當一個老師發現她自己認為她「能比他自己的母親做得更好」或是「想要帶孩子和我回家；他會被好好教養」時，就是她已掉入將孩子完全定位於她看他只是班上她所愛的一個孩子，而不是他的家庭(一個更重要世界)的一份子之危險境界中。父母是孩子生命中最重要的人，且需要被支持。一個開始去拒絕她的角色是父母之「代替者」的老師會產生恐懼和猜疑。一個比家長感覺到孩子更重要的老師會很容易去責怪家長對孩子的疏忽，並且會在她所選用的字句中傳達這樣的態度。

> 「每次他發脾氣時你的反應方式真的只會使得 Pete 更加生氣。」

老師必須知道嫉妒和害怕的情緒是使真話和真實傾聽受限的隱藏因素。如果老師忽略了這些情緒的可能出現，他們也許會在不經意中煽動了毀滅性火焰之火花。

> 「哦，她很好，Weaver 太太。她整天都玩得很高興，連一次也沒有問起妳，妳不必擔心她會想妳。」

這也許只是想使母親安心，但卻很容易地肯定了母親最糟的恐懼。大部分的父母相信沒有其他人能夠對孩子做得和他們一樣好，而幫助父母感覺到他們的重要地位沒有被取代的老師，可以預防老師與家長之間障礙的產生。

> 「她今天在午睡時間睡得很好。你從家裏帶來她的毯子，那是個相當好的主意。我知道她在那個時候特別地想你，而有了那條毯子，有助於她和你的連繫感。」

當現代母親有機會自由談話時，「罪惡感」這個字眼常會潛入許多對話中。許多對父母的要求，伴隨著完美的不實際形象，以及沒有做到所

應該做的事的感覺，導致了罪惡感。這種情緒可能會運作成為隱藏的障礙；父母對親職工作不適任的感覺可能會逃避所有提醒他們這些的可能性，包括逃避那些為他們孩子做一些父母覺得應該做的事的人。

來自老師和家長雙方的怨憤會潛入彼此關係中。

幼兒園老師是一個有極大要求的工作，每天很長的時間須使用極大量的精力、創造力和情感。在大部分的例子中，稚兒園老師比在學校教大一點孩子的老師所獲得的薪水少得多，且福利也少多了。他們被給予較少的專業地位和認知，即使他們受訓練的年數完全相同。因此，老師們通常很容易感覺到他們被社會所忽視，尤其是被家長。

「我不瞭解為何他們不能準時來接他們的小孩——他們不知道我的生活中還有其他的事要去做嗎？」

「你能瞭解她有復活節休假日，但她只是出去打網球，而將孩子像平常一樣帶來班上嗎？」

家長也有他們自己的理由去怨恨老師：把他們從孩子的生活中移出，使他們感到受傷。當它看起來像是老師在作決定和設規則使家長被隔離於教室和溝通之外，讓家長帶著些求助而離開時，他們只能對那些老師感到憤恨。

在大多數父母雙方都工作的家庭，孩子的托育安排是整個生活平穩運作之最重要要素。在這一點上父母是很矛盾的，知道幼兒園老師對他的生活方式是多麼的重要，但又怨恨有個家裏以外的人扮演這麼必要的角色。很矛盾的一點是，老師的功能雖是被肯定的，但強迫性的依存關係所引起的常常不是感激，而是怨恨。

彼此怨恨的家長和老師將無法清楚地溝通。

## 三、個人的因素

有些老師解釋他們和家長的缺乏溝通是因為他們自己的個性或是他們在社交場合的不自在。部分老師需要在這些因素上特別努力，而他們也不應在和家長們初接觸時即被評定為是失敗的。

MiLan Ha 知道她沒有像中心的許多老師一樣和家長們多接觸，但她說她沒辦法。她說既然她和孩子相處得那麼好，那應該和家長相處也沒有什麼差別，但她就是覺得不知道她要怎麼做來改善這種情況。

知道自己是內向個性的老師必須去找一些方法促使自己努力，也許設立一個特定的目標，像是每天和一定人數的家長談話，或是接近一個從未與其交談太多的家長，或是說一句「嗨，你好嗎？」之外的句子。老師在開始這麼做時會有困難，可能需要預先計畫他們和家長的談話內容(想看看每個孩子所做的一件事或是其興趣也許是一個好的開始)。去和同事分享你不舒服的感覺、接受他們的支持鼓勵可能會有幫助。開始時和一些家長相處成功的經驗會使之後變得容易些。

老師必須常常提醒自己，和家長們合作是幼兒園老師責任的一部分；而那些家長，因為對學校情況不熟悉，可能會比老師本身更感到不自在。由於老師是教室的領導者，因此應該自動地扮演主人的角色，就好像女主人不會讓客人在她自己的家中感到焦躁、不說話和不自在一樣，老師必須主動去和家長們談話。

自覺是有幫助的，強迫自己做些特別的事是有幫助的，一點成功是有幫助的，不應允許自己個性和社交上的不自在干擾了溝通的過程。

# 因外在因素引起的障礙

就像內在情感和經驗一樣，老師和父母的外在情境本身也可能成為障礙。

## 一、時　間

父母和老師雙方無疑地都在時間的約束之下，如果學校的基本態度和行政活動不是支持老師要與父母合作，老師們可能就不會被要求要配合家長生活方式和工作型式之彈性而產生的突然約會安排或是補償性的時間。父母從來沒有足夠的時間去滿足他們的生活需求，但如果他們覺

得父母參與是眞的很重要時，他們就會找出時間。如果合作被家長和老師認爲是重要的，當時間成爲障礙時，有幾個處置的方法（請參閱第九及第十章）。去把時間當成是一個眞正的問題並尋找有創意的解決方法，比去把他人的缺乏時間解釋成對孩子的缺乏關心更具有建設性。

## 二、忙　碌

　　另一個可能造成障礙的外在因素是老師出現時總是很忙碌。這也許是導因於需要照顧一群孩子的事實，或是由於想將家長隔離的不自覺欲望。但不管是什麼原因，一個老師有太多的事要做，家長會去打擾老師的想法使得許多家長都只是和老師簡短地打個招呼。當老師意識到要試著去消除這種很忙碌的印象時，有些事是可以做到的。在一天的開始時，課堂活動的準備工作可在孩子們到達之前就做好，或是由其他的職員去做，以使老師有時間去說話。老師必須做好計畫，且已準備好可以進行，可以準備一些不需要太多監督或孩子可以自己動手的活動，例如在桌上拼圖、在盆子裏裝著乾豆和杯子、在美術區準備幾塊玩耍用的麵糰，當孩子開始玩時，家長和老師就可以自由交談了。教室應該佈置安排妥當，以使家長進入時有通道可以容易地走向老師。在一天結束時，人員和群體的位置安排上，應提供足夠的老師去照顧孩子，以使一些老師可以自由地與家長交談。對小地方的計畫和注意，可傳達老師是爲了家長而在那裏的訊息。

## 三、父母參與的舊式觀念

　　由於過去二十多年的家庭結構和生活形式的變遷，父母參與、活動和期望也必須在時間、內容和型式上隨之改變。如果老師或學校繼續提供的只是傳統型式和時間的會面、會議等——就是 Swap 所稱的「制式儀式」，那很明顯地對於良好關係是沒有幫助的（Swap, 1984）——他們並沒有去瞭解家庭的現今需求。制式儀式的例子是老師與家長會議訂於下午四點，在老師的休息時間，或是在每個月第一個星期二的下午六點半舉行會議。有時候固守著舊式觀念就像是對於偏離傳統生活型式的父母一種不自覺的懲罰態度——母親現在在工作，而無法在早上十點半來參加會議。主管和老師必須知覺到他們自己的價值觀可能會導致對父母

參與方式改變的任何不情願。

## 四、管理政策

有些學校和中心的政策對於父母和主管以外的職員之接觸和討論是不鼓勵或是禁止的，也許是擔心可能會發生非專業的接觸。這裏的主要困難是：父母和孩子之主要照顧者關係建立的機會被剝奪了，而指定的管理者在一大早或是下午當家長需要談話時，常常沒有空。如此的政策大大地阻礙了任何有意義的父母參與。

## 五、個人問題

從父母方面來看，來自於個人問題的壓力也是老師與家長關係的一個障礙。就像父母關心他的孩子以及他在教室中表現得如何一樣，有太多其他的生活事務可能也需要父母去注意、關心。這樣的父母不應被譴責為漠不關心，也不應因缺席而被忽視，老師應表示出持續的支持和瞭解，對父母的需求表現關心。

這些外在的障礙可能比一些內在障礙更容易被解決。Jesse Jackson 總結說：

> 父母必須為他們的孩子在心裏空出一些位置，然後是房子，然後是他們的時間表。沒有一個父母會窮得無法做到，也沒有中等階層父母會太忙而無法去做到。（引自 Croft, 1979）

同樣地，沒有一個相信和家長合作之重要性的老師，會發現有問題會嚴重到要去放棄所有的嘗試。

## 摘　要

　　要消除許多老師與家長關係之間障礙的關鍵是老師的想法。當老師相信和家長合作是很重要的時，他們就會找出時間和精力讓自己去識別和處理潛在的障礙。總而言之，這些障礙「包括強烈的感情、自我的涉入、深切持有的態度和價值觀、過去的歷史和目前的顧慮」（Chilman, 1971:124），都是家長和老師在溝通過程中可能碰到的。很有趣的一點是，每個人所看的可能都是對方的障礙，老師注意到家長的不情願，而家長注意的是老師的疏遠行為（Tizzard et al., 1981）。但是，與其去責備對方，還不如建設性地去檢示個人的態度和行為。障礙可被「多一點放鬆、多一點同理心、對形成我們生活的許多複雜因素的多一點認知」所打破（Chilman, 1971:125）。

## 進一步學習之作業

(1)當你在教室或實習場所工作時，記錄你和同事們與家長合作的經驗。誠實地記錄下你的情感反應。與本章內容的一些情感反應相比較，你覺察到什麼？

(2)檢示你自己的偏見。有沒有什麼類型或種類的家庭，在你與其合作時會比其他的感到不舒服？小組討論這種想法。

(3)隨時儘可能的觀察老師和家長們的交談，有什麼非口語的信號是你看得舒服和不舒服的？

(4)和幾個幼兒園老師談話，要求他們回想和家長合作時的負面經驗，之後，試著去分析哪些是本章所討論在工作中可能發生的障礙。

(5)和幾個孩子在幼兒園的父母談話。他們是否能回想到和老師關係中的負面經驗？試著去分析那些障礙是本章討論中所出現的。

## 複習問題

(1)識別老師與家長關係有效發展的障礙中與人性有關的三種父母和老師的恐懼。

(2)描述可能破壞溝通過程的四種情感反應。

(3)列出四種可能成為障礙的外在因素。

## 進一步閱讀的建議

Evans, J., and Bass, L. (1982). Parental involvement: partnership or prizefight? in Brigham Young University Press (Ed.) *How to involve parents in early childhood education*. Provo, Utah: Brigham Young University Press.

Galinsky, E. (1988). Parents and teacher-caregivers: sources of tension, sources of support. *Young Children, 43*(3), 4–12.

Greenberg, P. (1989). Parents as partners in young children's development and education: a new American fad? Why does it matter? *Young Children, 44*(4), 61–75.

Herwig, J. (1982). Parental involvement: changing assumptions about the educator's role. in Brigham Young University Press (Ed.) *How to involve parents in early childhood education*. Provo, Utah: Brigham Young Univeristy Press.

Sarason, S. (1982). *The culture of the school and the problem of change*. 2nd Ed. Boston: Allyn and Bacon.

Travis, N., and Perreault, J. (1980). Day care as a resource for families. in L. Katz, (Ed.) *Current topics in early childhood education, 3*. Norwood, New Jersey: Ablex Publishing Corp.

## 參考文獻

Chilman, C.S. (1974). Some angles on parent-teacher learning. *Childhood Education, 51*(12), 119–25.

Croft, D.J. (1979). *Parents and teachers: a resource book for home, school and community relations*. Belmont, Calif.: Wadsworth Publishing Co. Inc.

Galinsky, E. (1986). How do child care and maternal employment affect children? *Child care information exchange, 48*, 19–23.

Hymes, J. (1974). *Effective home-school relations*. Sierra Madre: Southern California Assoc. for the Education of Young Children.

Katz, L. (1980). Mothering and teaching—some significant distinctions. in L. Katz (Ed.) *Current topics in early childhood education, 3*. Norwood, New Jersey: Ablex Publishing Corp.

Lightfoot, S.L. (1978). *Worlds apart: relationships between families and schools*. New York: Basic Books, Inc.

Lombana, J.H. (1983). *Home-school partnerships: guidelines and strategies for educators*. New York: Greene and Stratton.

Swap, S.M. (1984). *Enhancing parent involvement in schools*. Boston: Center for Parenting Studies, Wheelock College.

Tizard, B., Mortimer, J., and Burchell, B. (1981). *Involving parents in nursery and infant schools*. Ypsilanti, Mich.: The High/Scope Press.

Yankelovich, Skelly, White, Inc. (1977). *Raising children in a changing society: the General Mills American family report*. Minneapolis, Minn.: General Mills.

# 第 7 章

## 成功合作之基礎

第七章探討一些促進家長和老師之間建立有建設性合作關係之態度、行為和其他因素。

## 目　標

在讀完這章之後，學生將可以：
(1)討論有助於與家長形成合作關係的五種老師態度或想法。
(2)討論奠定親師合作關係基礎所需要的具體行動。

---

# 老師的想法和態度

---

　　Jane Briscoe 已確信有足夠的理由值得去試著和家長們形成合作關係，而她想知道「我該從那裏開始」。

　　既然老師扮演著關係形成的起始者，開始的地方即在於先審視一些重要的老師想法和態度。

## 一、專業主義之觀念

　　形成老師與家長合作關係的基礎是老師對於專業教學角色的觀念。傳統的專業者性格是使自己和案主之間保持著一定的距離，以使自己能做更客觀的專業判斷，避免太多案主要求的情感包袱，且提高自己地位。但這種隔離阻止了案主和專業者之間的社會交換。因這種傳統對專業者的定義，老師視他們和家長的關係為一種單向式的知會家長，並嘗試去影響他們。在如此的關係中，家長是被動的案主，接受服務，依賴著專家的意見，需要指導，而對決策過程幾乎沾不上邊。其固守的態度是權威者和有權者必須依賴著專業以凌越他人的權力。只有當老師對他們的角色產生不同的心理觀念時，才能發展出合作關係。

　　能接受合作關係觀念的老師會認為家長在與孩子有關的決策和履行上是一主動的成員，且有能力做出重大的貢獻。這些老師會分享責任和權力，相信老師和家長雙方在專家見解上皆有力量且是平等的。如此的信念促成關係上的互惠，家長有所接受與服務，同樣也有所貢獻。在共

**圖7-1 相信合作關係的老師能分享責任**
Courtesy Ellen Galinsky

同的難題上，家長不被視為是問題，而是解決問題的一部分；權力是與他人分享的。

對合作關係的信念是其他任何事的必要條件，那需要老師以一種新的方式去對他的專業下定義，視他們自己為一教育團隊的領導者，使用他們的特殊技巧和知識去網羅家長的幫助、期待與他們交換訊息、考慮他們的意見，並從他們那兒學習(**圖7-1**)。合作關係可能會產生刺激和焦慮，因為與家長合作的老師常常處在許多未試過且沒有指導方針的情況之下。但是作為夥伴，老師們相信家長能夠成長，且在這種信念之下，他們自己也會成長。在合作關係中，當孩子、父母和老師因相同的主題(什麼對孩子是最好的)而連結在一起時，他們都會有所成長和學習。

## 二、自我感

　　能夠與家長形成合作關係的老師有很強的自我觀念。他們知道要去接觸他們自己的感覺並且對他們自己的優點、缺點、觀念和價值觀有所認知；因爲確定他們的定位，他們不容易被操縱或威脅，他們也不會由於害怕而試著去操縱他人。因爲他們尊重自己，他們也會以相等的尊嚴對待他人，將每個人都視爲個體，而避免以相同的模式套在每個人身上。

　　老師們必須自覺地去澄清他們的價值觀以瞭解自己。Jersild 提出要去思考的重要問題爲：「在我生爲一個人，在我和他人的關係，以及在我的工作爲一個老師當中，對我什麼是眞正重要的，也許是首要影響到我的？」(Jersild, 1955:4) 當老師確認他們的價值觀時，他們也可以找機會讓家長去思考和說明他們自己的價值觀。在老師與家長合作關係中，對雙方而言，去瞭解自己和對方，並且也去瞭解在他們的價值體系中能妥協和不能妥協的範圍是很重要的。老師和家長不需要也不要想去企圖使對方相信他們信念的正確性，應該想要做到的是去使雙方能感覺自在地表達他們的觀點。

## 三、謙　恭

　　與合作關係觀念和專業主義新定義都有關的另一個老師態度是謙恭、等待的能力、靜默及傾聽。不能停止要求他人的老師就無法期待立刻去瞭解每個問題，或是去給予立即的反應。這不只是猶豫的姿態，而是去信賴個人之間溝通過程的成果，只有在老師能去除一些專業者的自負，而保持眞正開放的心靈時才能得到。Swick 稱此爲「親和力」(Swick & Duff, 1978)。對此行爲的描述爲：「我們都一起在這兒──給我幫助──你認爲怎麼樣？」(圖 7-2) 謙恭的老師能夠走出一般指示的框框之外而找到有創意、新奇的方式去與家長合作，因爲他們不會受限於相信只有傳統的方法有效。謙恭的態度也允許老師在一些與家長合作的嘗試失敗時繼續去試，「進入一個新的領域，不是因爲我們知道那些將會成功，而是因爲成功的要素可能和危險的要素是相稱的」(Fredericks, 1989)。不斷地和家長接觸會使得自在的感覺增加，可能會幫助老師在過程中放鬆而不會亂衝。

**圖 7-2** 「親和力」的態度可達成真正的合作關係
Courtesy CPCC Media Productions-Mike Slade.


## 四、同情心

　　能與人合作的老師展現了他自己和對他人的同情心。當他們企圖瞭解父母時,他們嘗試去瞭解的不只是他們怎麼想,還去瞭解他們可能的感覺是什麼,如此的敏感性是真正相互尊重發展的第一步。

　　無疑地,老師將會遇到許多社經背景、生活經驗以及文化皆有很大差異的家長。他們能做的一件事是教育他們自己一些可能來自於某階層或種族團體所發展出的一般性差異,例如,學習低階層和中階層母親對他們孩子的行為和教育成就之不同期待,或是學習特殊文化民情者的家庭互動模式,都有助於老師去準備接受他們將遇到的各種孩子教養型態(有用的參考資料為《文化知覺:資源的參考資料》,*Cultural Aware-ness: A Resource Bibliography*, by Velma E. Schmidt and Earldene McNeill, 1978)。但就如同他們不能只依靠教科書對典型的三歲孩子個性之描述來教學齡前兒童一樣,他們也不能依靠如此的一般性知識去指引他們瞭解家長。有同情心的老師對每個家長的獨特反應會加入靈敏性去探知,無論其背景為何。

## 五、尊重他人

　　和父母們進入合作關係的老師們表達了對家長們的真正尊重，尊重他們是孩子生命中最重要的人之地位，也尊重他們在孩子教養上的成就。他們重視父母個人的威嚴以傳達這種尊重，此外，老師也試著去找出迎合家長個人需求的方法。當家長被老師和中心鼓勵而學得更多時，尊重會變成是互相的。

　　總之，老師要試著去和家長進入合作關係必須朝以下觀念和態度努力：

　　(1)賦予合作關係中專業者角色新印象。

　　(2)強固的自我觀念。

　　(3)謙恭。

　　(4)同情心。

　　(5)尊重他人。

# 外在因素

　　除了之前所討論的態度之外，還有幾個其他具體的外在因素是成功合作關係的重要基礎。

## 一、支持系統

　　在老師力求與家長合作時，支持系統是必要的。行政上支持且在領導作風上營造出使父母參與課程的氣氛。父母的支持會來自於老師清楚地表達出其基本態度是在教育過程中重視並歡迎家長的貢獻；對職員努力的協助、動機和感謝；提供公平的補償時間和供給足夠的助手以支持其努力；透過中心協調以強調父母參與的計畫和策略。如此的支持是對老師努力的許可且給予其權力（**圖 7-3**）。

　　老師要自己創造出合作和參與的氣氛仍是可能的，但若學校的行政體系支持並組織起那些努力，會有更多的生產力。有一些例子是行政單位極力地阻止老師和家長之間的接觸，如果老師選擇要維持這樣的情

**圖 7-3　來目於同事的支持系統能使老師得到新的觀點**
Courtesy Head Start Bureau

況，家長們唯一的資源，可能是經由正向經驗以及有關父母參與有效性
之研究所提出的證明，努力地去說服行政單位必須改變其態度（請參考第
四章最後的參考文獻），經由運用社會支持和擁護的力量（像 NAEYC 即
主張在高品質的早期幼兒課程中需有父母參與），以及立法運動（像 ABC
法案中要求列入父母參與），並儘可能地召集父母的努力以促成他們自己
的參與。從商業觀點向主管說明老師與家長合作有其優點，也可能是有
用的，因為與家長親密地合作能促進保留率（參閱 Meservey 對此觀點的
表達：如果你無法征服他們，就召集他們）！

　　即使是有行政體系的支持，要在家長個人的需求、反應和對老師時
間及精力之要求二者之間找到平衡也是很有壓力的。老師可從個人支持
系統，包括同事和主管那兒得到一些助益，他們能提供老師們去認知和
發洩挫折或壓力感受，並有獲得新觀念和看法的機會。

## 二、溝通時間

　　在師長合作關係的基礎中，最重要的成份之一是老師和家長一起自
由溝通的時間。和家長的溝通時間可能是由老師彈性地配合家長的時間

**圖 7-4　當老師計畫一些活動使孩子能在不需協助下進行時，老師就能有時間和家長交談**
Courtesy CPCC Media Productions-Mike Slade.

表來選擇，像是提供晚上會議、事先安排的電話交談、周末家庭訪問，以及清早的咖啡討論。為了有這種彈性，老師應該有他們的「超時」工作報酬。老師能有有報酬的時間，這就是行政體系對他們的努力支持之明確指標。額外的人員或有彈性的範圍可能也需要，以便提供此彈性時間，如在孩子的接送時間可使老師能自由地和家長交談溝通。既然非正式溝通的頻率對老師與家長關係的品質有影響，就值得在教室中設立方法和各種機會，使老師能有交談的自由(**圖 7-4**)。老師和中心應向商業和雇主角色提倡使其給予家長們能有他們所需要的時間，以便參加會議和學校的活動。在一些社區的商務會議中清楚地聲明雇主應該支持家長參與孩子教育的任何努力，如此的態度有助於紓緩家長不方便的問題。時間也許是一種昂貴的東西，但為了建立起老師和家長間合作關係的成果卻是值得的。

## 三、父母參與的多樣性

另一個促進老師和家長合作關係的要素是提供多種型式的父母參與。計畫應允許家長可選擇何時、何地以及如何去參與，以反映出它對家長各種需求的瞭解和反應。有彈性的時間可增加其多樣化。一個準備

圖 7-5　父母涉入之多樣型式可使家長去選擇
何時及如何去參與以建立親師合作關係
Courtesy Barbara Stegall.

好去符合個人需求、關心和興趣的計畫，可顯示出其在計畫中對家長以
及他們價值觀的尊重。做計畫的人必須花時間去找出家長們所需要和要
的是什麼，他們所要提供和想要分享的又是什麼（參考第十二章及第十三
章），並且評估參與之各種方法的有效性。這種父母參與多樣性的機會可
允許家長去選擇有用的，而拒絕那些無法迎合他們需求的型式（圖 7-5）。

## 四、資　訊

　　為了建構親師合作關係，在任何的計畫中，必須清楚地瞭解和認知
什麼是被期待或是可能的。清楚地瞭解自己在學校的責任和義務的父母
較自在，日常所碰到的像是會議和家庭訪問，如果家長熟悉程序和他們
所扮演的角色，將會減低其伴隨而來的憂慮。

　　許多學校以家長手冊的方式提供這種資訊給父母，它可使家長接受
到相關指導的資訊，而在之後可供參考之用。家長手冊應該對一般基本
態度和所提供的課程作一說明，也應該說明與父母參與有關的特定原
則，以使家長能對學校的工作以及他們能如何參與皆有所瞭解。資訊需
關注到與家長有關的相關計畫政策，像是要求的限度、每日的計畫、時
間和費用、參與的策略、延遲接送的政策、健康和安全規則，以及孩子
的慶祝活動。很多手冊包括了有關孩子人格發展以及對父母教養有幫助

的方法之一般資訊。手冊應該也記述教職員在教室裏所使用的教法，並報導孩子的參與過程，列出可能需要家長補充的地方、家長或許能（或是必須）參與中心活動的方式。有些精選的例子可加以說明家長的角色。其他的資訊包括：會議排定的日期；家長顧問委員會會員的姓名和電話；學校中為家長準備的設備，像是公佈欄或家長談話室。清楚地說明學校何時可能需要父母的幫助。而父母明確地瞭解到其限制和選擇也是很重要的，對那些希望能多注入關心的父母，應有明確的策略存在使其明白。

---

我們歡迎家長來分享興趣（與工作有關或嗜好）、倫理或宗教傳統。去年兩位家長幫助我們學習 Hanukkah（愛爾蘭的節慶）歌；另一個家長教我們製備簡單的越南菜；一個卡車司機父親開他的卡車來學校；而一位新生寶寶的母親讓我們端詳了寶寶──脚趾和全部！請來這兒──你能帶給我們一些什麼經驗？上次的家長工作之夜，一些手巧的家長修理了三台破損的三輪車和二個娃娃的手臂，而另外一些父母幫我們建造了家事區。請在下次排定的夜晚來參加！

---

為了在編定家長手冊時不會錯失掉重要的資訊，去問問那些孩子目前在學校的家長們，在孩子開始之前他們想要被告知什麼，並且問問老師他們想要告訴父母些什麼。

手冊必須簡潔、有吸引力、有基本的閱讀層次及清晰的組織，以達到可使用的目的（**圖 7-6**）。很多的資訊在通知單和個人談話之後將會被補強，但在一開始時去回答家長所有可能的問題是有幫助的，去幫助他們在新關係中感到自在，而不用擔心會對即將發生的狀況感到驚訝。家長手冊也是行政體系支持父母參與的具體例子。

## 五、溝通技巧

老師們要嘗試去和家長建立合作關係就必須去培養他們的溝通技巧。許多老師很幸運地有機會常常和家長談話，然而溝通的頻率多並不能保證會增進瞭解或是促進關係，除非老師能知覺到各種溝通的型態和目的，並且瞭解如何以口語和非口語進行溝通，去傾聽和傳達殷切的關

圖 7-6　家長手冊必須設計得能符合家長的閱讀和語文能力
Courtesy CPCC Media Productions-Mike Slade.

圖 7-7　老師的溝通方式對於自在關係的建立是重要的
Courtesy CPCC Media Productions-Mike Slade.

心，並且去判讀家長們的訊息，否則錯誤的溝通也會成為合作關係的障礙（**圖 7-7**）。

一些溝通的方式幾乎能確定會產生防禦心理：命令、警告、責備、提意見和訓話。有效能的老師會學習去避免這些談話的方式。另外，老師應練習傾聽和解讀的技巧，並能從對方的行為中知道其溝通的方式使之不自在。

以下對四種基本的溝通方式下定義，每一種在資訊的分享上都有它的危險和價值（Flake-Hobson & Swick, 1979）。

### ㈠方式一

表面化的方式（「你的衣服好漂亮啊！」）：使用非正式的小話語以對對方非正式的基礎有一瞭解。這會有較小的危險性參與，但在關係的建立上也只能超越比「打破沈默」多一點點的層面。

### ㈡方式二

命令的方式（「為何你沒有堅守上床時間？」）：較危險，因為在某些情況下使用有效的權威式聲調常會使人產生防衛性反應，其提供了少許的個人或實際的資訊。

### ㈢方式三

理性的方式（「研究調查指出，母親互動的方式與孩子認知能力和教育成就有顯著地相關」）：常用於傳達客觀的資訊，因此危險性低，然而過度使用此方式會在關係中產生過於非個人化的障礙。

### ㈣方式四

關心的方式（「我關心 Ramon，他似乎常常很孤單，我懷疑是否他的語文認知使得他與人隔離」）：開放地分享個人資訊。關心的方式需要使用到四組技巧：傾聽、分享自我訊息、經由對接收和傳送資訊的澄清建立起分享的意義，以及作下承諾去關心自己和他人，而那需要個人在關係中自我冒險（Flake-Hobson & Swick, 1979）。

Lee Canter 為老師發展出一套有關溝通技巧的課程（與家長建立正向關係的技術）提出：能夠在溝通中表達他們關心孩子的老師，將最能夠得到家長的支持（Canter, 1989）。他也建議老師若使用肯定的溝通技巧，不對老師的能力和關心感到抱歉、輕視或貶低，將最有效。

隨著經驗，老師將發現有些字會對某些家長傳達出不同的意義，而

使他們變得對自己的陳述和說明較嚴謹些。老師們知道他們的聽者之社會和文化經驗將會是他們聽話的依據，因此力求不含糊，描述的字彙不使用附帶情感的言外之意，他們也會避免可能引起疏離和脅迫感的專業術語，像是「認知」、「良好動力」、「情緒」等字眼。他們試驗性地反應家長的陳述和他們自己的判讀——「我聽到你說的是：」——從家長那兒檢示他們的瞭解而得到真正的回饋。他們使用口語的加強——「我瞭解」、「是的」。他們瞭解開放式的結尾可得到更多的資訊——「讓我們來談談」；「我很好奇……」——比使用「誰」、「什麼」、「如何」、「何時」的問句來得有效，那可能會令家長感受威脅性。他們會對家長所討論的想法作一摘要。

　　老師們必須記住他們所傳送的口語訊息只成為和人們之間溝通的一小部分。Mehrabian 宣稱面部表情對接收者有最大的影響力，佔了訊息的百分之五十五；聲調的影響其次，佔了訊息的百分之三十八；而剩下只有百分之七是單由字句所傳達。更甚者，在傳送者的面部表情和用字不一致的情況中(如當一位老師說「我很高興你能來參加這個會議」，但她的臉部表現出憂慮或是有所不同時)，面部表情將勝過並決定了全部訊息的影響力(Mehrabian, 1981)。

　　眼睛的接觸在開放或封閉式溝通頻道裏皆扮演了重要的角色。在溝通中注視著對方可傳達傾聽、尋求回饋，或是渴望著對方談話的身體印象。眼神移開可能表示想避免接觸、想隱藏某方面的內在感覺，或是去處理困難想法的企圖。由於家長和他們孩子之間的強烈情感連結，老師可能注意到當談話接觸到重要的主題，包括很正面的主題時，眼淚常常會浮現在父親和母親的臉上。許多家長對這種情感的表現感到不自在而轉過頭以隱藏眼淚。老師若對家長在眼神接觸時所提供的大量訊息靈敏，當他們的溝通太痛苦或太困難時，也許能夠察覺，而能因應地改變訊息。瞭解到眼神的接觸與傾聽和接受之傳達間是多麼密切的老師，能有知覺地企圖去改進這方面的溝通。

　　老師要去檢示他們自己和他人間可能產生距離和不舒服感覺的其他非口語溝通包括：傾向(或離開)其他人、和其他人類似的聲調、以偶爾的點頭表示注意和贊同、偶爾的姿態改變、微笑、表示焦慮和不確定之說話的失誤和較高的說話比例。即使是老師的穿著風格也可能會傳送有

助或有害發展彼此和諧的訊息。

　　如此的非口語線索有時會錯失掉，如果接收者沒經驗、暫時地沒去注意、被自己內在訊息先佔據了，或是來自於可能有不同意義的其他文化，但溝通的曲解或失敗的主要決定因素是缺乏信任。人們似乎會依他們對訊息來源的理解，而不是依訊息的內容來作反應，因此，有效溝通的首要條件是與個人有關，要避免落入公式化的模式中(想進一步探討溝通技巧，可參考 Knapp, 1980; Mehrabian, 1981; McCroskey et al., 1971)。

## 摘　要

　　有一些具體的步驟和技巧能夠採用和培養，以幫助老師和家長合作
關係的建立。它們是：

　　(1)行政體系支持——提供共同合作的基本態度，以及對教職員安排
　　　　和時間供應的確實幫助；對老師的情緒支持系統。

　　(2)允許老師決定和家長們互動的時間，提供彈性的選擇讓家長可在
　　　　一般工作時間之外參與，以彌補他們在工作時間時無法參與。

　　(3)多樣的父母參與方式允許家長去選擇何地、何時以及如何去參
　　　　與。

　　(4)清楚地解釋政策、期望和想法，以歡迎家長進入教育計畫中。

　　(5)培養和練習有效的溝通技巧。

　　對於像 Jane Briscoe 一樣，想和家長創造出合作關係的老師，有一
些開始的地方。各種父母參與的技巧將在第三篇探討。

　　有一句話要給所有擔心開始發展親師關係的老師們：親師關係，如
同我們所曾見，是複雜的事，是一個以隨著二套外在環境而來的二套內
在經驗、需要和反應為單位的事。如果老師以每個家長的完全參與為成
功的衡量，他要期待完全成功將會是失望的。家長對父母參與的機會有
其獨特的反應。有的可在某一方式中達此目的；有的則是在其他的方式
中；有的在老師的努力沒有結果許久後，可能才達到效果。因此，測量
成功並不在於任何一開始的反應數量，而是在於互動的品質；不在全體
的同意，而在於持續的對話。老師將發現當孩子要在幼兒園好幾年時，
他們與家長的關係是長期的。家長和老師在孩子確定在某位老師班上之
前可先學習非正式地彼此認識，且持續著友誼的連結直到孩子進到下一
個班上。如此伸長的接觸期間可使彼此感到自在和溝通成長，並且達到
觀念的接受，瞭解這些的老師似乎較不會對所有的嘗試感到挫折和放
棄。

## 進一步學習之作業

(1)接觸幾個你社區中的幼兒園，要求他們給你家長手冊的影印本或是一

些印給家長的東西。檢示它們，看看是否有任何聲明或暗示是要與家長合作(或不合作)的基本態度。

(2)與同學合作，共同創作一本家長手冊，清楚地傳達父母想要知道的資訊，並表達歡迎家長參與特定活動的態度(在所要的資訊和格式決定之後，每個學生可負責一個部分)。

(3)和同學一起設計一個表，列出那些 160 頁所討論，會依接收者的文化或環境經驗不同而傳達出不同意義的字句。

(4)想像你是一位剛受雇於托育中心的老師，你覺得必須有那些指導、支持和訓練，可讓你在和家長合作時變得自在且能夠勝任？設計一個適當的在職訓練計畫。

(5)觀察一位你覺得和家長相處良好的老師，你看到什麼人格特質和行為？你注意到什麼與老師非口語溝通有關的事情。

## 複習問題

(1)從五個有助於和家長建立合作關係的老師態度中，指出任何三個。

(2)列出五個和家長建立合作關係的重要外在因素。

## 進一步閱讀的建議

Decker, C.A. and J.R. (1984). *Planning and administering early childhood programs.* 3rd. ed. Columbus, Ohio: Charles E. Merrill Publ. Co. [Information on parent handbooks]

Ellenberg, F.C., and Lanier, N.J. (1984). Interacting effectively with parents. *Childhood Education, 60*(5), 315–20.

Hunt, D.E. (1987). *Beginning with ourselves in practice, theory, and human affairs.* Cambridge, Mass.: Brookline Books, Inc.

Stone, J.G. (1987). *Teacher-parent relationships.* Washington, D.C.: NAEYC.

## 參考文獻

Canter, L. (1989, January). How to speak so parents will listen. *Teaching K-8,* 34–36.

Flake-Hobson, C., and Swick, K. (1979). Communication strategies for parents and teachers or how to say what you mean. *Dimensions, 7*(4), 112–15.

Fredericks, A.D. (1989, March). Step out to draw them in. *Teaching K-8,* 22–24.

Herin, L.R., and R.E. (1978). *Developing skills for human interaction*. 2nd Ed. Columbus, Ohio: Charles E. Merrill Publ. Co.

Jersild, A.T. (1955). *When teachers face themselves*. New York: Bureau of Publications, Teachers College, Columbia University.

Knapp, M.L. (1980). *Essentials of nonverbal communication*. New York: Holt, Rinehart and Winston.

McCroskey, J.C., Larson, C.E., Knapp, M.L. (1971). *An introduction to interpersonal communication*. Englewood Cliffs, New Jersey: Prentice-Hall, Inc.

Mehrabian, A. (1981). *Silent messages: implicit communication of emotions and attitudes*. 2nd. ed. Belmont, Calif.: Wadsworth Publ. Co. Inc.

Meservy, L.D. (1989, June). Handle with care: strategies for retaining children in your program. *Child care information exchange*, 21–24.

Swick, K., and Duff, R.E. (1978). *The parent-teacher bond*. Dubuque, Iowa: Kendall/Hunt Publ. Co.

# 第三篇

## 發展合作關係的技巧

你的兒子在拼字上有困難,他只能拼電視上的字。

# 第 8 章

## 與家長和孩子的第一步

第八章探討的是在家庭和學校中，父母、老師和孩子之間建立合作關係的第一步驟。

## 目　標

在讀完這章之後，學生將可以：

(1)確認幾個在孩子進入教室之前，對建立關係有幫助的步驟。

(2)討論與每個步驟有關的益處。

(3)討論與每個步驟有關的策略。

(4)描述孩子和家長的各自經驗，並討論老師的角色。

---

# 老師、父母和孩子之間的最初接觸

---

第一印象會導致長存的意義。早期的態度和行為模式將決定之後關係的限制或引導其方向，帶著特殊期待和瞭解而開始一起合作的家長和老師似乎會持續那種模式。因為要去改變他們已成為習慣的模式和行為很困難，因此使老師、家長和孩子在計畫中逐漸地找到定位、交換資訊並增加友好關係是很重要的。不管孩子的年齡多大，對他們而言，新的學校經驗是重要的一步。如果這些步驟都由他們身邊的大人準備好了，對孩子是有益處的，且因而也間接地使大人們獲益。在家長第一次接觸學校到他們的孩子終於安置好這一段期間，是讓老師有機會去建立成功的父母參與基礎的一個重要時期。此過程中有幾個目標：使孩子能在學校變得感到自在並儘量愉快；向家長們表達他們在教育計畫中是受歡迎的，且能在那兒自在地學習；幫助家長瞭解學校的目標和常規，並且給予老師機會去從家長那兒瞭解孩子以及家庭狀況(Tizard et al., 1981)。

以下將探討如 Connie Martinez 第一次和 Sylvia Ashley 及 Ricky 見面時與父母有關的一些觀念。在不同的情況下，時間和家庭狀況都可能會變更這些觀念，但力求與家長們有效合作的老師將會視它們為努力的目標。

# 一、選擇學校

家長和學校或中心之間的第一個接觸是家長在為他們的孩子尋找一個合適的地方時逐漸地開始。學校，常常是由主管所代表，有雙重的責任：鼓勵家長為他們的孩子作最適當的教育選擇，並且分享有關學校基本觀念和常規的資訊，以使家長看看這個學校是否能符合他們的需求，而與親職責任和參與機會有關的資訊在此時也應包括進去。

在初期選擇學校或中心時，家長必須考慮的不只是一般消費者所考慮的便利和價格。如果這是他們在早期幼兒教育的第一次經驗，他們也許還未知覺到社區中的幼兒園存在著各種不同的教育目標和常規、許可標準、訓練實務、父母權利和參與等等。有些擁護孩子的團體和學校提供家長問題和觀察的指南，以強調他們是作此決策的主要角色。

---

### 家　長　指　南　範　本

教職員（The Personnel Staffs）　　　　　　　　　　　　是　否

教職員是否友善且熱心？

教職員是否喜歡並關心孩子們？

教職員必須在照顧孩子上有特殊的訓練？

教職員有在職訓練課程且（或）其他繼續培養技能的機會？

家長會有定期舉行？

教職員歡迎問題和諮詢？


課程（The Program）

老師必須作每日課程計畫？

每日的時間表有告知？

課程計畫表中動態和靜態的時間有平衡？

各種室內和室外的器具和設備都有準備好供孩子使用？

孩子有選擇活動的自由？

活動是否可培養孩子身體、社會、智能和情緒的發展？

---

孩子是否知道要做什麼？

孩子是否得到照顧者個別的注意？

中心是否有訓練的政策？

你是否贊同它？

是否有孩子和他們發展的持續記錄？

點心和餐點是否營養、均衡？是否有告知菜單？

家長是否與課程的每日生活相連接？


### 硬體的安置(The Physical Setting)

有無舒適、放鬆的休息區？

中心是否明亮、乾淨、舒適？

室內和室外區域是否安全並具備逃生區？

是否有足夠的空間可自由、自在地活動？

允許團體和個人活動的空間？

提供隱私區域的可能性？

對不同年齡群體皆有合適、乾淨的設備？


托育品質的提供：

・一個關心、愉悅的氣氛。

・由適當人數之受過訓練、培育和慈愛的保育者所照顧。

・有針對每個孩子個人反應所設計之課程。

・有促進探索、培養技巧和學習的經驗。

・給家長支持，與之溝通，並使其參與。


考慮一下，什麼對你的孩子是最好的，如果你不滿意你所找的托兒所，繼續尋找。你是家長，選擇決定在於你。(改編自 Child Care Resources Inc., Charlotte, N.C.)

　　許多托育中心會在家長決定是否讓他們孩子入學之前，邀請家長去參觀老師目前在上課的情況，這樣的行動對家長傳達了二個清楚的訊

息：(1)中心尊重父母去瞭解他們為孩子所做的安排之判斷和責任。(2)中心自豪於它所做的，而希望父母能來看看。對於不鼓勵或允許參觀的中心，父母應評定其值得懷疑。

對孩子的入學較好的做法是，家長能仔細地考慮對他們和他們孩子重要的課題其所有可利用的選擇能夠符合他們的要求，並根據符合需求的基礎來選擇特定的學校，而不是基於是否在交通上便利、可輕易地到達停車場而草率地下決定！學校為了孩子，有責任去幫助家長充分瞭解他們的決策角色。一旦父母選擇了一個學校，他們下一個要接觸的人就由一般發言的主管轉移至與特定的老師見面，他將是開始和孩子接觸的人。

讓我們來看看 Sylvia Ashley 和 Ricky 的一開始。


在 Sylvia Ashley 的例子中，社會局為 Ricky 建議了一個中心。Sylvia 去那兒看看並和主管談談。如同往常，她帶著 Ricky 和她一起。「Ashley 太太，我們很高興 Ricky 進入我們學校。因為他將進入我們三歲那班，讓我帶妳下樓去見見 Connie Martinez，該班的級任老師，之後妳們兩個可找一個方便的時間進一步熟悉一下。」


## 二、初次相遇──老師和家長

家長和老師之間的第一次交談，最好的安排是家長能夠不帶著孩子來的時間，在那個時間，家長可自由地談話而不必得隨時留意他們孩子的狀況，老師也能夠專心地努力幫助家長感到自在，而不必將注意力分在大人和孩子之間。


Sylvia 已告訴過 Connie Martinez 沒有人可在她離開時幫她帶 Ricky，所以當 Ricky 和他媽媽一起進來時，Connie 並不感到驚訝。Connie 拿了二個拼圖、一本書、蠟筆和空白紙，並幫他安置在一個可以看到媽媽但不會聽到談話的角落。Connie 之後想想，她想到這是她第一次在孩子面前和其家長進行初次談話，那當然不是理想的，但她至少有一些時間可和這位新生的媽媽自由地談談。

**圖 8-1　為了有個愉快的第一天，老師
必須從家長那兒得到許多資訊**
Courtesy Chapter I Program, Charlotte, N.C.

　　這個會面有幾個目的，一個是讓家長分享他們剛入學孩子的最初資料。許多學校要求家長填一份關於他們孩子個人和過去歷史的問卷，家長可在家填好它然後帶到會議上。實際上，如果老師和家長是透過問卷的方式來談話，家長常常可以用較容易記憶的方法來補充額外的資料。當家長談話時，老師會得到有關親子之間關係、孩子在其他新環境時如何反應，以及家長對於他們剛入學孩子的課程感覺如何等之印象（**圖8-1**）。這也建立了和家長合作、分享資訊。共同完成重要貢獻以及老師傾聽的先例。而老師也可利用這個機會去獲知家長的歷史和資源之訊息。當詢問問題時，老師必須讓家長知道這個資訊將被怎麼使用。

問　題　範　例

## 常規資訊

### 飲食

通常你孩子的食慾：

優　好　普通　不良＿＿＿＿＿＿＿＿＿＿＿＿

孩子是獨自進食或是和家人共食？＿＿＿＿＿＿＿

列出喜愛的食物＿＿＿＿＿＿＿＿＿＿＿＿＿＿＿

列出特別不喜歡的食物＿＿＿＿＿＿＿＿＿＿＿＿

### 睡眠

孩子大約的上床時間＿＿＿＿＿＿＿＿＿＿＿＿＿

早晨起床的大約時間＿＿＿＿＿＿＿＿＿＿＿＿＿

對上床睡覺態度＿＿＿＿＿＿＿＿＿＿＿＿＿＿＿

在上床前通常的活動＿＿＿＿＿＿＿＿＿＿＿＿＿

### 排泄

在幾歲開始訓練：

大便控制＿＿＿＿＿＿＿＿　　對訓練的反應＿＿＿＿＿＿

小便控制＿＿＿＿＿＿＿＿　　對訓練的反應＿＿＿＿＿＿

當孩子表示要排泄時他所用的字眼是＿＿＿＿＿＿＿


## 其他資訊

你最欣賞你的孩子的是什麼？＿＿＿＿＿＿＿＿＿

＿＿＿＿＿＿＿＿＿＿＿＿＿＿＿＿＿＿＿＿＿＿＿

你的孩子通常對新環境的反應如何？＿＿＿＿＿＿

＿＿＿＿＿＿＿＿＿＿＿＿＿＿＿＿＿＿＿＿＿＿＿

你的家庭中最愉悅的事是什麼？＿＿＿＿＿＿＿＿

＿＿＿＿＿＿＿＿＿＿＿＿＿＿＿＿＿　＿＿＿＿＿

孩子是否曾與父母的任一方分離一段長的時間？

如果有，孩子的反應如何？＿＿＿＿＿＿＿＿＿＿

＿＿＿＿＿＿＿＿＿＿＿＿＿＿＿＿＿＿＿＿＿＿＿

什麼事常會重複地引起親子之間的衝突？＿＿＿＿＿＿＿＿＿＿＿

＿＿＿＿＿＿＿＿＿＿＿＿＿＿＿＿＿＿＿＿＿＿＿＿＿＿＿＿＿＿＿

孩子是否能高興地獨自玩耍？＿＿＿＿＿＿＿＿＿＿＿＿＿＿＿＿＿

列出孩子最常一起玩的玩伴們之年齡和性別＿＿＿＿＿＿＿＿＿＿

＿＿＿＿＿＿＿＿＿＿＿＿＿＿＿＿＿＿＿＿＿＿＿＿＿＿＿＿＿＿＿

喜愛的活動＿＿＿＿＿＿＿＿＿＿＿＿＿＿＿＿＿＿＿＿＿＿＿＿

許多想法的討論也許有助於使孩子在學校的第一天感到自在。

「我看到你提到 Ricky 喜歡和他喜愛的泰迪熊一起睡覺，你想是否能讓他帶著它來，放在午睡的小房間裏？有一些熟悉的東西可能會感覺好些。你和他兄弟的照片放在小房間內可能也有幫助。」

這個初次會面可使家長問一些有關課堂的特定問題。

「是的，最近還有四個小男孩進入這班，所以他不是唯一的新生。」

「我們早點提供溫熱的早餐，每天在九點半之前供應，因此如果他大清早在家沒有吃得很多，他也不會餓得太久。」

家長如果對於將會發生什麼和要去期待什麼有一些正確的認知，就可幫助孩子準備好而使其在課堂上感到自在些。

它也使得家長和老師早一點有機會在一對一的基礎之下彼此認識。

「你準備要回學校——那對你很好！太好了，你一定會很忙碌，但我打賭當一切結束時你會發現它是值得的，我在晚上也修一些課程，所以我們可以一起訴苦。」

這是一個清楚地建立老師和家長彼此稱呼什麼的好時機，如果這個主題從未被直率地討論過，常常會成為一個很窘的事，結果是雙方從不

稱呼對方。

「雖然孩子叫我 Martinez 小姐，我喜歡家長叫我 Connie，我也可以叫你 Sylvia 嗎？你感到自在嗎？我就是稱呼名字會自在些。」

在此時間，老師能夠告知家長一些計畫表之外的事項，確定下一次訪談的時間，並討論孩子和父母常常會經驗到的一些分離模式。這會建立起老師常通知、教育並和父母同感的慣例。

「讓 Ricky 在妳必須去學校之前幾週先開始上課是好主意，妳知道嗎，我發現我們許多三歲的孩子必須花幾週或更多的時間，才能讓媽媽安心地離開，如果妳能夠，儘量在早上自由地留下來，但如果在妳離開時他會不安，不要擔心，我們將會特別注意他，我知道對母親而言，那是很困難的，但我們會一起互相幫忙。」

藉由事先提出分離的主題，老師給予家長機會使他們自己和他們的孩子為此轉變做好準備。

在學校同時開始有全新班級孩子上課的情況之下，為所有新生家長

**圖 8-2　老師可為家長舉行團體指導會議**
Courtesy Barbara Stegall.

舉行一個指導會議，使其獲得所需要的共同資訊是很有用的。這使得老師可對全體提供資訊，且使家長能從一開始就彼此見面。去和其他家長交談而發現並非只有他們對孩子留在新環境中感到關切會較讓人放心（圖 8-2）。當然，家長和老師之間的個別會面可提供機會去獲得與孩子有關的特別資訊，可回答一些家長在團體會議中沒提到的個人問題，而建立起老師與家長的關係。

因此這個老師與家長的初次簡短會議可建立起輕鬆溝通、相互告知並詢問的模式，那對於合作關係的成長是很重要的。

## 三、初次相遇──老師和孩子

孩子和老師之間的第一次會面，最好是在孩子感到最自在的地方──他的家裏。當孩子必須去習慣一個新的認知，像是學校和照料他的新的大人，若是以熟悉的人和環境去鞏固安全感，他就較能去適應。第一次訪談，依家庭的方便而訂定時間，也許非常簡短──十五分鐘或是多些──但孩子將有機會去簡短地社會化且觀察他的父母如何去做。任何一位有如此初次家庭訪問經驗的老師會記得，這使得孩子在膽怯地進入新教室時會安慰地說一句「你曾到過我家」（有關家庭訪問在第十一章會有進一步的討論）。

簡短的訪談也提供了老師一瞥親子關係和孩子家庭學習環境的機會。

　　「Sylvia 原本不太願意讓老師到他們的公寓去訪談，但當 Connie Martinez 說明那可能有助於 Ricky 對她感熟悉時（目前爲止，他還未與這個陌生人說過話），她同意了。Connie 在知道了 Ricky 的哥哥下午會在家後，把簡短訪談的時間排在下午，而那眞的有幫助。Terrence 和老師談話，並鼓勵 Ricky 帶她去他們的臥室看看。當她要離開時，Ricky 微笑著並揮手向她道別。」

當家庭訪問眞的沒辦法進行時，老師可以寫一封信給家人，包括一些特別與孩子有關的事，也許還可包括她的照片，這可使孩子和這個新的老師之間有點實質的連結。

## 四、初次參觀教室

在家庭訪問時,老師可以安排時間讓家長和孩子到教室參觀,最好是在第一次將孩子留在教室之前有機會先去參觀一下。這個參觀也是簡短的,只是讓孩子有機會去看看並對新環境感到有興趣。

> 在家庭訪問後二天,Ricky 和媽媽在一個上午來到教室。他向 Connie 問好,讓她帶著他在教室四處看看。他特別喜歡那個大的消防車。當其他的小孩從遊戲場回來時,他向媽媽那兒靠過去,但卻專心地注視著。他推辭了到桌子那邊喝果汁的邀請,但當他媽媽坐近 Connie 喝果汁時,他加入了他們。當 Connie 告訴他下次他可以留久些玩消防車時,他點了點頭。

讓一個小孩在其他孩子忙於活動時進入教室,常會使其不知所措,因此,安排其參觀時間是在其他孩子在外面玩或是和別的老師在其他區域玩,或是在一天結束剩很少的孩子在現場,是比較好的辦法。孩子可以自在地受到他所見到老師的歡迎,讓他去看看他將成為一份子的班上(有一個他的名字和照片的櫃子是好方法,**圖 8-3**),且讓他有機會去看看他自己的玩具和設備。讓他和見面的孩子有個小型的點心或果汁聚會,以使其加入團體中也很有用,他能夠享有飲食的經驗,且有機會見見其他的孩子而不必被要求加入他們。家長可在這次參觀期間留下來,提供孩子安全堡壘,使其去感受並分享新發現的愉悅。家長也可藉由觀察到老師和孩子的互動和看到課堂是如何運行而感到放心。這個參觀可以提供家長一個特別話題與孩子在家討論,以使其繼續為孩子對這個新經驗做好準備。

參觀學校是很必要的,如果家庭時間表允許的話,參觀可在早上七點或晚上六點,可以讓家長全程陪伴。這個步驟太重要了,不容許省略,即使它被認為會造成些不便,但對孩子,此次參觀可帶給孩子很大的好處,且是家人最基本要做到的事。

如果整個班級入學的都是新生,老師也許可安排一個簡短的機會讓一群五個或六個孩子來參加「茶會」,讓他們有機會看看教室。將全班分

**圖 8-3　一個有孩子名字和照片的櫃子給予其歸屬感**
Courtesy CPCC Media Productions-Mike Slade.

爲幾組可使老師有機會與每個孩子互動而又節省老師的時間。

## 五、孩子進入教室

　　要打好孩子進入教室的基礎，老師和家長必須記住如果他們爲孩子能習慣於學校經驗做好準備，孩子就能夠和一大群的小孩相處；就能夠習慣於教室內的新規矩和法則；就能夠離開父母，自在地和其他大人在一起（很重要的一點是，老師應讓家長們知道孩子所面臨的所有這些也有可能會造成他在往後對家這個安全的環境也感到排斥）。

　　既然這些調適對一個小孩是很勞累的，他在課堂的第一天就必須要儘可能地縮短，例如，如果一個小孩開始一個全天的課程，讓他有幾天先到早上結束就被接走是有幫助的，之後慢慢地延長時間到包括午餐、午休，然後是下午。上半天課程的孩子在起初先上半個上午班也會有益

**圖 8-4　有許多方法可使孩子習慣於新的學校經驗**
Courtesy Chapter I Program, Charlotte, N.C.

處。一個學校同時有全新的班開課可在第一週或更長的時間縮短整個時間表，再逐漸地延長時間從一小時到三小時。在這種鬆散期間感到最不方便的人是家長，所以讓他們瞭解這樣處理的基本原理以及它對孩子在建立自在感和安全感有好處是很重要的(**圖 8-4**)。一些中心提供家長在這些縮短時間的日子中一個喝咖啡的地方，讓他們有個等待和與其他家長談話的地方。

　　在老師的建議之後，Sylvia 決定讓 Ricky 在留全天之前先讓他留二個半天。第一天早上，當她離開時，他哭得很嚴重；Connie 鼓勵她如果願意的話可多留久些，但她只是趕緊地離開，自己感覺到有些不舒服。當她在午餐前來接他時，他非常安靜，但在午睡之後，他告訴她和 Terrence 一些他玩消防車的事。第二天早上他哭了大概十分鐘，但當她站在走廊時，她聽到哭泣停止了。第三天她和 Terrence 在午休之後一起去接他，Connie 說他很難以入睡，但她拍

**圖 8-5　在開始的時候，家長和孩子都需要特別的關注**

他的背直到他睡著，Sylvia 開始認為 Ricky 應該沒有問題。

在這段轉變期，家長和孩子都需要被特別地關注。老師在上課前和上課後花時間去和家長溝通可表達老師的實質關心，對進一步地和家長建立合作關係有很大的幫助（圖 8-5）。

每天 Sylvia 回來接 Ricky 時，她都熱切地看著老師。Connie 總是試著將孩子暫時地留給助教老師，而過去告訴她 Ricky 玩了些什

麼，以及他的感覺如何。

　　老師應該盡全力地以彈性的步驟和時間去滿足家庭需求並使其愉快，同時解釋訪談和時間的調整對孩子的重要性。許多家長即使原來相信他們沒有時間，後來也會找出時間。對於那些不能做到的家長，老師應該做些有助於讓孩子感到信賴的努力，他們也許可傳送便條或是打電話談談。老師可建議家人讓其帶些過渡性的東西和照片到教室，且可推薦家長找一個在他們沒空時可替代他們的家人。如果老師相信這個過程是重要的，他們將會傳達此概念給孩子的父母。

　　整個指導定位的過程，並不會花費家長大量的時間；大部分的訪談為半個小時或更短，而可插入家長的工作時間中。對老師而言，這個時間可排入平常教學時由助手帶的時間中。二邊的大人必須瞭解孩子發展安全感的優先性，而試著從許多步驟中找出最可行的以適合他。除了孩子的安全感之外，去建立起模式使老師與家長共同合作於家庭—學校的卸接，以及討論孩子的需要，是很重要的。當他們共同合作時，家長和老師將會彼此獲得瞭解且開始建立對未來有幫助的信賴感，這是一個好的開始。

　　　「你知道嗎？」Sylvia 說道，「Ricky 在學校生活將沒問題了，
　　我真喜歡老師；她幫忙我去習慣許多事情，使我不必去擔心得太
　　多。」

(對於彈性時間方式和特殊的學校處置之進一步討論，可參閱 Jervis, 1987; Balabian, 1985.)

---

# 處理分離經驗

　　大多數孩子和家長對新學校經驗的情緒反應可能會被分離的焦慮經驗提高。在早期孩子生活所發展的相互親子依戀，是指大人和孩子在彼此都出現時會感受到較多的安全感，彼此的出現有所變動時會導致雙方

圖 8-6　對許多家長而言，要離開他們的孩子而向其道別，也是和孩子一樣非常困難的

之行為的顧慮和改變。

　　孩子在經歷分離時，什麼行為是可預期的呢？許多三歲或三歲以上的孩子在家長離開時會哭泣且感到悲傷，但我們發現即使大一點的孩子在最初要分離時也是很困難的（圖 8-6）。有時這種悲傷會一整天持續著；有些孩子會持續這種哭泣方式好幾個禮拜；有的孩子可能在早上安靜地來，之後就開始哭泣，如此的延緩反應可能會在幾天後或甚至幾週之後才發生；有的孩子發現像吃飯或是午睡時間特別地難過，因為那讓他們想起在家裏的時光。許多孩子經歷了分離的困難，以致很難去附和老師且對活動也參與得很少。分離問題也會由依賴性之增加或困擾以及在家裏的行為改變所表示出來，像是抗拒睡覺、不受約束地與父母說話、新的和獨斷的行為方式，以及扮演父母的遊戲。有些孩子表現出倒退的行為，回復到吸吮姆指、尿溼褲子或是其他早年的行為（圖 8-7）。而有些孩子則呈現出「非常好」的行為，沒有困擾的跡象，只是消極地被控制

**圖 8-7　吸吮拇指以及依賴性的增加可能是孩子適應的一部分**
Courtesy Mark & Denise Stephens 家庭照；攝影者：Deborah
Triplett

著。

　　孩子在經歷分離時的這些行為被認為是平常的，行為的持續時間則隨著每個孩子而不同。然而即使他們需要特別的照顧，他們的行為也不會引起特別的警覺。因此老師必須衡量他們預期中會發現的行為而向家長確認他們的行為是平常狀態還是暫時性的性格。每個孩子的經驗、環境和性情都是不同的，那些很少和父母分開的孩子與那些常常和保母或群體在一起的小孩之反應會有很大的不同。對於接觸新環境會感到趣味和狂熱的孩子，可能會不回頭看一眼地離開父母，然而對於新環境要慢慢地活絡的孩子，可能會好幾個禮拜都表現出不快樂。大多數小孩對於替代他們父母照顧他們的這種情況會有一段很有壓力的適應期。但一旦他們瞭解和父母的這種慣性分離並不表示會失去他們，有問題的行為就會漸漸消退。

　　分離對父母常常也是困難的一個時間。這是一個有矛盾感覺的時間：滿足於他們的孩子較獨立了，害怕他們對孩子的感情被取代，以及

悲傷於他們之間的關係狀態改變了。父母可能會在意他們的孩子不再需要他們，並且對他表現出需要的那個人感到嫉妒。他們可能會注意孩子的困擾，以看出他們孩子對於他們不在時感覺如何，以及這種改變如何影響孩子和他們自己的生活。

> 「唉，我原本想在這中心會進行得很順利的，但現在我不那麼確定了。Janie 每天早上在我要走時都大哭並抓緊我的脖子，我整天都聽到那些哭叫聲，我很害怕她會改變；她原本是個快樂的孩子。我也擔心——想知道當她如此不安時是否有人會照顧她。我也很想她，但我不喜歡去想到我是那種不讓孩子走的黏人媽媽。」

有的父母會在自己的分離感覺中掙扎，如果她要開始工作，她可能會對孩子要盡快適應這種情況感覺到很大的壓力——讓孩子去適應並非是一種選擇，而是必須要行得通的狀況！

老師在幫助家長和孩子去處理分離情緒和行為上佔了一個很重要的地位。對老師而言，基本的幫助是記住，她要做的不只是將工作做到最好，還要做到對孩子最有利。老師的關心會直接地影響到父母和孩子雙方，「你對待孩子的方式會影響到父母，而你對待父母的方式也會影響到孩子」（Balabian, 1985:71）。一些基本的策略如下：

## 一、讓父母接受分離的行為

事先讓父母瞭解他們對跟孩子分離的反應和情緒是正常的。如果父母瞭解老師不會將他們的孩子或他們自己對於分離焦慮的經驗作負面評斷的話，他們會較容易去顯露他們的關心。

> 「大多數像 Janie 歲數的孩子在第一次向父母說再見是相當困難的，我們可以預期。你是她生活中最重要的人，要讓她去瞭解當你走了之後她會很好，這需要花一段時間。事實上，雖然父母不會像孩子一樣地自由表現出來，但大多數的父母發現這對他們也需要有相當地調適。我將會盡我所能地幫助你，我會每天談你所關心的事。」

## 二、歡迎父母進入教室

　　讓父母感覺他們是被歡迎留在教室裏的——只要那對孩子是有幫助的。在早上不要趕著道別對父母和孩子雙方可能都有利，可慢慢地幫助孩子對教室的活動感到興趣，也可讓父母看到她的孩子受到老師的注意。這種接觸將有助於父母感覺到自己是孩子學校生活的一部份(圖8-8)。

　　　　「Janie，妳可能想要給媽咪看看你昨天完成的拼圖。」這樣的一句話可傳達出歡迎的意思。
　　　　「我們要在那邊桌上做一些很漂亮、很軟的黏土，也許一起做會很有趣哦！」
　　　　「你可能會想在你道別之前找本書和他一塊看。」

**圖 8-8　父母有幾分鐘額外的時間幫助他們的孩子慢慢地加入並和老師自在相處，會使進入學校變得較容易些**
Courtesy CPCC Media Productions-Mike Slade.

允許孩子決定父母何時該離開教室——「你要媽咪現在走還是等我們故事時間之後再走？」——可幫助孩子有自信的經驗。

老師可幫助家長和孩子一起為第二天的離別作計畫而使其成為日常早晨的例行工作。

> 「你們二個也許想要在你明天來之前決定，是否她要在門口或是在她放東西進櫃子之後給你一個擁抱。」

一般而言，老師必須讓父母知道他們將會依他們的暗示來關照他們對留下來的願望或能力。但一個機警的老師會分辨出還留連著的父母可能是由於她自己的需要，其實孩子已準備好要和父母分開了，在這時老師可幫助父母離開。

> 「Smith 太太，Janie 已開始在玩了，這可能是和她道別的好時間，如果你喜歡的話，你和我可在外面看她。」

在這些例子中，老師在決定關於實際分離的時間時，孩子是否準備好的重要性是優先於父母的。當父母感覺到情緒矛盾和有所搖擺時，他們可能會需要或是感激如此的幫助。然而，當家長無法對這樣的直接處理有所反應時，那可能表示個人尚未對分離準備好，這就需要老師的耐心和支持了。

家長應該延緩離開嗎？有些孩子在轉變期時似乎不像其他小孩般地需要他們父母在場，雖然他們通常也很同意他們留在教室中。然而，也有些孩子已習慣於特別的方式，像是父母留在學校，那會使得父母在終於真的要離開時變得相當困難。這些孩子的父母也許在家已致力於準備好要做「離開」這件事。最好的辦法似乎就是允許父母留著——只要那對孩子是必須且有幫助(**圖 8-9**)。

老師和家長要去考慮的重要觀念是，父母必須將他們自己的和孩子的焦慮分開來考慮；換句話說，父母的反應和孩子的感覺可能不會完全相同，不要將那些感覺投射在孩子身上是很重要的。如果孩子學習到在父母感覺滿足之前要表示出對離開的不願意，他真的會迷失掉而形成長

**Safe Havens**      **by Bill Holbrook**

圖 8-9　父母應能自由地留下來，只要那是必要且對孩子有幫助的
Courtesy (c) 1990, Washington Post Writers Group.

期的困難模式。一個能知覺到是誰的問題的父母也許較能夠去處理個人
情緒。

## 三、培養孩子對父母的信任

　　孩子經歷分離過程中很重要的一步，是學習到信任父母將是可依賴
的，他們離開後會再回來。老師也許必須幫助父母去瞭解應該要培養這
種確定感的行為。

　　父母在孩子不信任時忽略而不去注意它，並不是一個好主意，即使
在當時會有較少的痛苦，但孩子會變得懷疑父母是否值得信賴。老師可
以幫助父母瞭解做到明確離開的必要性。

> 「我知道當你離開時她哭泣會令你困擾，但讓她知道她可以相
> 信你走後會如你所説將再回來，終究對她真的較好。我會幫助她很
> 快地跟你説再見。」

　　同樣的，家長可能不知道在預定的時間來接孩子的重要性。時鐘上
的時間對孩子沒有多大的意義，即使是過了父母預期到達的時刻一點點
也似乎像是很長的一段時間(**圖 8-10**)。對父母而言，他們回來的時間能
如所排定的時間且絕對地趕上它是最好，尤其是在這段過渡期間。

> 「在你吃點心之後，我將會回來帶你。」

**圖 8-10　讓孩子有在預定時間中被接走對孩子的安全感是很重要的**

「記得，Sally，爹地今早告訴我們他會在點心之後回來接你，我知道你想他，來和我們一起聽故事，之後我們就要準備吃點心了。」


## 四、討論分離經驗

以同理心來開放討論分離的情緒反應是有幫助的。如此的自由探討可讓孩子和父母雙方都瞭解他們的感覺是被知道、被接受，且可持續溝通的。保持「嘴巴上的倔強」，以情緒健康的觀點來看，要付出的代價太高了。

「我知道妳媽咪離開時妳很悲傷，Janie，也會讓人有點害怕，但我會在這裏照顧妳直到她回來，我們會很愉快的。」

「要花一點時間來習慣教室，但我會幫你，而你的新朋友也會幫你。」

「大部分的父母對於他們的孩子開始離開、留在學校都有一些複雜的感覺，我相信，可能是悲傷和害怕之類的。」

小小的接觸可以表達老師對家長和孩子的同理心。早上一通電話讓父母知道在他離開時大哭的孩子現在高興地玩著黏土；額外的幾分鐘和

有關小孩開始學校生活的書籍

· Barkin, C., and James, E. *I'd Rather Stay Home*. Milwaukee, WI: Raintree, 1975. 在猶豫於參與之後，Jimmy 搭了積木且找到了朋友。

· Blue, R. *I Am Here: Yo estoy aqui*. New York: Franklin Watts, 1971. 以西班牙語法寫成的英文書，關於一個小孩在教室中找到幫助她，可和她談話的人，有新的經驗和樂趣。

· Bram, E. *I Don't Want to Go to School*. New York: Greenwillow, 1977. 一個幼兒園小孩對於第一天的恐懼以及一個聰明的媽媽。

· Breinburg, P. *Shawn Goes to School*. New York: Crowell, 1973. 在要去上學之後，Shawn 在他到那時哭了起來，但慢慢地變得快樂。

· Cohen, M. *Will I Have a Friend*? New York: Macmillan, 1967. 一開始到學校是孤獨而困難的，但 Jim 在一天結束之前有了朋友。

· Crary, E. *Mommy Don't Go*. Seattle: Parenting Press, Inc., 1986. 讓孩子去認為分離是愉快的之方式。

· Hamilton-Merritt, J. *My First Days of School*. New York: Julian Messner, 1982. 照片顯示孩子帶著她的熊一起到學校，然後交了朋友，所以熊可以留在家了。

· Howe, J. *When You Go to Kindergarten*. New York: Knopf, 1986. 焦點放在幫助孩子正確地瞭解該怎麼預期幼兒園，而它和托兒所和托育如何不同。

· Hurwitz, H., *Rip-Roaring Russell*. 托育學校的困難被友誼所取代。

· Kantrowitz, J. *Willy Bear*. New York: Parents' Magazine Press, 1976. 小男孩對於去上學的恐懼和感覺和他留在家的小熊討論。

· Rockwell, H. *My Nursery School*. New York: Greenwillow, 1976. 一個在托兒所很快樂的小孩描述那兒的環境和活動。

**圖 8-11 與開始上學的小孩有關的書籍**

- Rogers, F. *Going to Day Care*. New York: Putnam, 1985. 托育經驗以一種清楚的方式呈現出來，強調於孩子可能會有的感覺，包括正面和負面的。
- Simon, N. *I'm Busy Too*. Albert Whitman, 1980. Mikey、Sara和Charlie在父母去工作時，在托育中心的第一天，在一天結束時和父母分享。
- Soderstrom, M. *Maybe Tomorrow I'll Have a Good Time*. New York: Human Sciences Press, 1981. 一個小女孩不要她的媽媽去工作而只是整天等待著。
- Warren, C. *Fred's First Day*. 托兒所對不大不小的孩子是個正好的地方，與哥哥玩太小而和嬰兒玩又太粗魯。

（續）圖 8-11 與開始上學的小孩有關的書籍

回來的家長分享一天的事件；和孩子一整天談談在爹地回來時要「秀」什麼給他看；為孩子寫下他想寫給父母的話，所有的這些可以向孩子表示老師是為了他們在那兒，他們會傾聽、瞭解並幫助他們。

## 五、對家長和孩子的特別關注

在此時特別關注家長和孩子是必要的。老師可以選擇有關於分離和新經驗的特定童書唸給孩子聽(圖 8-11)。他們也可和孩子親密地待在一起：在過渡時期握著他們的手、當他們悲傷時抱他們坐在膝上、常常和他們說話。老師也可以說說接下來在教室要做什麼，而父母們現在在那裏。他們可以鼓勵孩子在過渡時期從家裏或父母那兒帶一些東西來——握著媽咪的圍巾會使她確信母親將會回來，利用機會讓父母錄個簡短的錄音帶留在教室中讓孩子聽，以及鼓勵父母帶家庭照到學校來，讓他放在特別的書裏或是把它掛在孩子的櫃子中。

有些老師發現為了不養成依賴性，一些這種特別關注和支持可由新生與一個「特別的朋友」配對來補充，這個朋友是個已適應課堂生活而願意幫忙新生的孩子。新生家長可被介紹並提供機會與已安然度過分離壓力期的父母談話。但依賴性的減少並非指使培育自在和信心感的關注減低。

所有的起頭都是重要的，用清楚的同理心模式相溝通來建立老師與
家長合作關係的長期努力，同樣也有助於孩子的壓力適應，要適當地採
取這些額外的步驟。

## 摘　要

好的開始包括以下：

(1)和學校主管會面以考慮家長對幼兒園的期望是什麼，而這些要如何配合學校的基本觀念和實務。

(2)家長和課堂老師之間的介紹會，交換有關孩子和課堂的特別資訊，也訂定進一步的指導計畫。

(3)簡短的家庭訪談使老師和孩子能在孩子的安全家庭基礎下會面。

(4)家長和孩子到教室簡短參觀，特別安排在老師可和孩子自由互動的時間。

(5)彈性時間計畫，使孩子能夠比在全天的時間中更能慢慢地適應課堂生活。

(6)家長和孩子在經歷分離的壓力巔峰時老師的協助。

## 進一步學習之作業

(1)和你的同學角色扮演以下的情況，其中一位扮演想和另一位孩子的家長相互瞭解、支持並建立合作關係的老師。

1.家長說孩子在三歲內從未與父母分離而單獨與他人相處。

2.家長似乎對於回答任何有關孩子的問題感到勉強。

3.家長詢問他能否留到孩子停止哭泣──「那可能要花點時間」──家長似乎非常緊張。

4.家長說她真的沒有時間讓老師去訪談，或是延長時間和老師交談，或是讓孩子去參觀或採用「彈性時間」。

5.家長似乎很怕老師。

(2)角色扮演以下的情況，並和你的「觀眾」討論在分離壓力期幫助家長和孩子雙方的老師角色。

1.老師與家長一起，他的孩子哭喊著並緊抓著家長的脖子──家長二天前開始一個新的工作。

2.老師與家長一起，他的孩子哭喊著並緊抓著家長的脖子──家長下週要開始去一個新的工作。

3.孩子快樂地道別，媽媽很悲傷地站在門口看著。

4.在家長離開後二小時，孩子開始哭泣並說：「我要爹地。」

5.當孩子玩玩具玩得分神時，家長偷偷地溜走。

(3)詢問幾個父母，他們如何選擇幼兒園：他們有沒有參觀？有沒有什麼特別的東西是他們在找尋的？什麼讓他們確信這就是他們要為孩子找的地方？

(4)看看一些家長在中心和其他地方所填寫的資料表，這些表格是否真的能讓家長開始去分享有關他們孩子的特別事物？有那些增列的問題可能有幫助？

## 複習問題

(1)描述中心對孩子和他父母一個理想的指導過程。

(2)討論為何指導過程的每個步驟是有助益的，而老師在每個步驟中可考慮什麼策略？

(3)確認與幼兒園孩子分離問題有關的幾個典型行為。

(4)討論幾個在家長和孩子調適分離時有幫助的老師行為。

## 進一步閱讀的建議

Balaban, N. (1985). *Starting school: from separation to independence (a guide for early childhood teachers)*. New York: Teachers College Press.

―――. (1985). The name of the game is confidence: how to help kids recoup from separation anxiety. *Instructor, 95*(2), 108–12.

Jervis, K. (Ed.) (1987). *Separation: strategies for helping two to four year olds*. Washington, D.C.: NAEYC.

Powell, D.R. (1989). *Families and early childhood programs*. Washington, D.C.: NAEYC.

## 參考文獻

Balaban, N. (1987). *Learning to say goodbye*. New American Library.

―――. (1989, Aug./Sept.). Separation: helping children through the process. *Scholastic pre-k today, 4*(1), 36–42.

Duggins, L. (1985). Start from a safe place. *First teacher, 6*(9), 2.

Gottschall, S. (1989). Understanding and accepting separation feelings. *Young Children, 44*(6), 11–16.

Kleckner, K.A., and Engel, R.E. (1988). A child begins school: relieving anxiety with books. *Young Children, 43*(5), 14–18.

Viorst, J. (1986). *Necessary losses.* New York: Fawcett.

# 第 9 章

## 與家長的非正式溝通

第九章探討老師可利用來與家長建立合作關係的各種非正式溝通方法。

## 目　標

在讀完這章之後，學生將可以：

(1)確認七種老師可使用來對家長傳達資訊、與趣和支持的技巧。

(2)討論每種溝通技巧執行的細節。

# 溝通技巧

當老師開始與家長和孩子相處時，去放開自己並保持開放的溝通是很重要的。如之前所討論，開放對話的起始應該來自於老師。藉著與家長接觸，老師可表達他們要去調適可能導致對相同模式引起不同反應的人格、偏好和時間約束等個人差異的意願。例如，一個忙碌的家長在匆匆經過家長公佈欄時可能僅僅注視一眼，但在家時卻很喜歡閱讀通知單；然而一個不常和老師說太多話的沈默家長，可能會很熱切地閱讀公佈欄上所提供的每件事。因為這個理由，老師應該盡量使用他們所能用的許多溝通技巧。大部分的技巧並不需要花太多時間；一天花幾分鐘想想明天的通知單或公佈欄怎麼做、寫幾個個人通知或是打幾通電話可能就足夠了。

溝通技巧可以是單向或雙向的努力（Berger, 1981）。來自課堂或學校的單向溝通可通知家長相關事項或計畫，或是想告訴父母的資訊，這也是很重要的，因為家長有需要且想知道會發生什麼。然而會使合作關係真正滋長的是經由雙向溝通，那會鼓勵並促進真實的對話，可擁有家長主動的互動和反應。一般的單向溝通可加入設計使其併入許多溝通方式，而擴展成為雙向溝通。

不管老師選擇什麼其他的非正式技巧以建立起與家長的溝通，必須要記住，這些技巧不應取代個人的接觸。在建立關係時，沒有其他方法是像個人面對面談話一樣重要的。

## 一、每日的對話

Connie Martinez 說：「我沒有時間去做太多其他的，但我每天和家長做很多交談。」

當家長來接送孩子時，經常和他們談談以培養熟悉感，這對信任感的建立有極大的重要性（若孩子是由校車或巴士接送，顯然就會有問題；老師在這種情況下必須更努力地藉由打電話或通知來維持一般的接觸；圖 9-1）。

在這些簡短的意見交換期間，有很重要的事要做：家長想要知道他們的孩子被當成個人被瞭解和認識，看到老師親自叫孩子名字並迎接他們會讓他們放心，而家長自己也希望被叫名字迎接。

「早，Pete，你看來已準備好今天要來玩了，我已放置一些你喜歡的那種新型小汽車在角落區。Lawrence 太太，妳今早好嗎？Pete 告訴了我有關他的新房間——這些日子妳在家一定非常忙。」

這段時間雖短暫但卻可實際地交換與孩子和家庭有關的主題。研究

**圖 9-1　當孩子是由校車所接送，老師必須更努力地維持與家長的日常接觸**
Courtesy CPCC Media Productions-Mike Slade.

指出這些交談可能是父母參與的最頻繁形式，即使交談的實質內容可能在社交細節之外並無其他進展（Powell, 1989），但所需要的不只是社交談話；高品質的關懷需要家庭和中心在一般的基礎之下協調他們的努力並且交換資訊，而這樣的協調需要家長和老師之間擴展他們的對話。

這些頻繁而高品質的日常接觸基本上要依靠被計畫好且列為常態的課堂例行活動和中心的政策來執行。老師能夠在家長於一天的開始以及結束的時間中可以有時間和他們談話。在家長到達之前準備教材，或是在家長離開之後再整理東西，使得老師的注意力能夠轉移至家長的到來。如果老師排列出一些孩子能夠使用而不需要大人協助的簡易物品，就不需要家長或老師付出全副的注意力在孩子的需要上。在這段時間有適當的人員來協助也有助於促進交談。當教職組人員都在教室時，澄清老師和家長雙方所期望的交談對象，並做好照顧孩子或與大人談話的確實安排。對於教職組較好的辦法是輪流負責與家長交談，以使家長能夠與其皆發展合作關係，而不會覺得他們都沒和其他的老師談過話。

老師和教職員所營造出的氣氛會使得非正式的閒談機會開啟或是關閉。一位說了，「嗯，你好嗎？」之後就轉向忙於其他地方的老師，表示他不願意延長接觸；詢問開放式問題的老師——「看起來你忙了一天」——且靠向家長，顯然地已準備要持續且期待繼續交談（圖 9-2）。

有些老師抱怨當家長來到時他們都想不出要說什麼。對於這些老

**圖 9-2　當老師有交談的期待產生時，家長通常會回應**
Courtesy CPCC Media Productions-Mike Slade.

師，去想想他們最喜歡這孩子的那一點並且分享這些觀察可能會有所幫助。對大多數的家長而言，要去抗拒與他們孩子個人有關的話題是很困難的。

老師努力地與所有的家長做日常的接觸，以自己的方式作一些非正式的記錄(在口袋的檔案卡中或是牆上的紙片上)，簡約地記錄和誰談過話、時間多久，以及談話的主題，對於他們的概念會有幫助。這常常可看出哪位家長有注意到、哪位沒有，或是哪位家長仍停留在「你好嗎」而無法與之自在交談的階段。

有一項研究指出，幾乎有十分之三孩子托育的家長在送他們孩子上整天班時不會進入中心(Powell, 1989)。一個清楚且堅定的中心政策規定家長要陪伴孩子到學校來是需要的──為了安全的需要和孩子的情緒安全感，以及為了與老師每日接觸的重要性，必須如此給予家長壓力(圖9-3)。同一個研究指出，家長和老師之間溝通的次數增加，所討論與家長和家庭相關的主題也會增加，而溝通的態度也變得較積極，促進並支持這種接觸的政策是有益的。

老師必須幫助敏感的家長瞭解，不要在孩子面前使用孩子不能瞭解的話，就好像不讓他們瞭解意義或是他們在討論的事，藉以塑造父母對孩子的尊重感，老師可幫助家長增加對孩子需要和情緒的瞭解。涉及孩子或家庭特殊話題的直接對話，改在其他時間或地方來談會較適當。

> 「我想和你多談談這個──我們可以到外面一下嗎？」
> 「這是很重要的事，我無法就在這兒自在地談──當你下午回來時，我們可以找幾分鐘私下多談談嗎？」

有的老師害怕鼓勵家長說話後，他們會開始一連串的談話，使他們無法打斷，而那樣談話將會打擾老師去完成一定的工作，並使課程無法順利地運作，但在大部分的情況中，並不會有這樣的例子，因為家長自己也有他們可使用的時間限制。老師應該瞭解，家長完全地接受談話的邀請而花長時間在教室的情況，是家長在表現他們對友誼和歸屬感的需要，應試著找出方法去滿足這需求。老師也許可建議那些家長參加一些活動或是想辦法和其他的家長聯手合作。

圖 9-3　學校的政策要求家長陪伴孩
子到教室，可促使與老師的日常接觸
Courtesy CPCC Media Productions-Mike Slade.

「我很喜歡和你談話，但我現在必須忙著調油漆，如果你能花
點時間和我們一起做，我知道角落區的孩子會喜歡你加入他們！」

「Jones 太太，讓我介紹 Brown 太太，妳們的孩子這個星期在
忙著一起蓋房子，妳們在家有聽到他們提過嗎？」

　　當家長在忙碌的放學時間詢問老師許多細節的資訊時，老師可簡短
地回答，然後安排稍後再以通知或是打電話給予較多的資訊。如果這些
放學時的要求一再地發生，讓家長瞭解老師在家長到達、孩子幾乎已準
備要離開時的教室工作需求，可能會有幫助。

　　如果老師瞭解日常談話是重要的，她較會去找出方法以處理像這樣
的潛在問題，而不會因此而打斷所有形式的溝通。

圖 9-4　當孩子是由車子接送，而老師無法每天看到家
長時，日常通知和打電話可能有幫助

Courtesy Bethlehem Center, Charlotte, N. C.

　　偶爾，老師可鼓勵家長在一天的開始和結束時額外花幾分鐘可利用
的時間在教室裏喝杯咖啡，與他們的孩子和老師在一起。老師或家長並
不需要有精心的準備，孩子可展示東西給家長看或是在父母與老師和其
他大人閒談時遊戲。這樣的場合可提供每個人一個一起放鬆以及家長和
老師相互支持的短暫機會。

　　雖然每日的談話可能是父母參與計畫中最重要的，但也不應視其爲
終點；還是需要其他的安排以使雙方能建立信任感和完全溝通。在家長
團體的研究中，並無法確定信任感的發展是單單植基於非正式的談話，
還是基於老師的許多努力、使家長印象深刻的副產品（Tizard　et　al.,
1981）。儘管如此，日常的互動仍被認爲是朝向彼此開放的起步。

## 二、打電話

　　對於無法和家長每日接觸的老師，電話可提供與本人交談的機會（圖
9-4）。有時如果孩子缺席幾天，老師可使用電話以表示關心。

　　「喂，Rodriguez 太太，我只是想讓你知道我們在學校很想念

Tony，他是不是生病了？」

另一個使用電話的重要性是去分享有關孩子的個人觀察。

　　「我想你會高興知道，Lisa 很努力地玩新的攀爬設備，而今天她在沒有任何幫助下就到達了頂端！她很高興！」
　　「我知道你很擔心 Ricky 的食慾，所以我要讓你知道我注意到他最近的午餐好多了，今天他吃了兩份通心粉和起司。」

　　這樣打電話每次只需花幾分鐘，但它們讓家長知道老師對他們孩子的興趣和瞭解，電話促進了雙向溝通。使用電話做一般的溝通對那些不管是由於工作時間或是交通安排而無法常和老師接觸的家長特別重要。
　　當家長能感覺自在地打電話給老師時，可藉電話時間的建立而使溝通機會進一步地增加。有的老師一個星期選擇一天下午打，有的則選擇午休時間、其他教職員有時間去監督她們班的小孩時打（Swap, 1987）。當老師對打電話的時間有些控制權時，它就較不會侵害到她的個人生活，而當家長知道這個例行機會時，他們常常會尊重此排定的時間。
　　使用電話以增加學校和家庭之間互動和溝通的新制度，目前被阿拉巴馬、喬治亞和田納西州的一些學校所使用。每個老師在學校一天的結束時錄下一段一到三分鐘的訊息，簡述學習課程、陳述家庭作業，並且包括對家長在家庭學習上的建議。家長在任何時間可打電話聽此訊息，並且也能留訊息給老師。這種「透明學校」觀念被建立以大量增加家長與學校的接觸。來自「頻繁使用者」家庭的學生在功課的完成上會表現出顯著的增高（更詳細的資料，請看章末的參考文獻）。

## 三、聯絡簿

　　聯絡簿可幫助老師傳送個人通知給學生家裏，可分享對孩子積極的個人觀察或是一些趣聞。聯絡簿傾向於被認為是單向溝通，但老師可設計它們以獲得家長的反應。

　　「我想讓你知道我注意到 Ricky 最近的午餐吃得較多了，你有

沒有注意到他在家是否食慾也增加了？」

有些老師使用事先印好的「好事表」，在空白處填入字。

「Pete 在清潔上做得很好。」

然而，這是種缺乏人性的語調。聯絡簿只須花一或二分鐘來寫。如果老師一天寫二至三個，課堂裏的每個孩子也許在一個星期或二個星期內可帶一個聯絡簿回家。

有時聯絡簿可附帶一個孩子的作品，以解釋或是延伸其想法。例如，對於剛開始對小孩所完成的美術處於鑑賞階段的家長，如果老師加上一些評論，也許可引導家長和孩子之間做更多建設性的談話。

「這是 Seth 第一次用畫筆完成一幅畫，那顯示他的小肌肉協調發展有很大的進步。如你們所看到，他今天喜歡紅色的顏料。」

分享了資料、時間或想法的家長對聯絡簿的感謝會增強老師的愉悅感。孩子談及新經驗或是在點心時間和朋友談話的錄音帶也可傳送給家長，如果需要的話，連同錄音機一起。

## 四、公佈欄

公佈欄是提供資訊給家長的另一種方式。Powell 在他對孩子托育的家長研究中發現，那些他賦予「獨立」特性的家長與教職員的溝通頻率較低，而較常使用非職員的資訊來源，像是公佈欄（Powell, 1978）。

公佈欄必須置於家長可清楚看得見的地方，最好是就在教室外面，使家長能夠在提供的資訊和來源——老師之間作一個清楚的連結。它必須標上「給家長」以使家長瞭解這是給他們的資訊。能夠抓住目光的實物，像是孩子的課堂活動的照片以及作品，都能引起較密切的注意。使用不同顏色的紙或布作為背景可成為視覺上的指標，讓家長知道公佈欄所提供的東西有所改變。

公佈欄所提供的資訊可由老師在聽到家長們的問題和評論或是發現

**圖 9-5　公佈欄可幫助家長得知社區的資源**
Courtesy CPCC Media Productions-Mike Slade.

他們所需要的資源或幫助等來作決定（**圖 9-5**）。偶爾，公佈欄可提供一些指導方針：書籍或玩具的選擇，幼兒疾病和免疫須知，對孩子有吸引力的營養菜單，電影、電視或地方活動的推薦，發展資訊，家庭問題的解決，為家長會所討論的主題準備，或是追蹤的新聞稿或是近來文章。有時，也能計畫一下公佈欄的順序，例如，第一版是有關如何為孩子選擇好書，接下來則是有關家長和孩子的圖書館資源，第三版則可計畫有關運用書籍以幫助解決孩子的問題。較長的文章、妙方或是行事的指導可以印出而提供可帶走的小冊子（**圖 9-6**），小冊子被取光可証明公佈欄有被使用。

公佈欄能夠以一、二個誇張的漫畫之形式提供家長支持，提醒家長老師瞭解他們所要對抗的一些孩子的小弱點。

公佈欄或是類似的佈告欄，還可提供家長一些作用，像是提供保母、交換太小的雪衣，或是徵求接送的司機。

如果老師想要公佈欄被使用，就必須頻繁地去更換它，一個好幾個星期都維持相同的佈告欄，老師和家長都不會去看它。當老師不想要使新的東西被忽略時，以可看見的改變——新的照片或是背景顏色來強調，會有幫助（如果老師在選擇花時間做細緻的改變或是更換新資料上進退二難時，選擇後者是比較好的，並且保持它的整潔簡單，但最重要的是「新的」）。東西太長，在幾分鐘內無法讀完的，必須提供可取走的資

**圖 9-6　較長的文章能夠提供帶走的摺疊冊**
Courtesy CPCC Media Productions-Mike Slade.

**圖 9-7　每日快訊是公佈欄的一部分**
Courtesy CPCC Media Productions-Mike Slade.

料，否則就無法被利用。保持佈告欄的外表簡單且不雜亂；提供一個重要主題比許多個好，否則忙碌的家長會覺得要去吸收資訊將花費太多的時間。

如果中心有足夠的空間，可在靠近主要接待室的隔離區中為家長提供舒服的椅子、咖啡壺，以及有趣的期刊。

為家長準備一個空間可具體提醒家長，他們是被歡迎在此停留、放鬆，並享受學校所提供的東西。

## 五、每日新聞快訊

「對於那些匆匆來去的家長要怎麼辦呢？」Dorothy Scott 想知道，「有沒有什麼方法可和他們接觸？」

有幾個方法可和那些太忙而無法談話的家長連繫。每日新聞快訊是其中一種方法，可讓家長知道老師所要他們知道之將要做的事和資訊（圖9-7）。在教室門外一個顯眼的地方或是靠近家長等待的校車路線主要入口處放置一個大的佈告——也許一個黑板、一個公佈欄——簡要地記述孩子所做的一件事或是談談當天的生活。

今天早上我們在外面吹泡泡。

我們今天學了一首有關松鼠的新歌。

Tommy 的媽媽昨晚生了一個小男嬰，所以我們談了很多有關嬰兒的事。

教室的每日新聞快訊並非是驚天動地的大事，只是提供當天一些實際的事，讓家長能追上孩子的腳步。大多數的家長都很感激這些消息，讓他們覺得自己是一天的一部分。

有些中心會爲老師張貼寫有每個小孩一天的個人報導佈告，這對於一天中教職員有更換的班級特別有用，如此家長就有來自所有帶他孩子之教職員的報告。

| | |
|---|---|
| Tommy | 忙碌的早晨，積木蓋得很好 |
| | 午休之後還很想睡 |
| Sarah | 今早很安靜 |
| | 午餐時和 Jamie 談得很愉快 |
| Seth | 在爹地離開後傷心了一會兒，然後就忙著玩黏土 |
| | 午休時很難入睡，所以只休息，然後看了一本書 |
| LaTonya | 喜愛我們的新歌「駱駝 Alice」 |
| | 發現花椰菜還好！ |

所有的這些努力可使家長確信老師對他們的孩子有給予注意，且老師眞的想要保持連絡。

## 六、簡　訊

另一個溝通的技巧是傳送定期的簡訊給所有家長。簡訊有四個主要目的：(1)通知家長課堂活動和計畫。(2)讓父母瞭解課堂活動之下所蘊含的教育目的。(3)提高孩子和家長對彼此的溝通能力。(4)延伸並提高從學校到家庭的學習。（Harms & Cryer, 1978）

當家長企圖從孩子那兒直接得知他們在學校做了些什麼，他們常常會受挫，而簡訊可解決問題（圖 9-8）。

> 隨著假期的接近，我們將要討論家人——我們家中有幾個人，而我們一起做過什麼事。你是否有可讓我們使用做成一本合集簿的舊家庭照片，我們會很感謝你讓我們分享。

**圖 9-8　家長喜歡看課堂活動的消息**

上週四我們有個很刺激的點心時間，當玉米花爆出來時孩子都很驚奇地看著——從爆米花鍋子跳出而落在地上的乾淨紙張上。孩子們享用了他們的玉米花點心和牛奶。現在，我們試著去強調健康的點心，是否你想要加入我們的點心時間或是有有趣且健康的點心觀念，請與我們分享。

我知道有些家長在試著瞭解孩子在今秋所唱的最新歌曲時受挫，隨函附上一些歌詞，使您能跟孩子一起唱(附歌詞)。

親愛的家長

過去的二個星期，我們做了一些事以介紹嗅覺給孩子。

(1)我們用丁香、薄荷、咖啡、肉桂、大蒜、辣椒粉、香草和香水做成嗅覺小瓶。我們放置每一種成份在小瓶中，在蓋子上戳洞，並以尼龍布覆蓋它們，使成份在裡面。

(2)我們烤花生並使用它們做花生醬。

兩杯烘烤的去殼花生

兩茶匙沙拉油

塩

首先我們將花生去殼並將它們放入肉類磨臼中，這對孩子來講比用攪拌器還有趣，之後加入油和鹽。

(3)有一天我們做雜誌上有關氣味的圖片拼貼。

(4)另有一天我們用冬青油煮生麵糧，那聞起來真好！

(5)我們也學「嗅覺歌」旋律：「你曾看過小姑娘嗎？」

    你可曾聞過玫瑰花蕾，玫瑰花蕾，玫瑰花蕾？

    你可曾聞過玫瑰花蕾嗎？

    哦，它聞起來如何？

建議孩子自己換字代替，並在每首歌曲之後在口頭上回答歌中問題。


有些基本認識是我們嘗試教導的：

    (1)我們經由我們的鼻子聞東西。

    (2)藉由鼻子的嗅覺，我們學到了些東西。

    (3)有些東西好聞，有些東西難聞。

    (4)動物藉由嗅覺來找到東西。

    (5)聞到一些東西可警告我們有危險。


在家裏持續下去可能會很有趣，問問你的孩子能否閉上眼睛而認出廚房或是晚餐桌上的食物。讓我們知道遊戲進行得如何。


    簡訊必須要相當短—— 一頁差不多就夠了——這樣家長才不會將它們擺在一邊、不去看它，認為它們會花太多時間。簡訊必須定期發出，一個月或半個月一次，才不會離當時的活動太久。它們必須簡潔、具吸引力，且注意到文法和拼字。對細節的注意可顯示其是出自於老師的計畫和努力，可更進一步証明老師的關心。

    有時關於孩子的趣聞或是使用孩子的名字都能抓住家長的注意。

> 我們享用了一些新的玩具：Maria 和 Lisa 忙著扮演新娃娃的媽
> 媽，Seth、Tony 和 Mathew 用新的消防車滅火，而 Justin 和 Isaac
> 騎新的小車子，享受了愉快的戶外時光。

表揚特殊的父母參與以及宣佈家庭事件可建立學校視自己是與家長
連結在一起的感覺。

> 我們特別高興 Rodriguez 太太幫我們的聖誕舞會建造了一個
> Pinata。
> 我們和 Pete 一起都在等待他們家新寶寶的到來。
> Fanny Lawrence 在寶寶到來之後，將從教職工作休幾個月的假。

當沒有每個家長都想要的可取代課堂新聞的東西，或是沒有專門的
老師可對教育意念做簡單說明評論，忙碌的老師偶爾可以找一些其他專
家所寫的文章插入，這有些在商業上是有效的(Hymes, nd)。

為了導引雙向溝通，老師有時可加入問題讓家長回應，而在下期的
簡訊中將這些反應也包括進去。

> 你可以將你和孩子最近在社區周末時享受的活動及地方和其他家長
> 分享嗎？我們將在下期將這些建議包括進去。

有些老師發現當簡訊詢問家長有關他們做了些什麼以及為什麼時，
要家長回答等於提供了一個自我評估的機會。另外，將簡訊收集起來，
可讓新生家長當做參考，因為它們呈現了一整年課堂活動的摘要
(Harms & Cryer, 1978)。

## 七、巡迴箱和圖書

老師可藉由孩子傳送的「巡迴箱」與家長接觸。在輪流的基礎下，每個孩子都有權利從教室選擇幾項東西帶回家過夜或在周末使用。孩子可選擇一本喜愛的書讓父母看，或是帶他剛精通的拼圖回去「秀」一下。老師可依他對家庭社經背景的認識，讓他們帶走一種或更多的東西──一塊煮過的遊戲麵糰，附上可做更多的食譜、在家使用的幾何圖，或是老師做的配對遊戲。有的老師會做一本有課堂上每個孩子照片和名字的冊子；家長喜歡看看那些從孩子那兒聽到名字的小孩。

大多數的孩子都很喜歡能夠將他們在學校喜愛的東西「秀」給父母看，而孩子的狂熱常會因那東西被使用和討論而得到肯定。被教導「巡迴箱」是一個特殊權利的小孩也常常會有對這些「學校物品」感到在乎的反應。

這箱子也能被使用以交換老師和家長的留言，老師可建議「家庭作業」讓家長和孩子一起作，「幫你的孩子找出大的東西和小的東西之圖片」、「幫你的孩子準備二塊餅乾帶來──一個給他自己，一個給他的朋友分享」。

提供家長機會讓他們準備一些可和孩子一起使用的東西，可進一步証明他們的關心。孩子一些可能在教室或家裏不再使用的庫存書，也許可讓其他孩子借回家；家長的書也能如此運用借貸。同樣的方式，孩子的玩具也能做如此運用。

## 摘　要

　　這章所討論的辦法是不花時間且不會很困難的。使用簡訊和公佈欄的老師常能夠將想法、文章保留成檔案，並修訂以供未來使用，且可保存多年來的事項。此外，這些努力也可向家長表達老師有付出個別的注意在他們孩子的身上，且真的想保持連絡。最重要的是，對老師而言，要瞭解這些接觸可在家長和老師之間提供重要的聯結，那對於彼此間建立瞭解和自在相處的功能是無法取代的，並且可向家長証明他們的參與是受歡迎的。

　　總而言之，當老師與家長使用以下之非正式溝通方法時，老師與家長的合作關係就會被強化：

(1)每日的談話。

(2)打電話。

(3)個人通知。

(4)公佈欄。

(5)每日新聞快訊。

(6)簡訊。

(7)巡迴箱和圖書。

## 進一步學習之作業

(1)如果你在帶一個班，每天記錄在接送時間和家長的談話達一周（可使用口袋內的檔案卡以確實記下姓名）。有沒有任何家長是你漏掉去接觸的？你知道為什麼嗎？有沒有任何家長是你除了「嗨」和「再見」之外很少談話的？你知道為什麼嗎？在這班上有什麼情況會產生而不易找到時間去談話？有沒有任何改變有助於解決此問題？

(2)觀察你所碰到在接送時間彼此見面的老師和家長。你注意到什麼非口語的線索顯示其自在或不自在？老師如何使用空間以傳達歡迎或保持距離的訊息？有使用名字嗎？他們討論了些什麼主題？當家長和老師談話時，孩子在做什麼？

(3)在你班上寫下並分發簡訊（讓家長知道最近做了什麼事，以及為何要去做，或是孩子對它的反應如何）。

(4)在公佈欄上設計一個你覺得對家長們有幫助的主題。

(5)計畫一個可寄給每個家長之簡短的個人通知，分享他們孩子的正面事跡。

## 複習問題

(1)確認七個老師可用以傳達資訊、興趣和支持給家長的技巧。

(2)對於每個被確認的技巧，討論去執行它的兩個方式。

## 進一步閱讀的建議

Andrews, P. (1976). What every parent wants to know. *Childhood Education, 52*(6), 304–305.

Bell, R.A. (1985). Parent involvement: how and why. *Dimensions, 14*(1), 15–18.

Croft, D.J. (1979). *Parents and teachers: a resource book for home, school and community relations.* Belmont, Calif.: Wadsworth Publ. Co. Inc.

Duff, R.E., Heinz, M.C., and Husband, C.L. (1978). Toy lending library: linking home and school. *Young Children, 33*(4), 16–24.

Edmister, P. (1977). Establishing a parent education resource center. *Childhood Education, 57*(2), 62–66.

Sclan, E. (1986, Fall). Twelve ways to work with parents—how to set up communication lines that stay open all year. *Instructor's ECE Teacher*, 39–41.

## 參考文獻

Berger, E.H. (1991). *Parents as partners in education.* 3rd ed. St. Louis: C.V. Mosby Co.

Harms, T., and Cryer, D. (1978). Parent newsletters: a new format. *Young Children, 33*(5), 28–32.

Hymes, J. (n.d.) Notes for parents. Carmel, Calif.: Hacienda Press.

Powell, D.R. (1978). Personal relationship between parents and caregivers in day care settings. *American journal of orthopsychiatry, 48*(4), 680–89.

———. (1989). *Families and early childhood programs.* Washington, D.C.: NAEYC.

Swap, S. (1987). *Enhancing parent involvement in schools.* New York: Teachers College Press.

Tizard, B., Mortimer, J., and Burchell, B. (1981). *Involving parents in nursery and infant schools.* Ypsilanti, Michigan: The High/Scope Press.

Transparent School (Registered Trademark) was developed by Dr. Jerold P. Bauch in 1987. For further information, contact Jerold P. Bauch, Director, The Betty Phillips Center for Parenthood Education, Box 81, Peabody College of Vanderbilt University, Nashville, Tenn. 37203.

# 第 $10$ 章

## 親師會議

第十章探討老師在嘗試建構一個交換資訊和計畫的有力情境時之技巧。

## 目　標

在讀完這章之後，學生將可以：
(1)確認舉辦例行親師會議的四個原因。
(2)列出促進親師會議成功的八個因素。
(3)列出親師會議上要去避免的六個易犯錯誤。

# 例行會議是重要的

非正式談話非常的重要，但親師會議有愈多正式的安排，就提供愈多額外的機會讓家長和老師共同合作。然而會議並不常被很多老師或中心使用，除非有了問題，造成這種情況的原因包括了對會議目的的懼怕和誤解。

當預定會議的時間到時，許多家長和老師的內心可能都充滿著焦慮，部分這種負面的感覺也許是來自於親師會議的不常舉行，但也許事實上這是他們之間的唯一接觸。理論上，親師會議提供了自由交換資訊、問題和想法的機會，且能夠使已建立好的關係達到最佳狀況。會議能幫助關係成長，但如果參與者彼此並不能自在，則無法發揮理想的功能。所有之前的接觸和溝通是對一個成功會議有幫助的先決條件。在某些例子中，環境可能阻礙了先前關係的建立；這就更沒理由去避免排定會議來開始進行彼此的溝通。

不幸地，許多家長和老師視會議為處置負面行為的最後步驟。如果假設了家長和老師只有在行為有問題時才碰面，沒有人會愉悅地參與此一會面。家長自己早年學校情形中的衝突或成功歷史可能會成為此假設的基礎，有些人會回憶起他們自己父母被叫去參加會議的負面經驗。事實上，大部分的這種不情願可能是來自於多年來的事實：對於幼兒階段孩子的學校系統，老師與家長唯一的接觸就是稀少的會面，而那實際上是陌生人聚在一起，防禦性很強地去澄清一些問題，就像早期幼兒教育

**圖 10-1　許多父母對於家長會感到擔憂**
Courtesy Barbara Stegall.

課程和托育中心開始和家長合作一樣，老師除了這些負面會議型式之外，很少與家長合作（**圖 10-1**）。

要有建設性，很重要的，是將會議視爲老師與家長合作關係中資訊和努力協調進行之常態和必要的成份。

　　「哦，當然，我瞭解談話對家長和老師是多麼重要，」Connie Martinez 說道，「但我眞的不明白爲何需要這麼正式的去開個會議，我每天和絕大部分的家長談話，而且，畢竟只是幼兒園，它不像我們必須去談論有關閱讀和數學考試分數或是其他的問題，爲什麼我們要有會議呢？」

無論孩子的年紀多大，有幾個原因可說明舉辦例行親師會議爲什麼是重要的。

## 一、提供了發展的概觀

　　會議提供機會以仔細和有組織的方式去檢示孩子課程的全貌。在日常談話時，可能討論的是特定的課題或發展部分，可能是種新的能力——像是爬樓梯——或是一種不同的行為——像是午餐時胃口的降低。特殊的問題會抓住老師或家長的注意力——當媽媽離開或便溺意外增加時哭泣的新趨向；這樣的事件是在日常交換訊息時常常被討論的。但在這些短暫的碰面時，孩子發展的全貌是不可能兼顧到的。會議提供了機會讓家長和老師雙方都能從日常特定事件之外轉移至客觀的審視全體的發展。

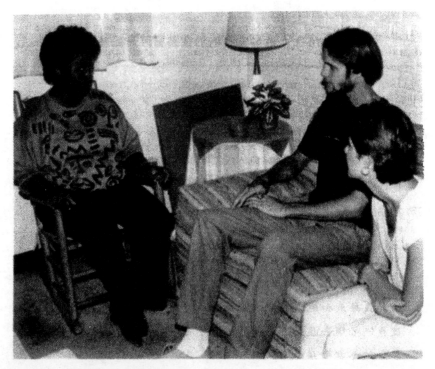

**圖10-2　會議讓老師和家長有時間去談話，不必管教室的需求以及在傾聽的孩子**
Courtesy CPCC Media Productions-Mike Slade.

## 二、提供了時間和隱私

　　會議提供了一段不被打擾的時間和隱私的氣氛，那是促進資訊共享以及有系統地陳述問題和計畫之兩大重要因素（**圖 10-2**）。不管幼兒園老師如何應允要去和家長談話，照料一群小孩的要求總會有力地將老師從談話中拉走。當兩個小孩在角落區喧鬧地把搭起的積木推倒，老師終究是無法忍受而繼續討論著排泄訓練技巧的。

　　家長常常延緩去談論他們的關心，因為他們知覺到老師對時間的需求。

　　　　「我想和 Briscoe 小姐談談幫助 Pete 準備好迎接這個新娃娃，」Pete 的媽媽嘆息道，「但我怕會打擾她——她總是有那麼多事要做。今天下午我已早到了幾分鐘，但之後有個孩子在畫畫上有麻煩，而另一個從午休醒來時在哭，所以那似乎又不是一個好時機。」

　　瞭解到有個時間就是讓他們談話的，對家長和老師雙方都很重要。

　　要促進談話的自在，隱私性也是必要的。試著去塑造孩子感受性並尊重孩子感覺的老師常常不喜歡在他們或其他小孩聽得到的範圍裏去談論事情。然而有些場合老師會覺得把孩子包括在親師會議中是恰當的，每個會議都必須去作個別考慮，要看孩子個人和要討論的題材來作決定（Bjorklund, 1987; Readdick, 1984; Freeman, 1986）。很多老師覺得孩子的出席會嚴重地抑制家長討論家庭事務的意願。

　　當然，家長常常不願意在要求協助親職技巧或討論關係時被其他大人所打斷，會議情境的隱私性會使得這些重要的討論比較容易些。

## 三、增進相互的瞭解

　　會議中不匆忙的談話能夠從容地交換問題和資訊，那是每天課前或課後短暫的接觸所無法做到的。

　　　　「你知道嗎？直到我們通過了發展檢定，Butler 太太看到了Sam 與四歲孩子的平均相比是多麼優秀後，她才告訴我她一直很擔

愛他會是遲緩的，似乎他和家中有學習障礙的表哥很相似。她害怕
Sam 可能會被相同的問題所阻礙。那幫助我瞭解了為何她常常在詢
問班上超前進度課業的問題，且在家做那麼多。我們能夠談談 Sam
所做的真的是多好，並且知道她真的想談的是在幼兒園時期刺激他
學習的最佳方法，這使我們雙方都鬆了一口氣。」

　　誤解和關心只有在較長的會議談話中才能表面化，因為這樣才有時
間對彼此所說的話去加以反應，會議提供了澄清和對許多主題作較深入
說明的機會。

## 四、明確地表達目標

　　會議能夠提供明確表達未來目標和工作計畫之重要基礎。

　　　　「在我們的談話中，她決定，也許她在家教 Sam 課程並不是最
好的主意，我說在課堂上我會試著提供許多有關恐龍的書，那是他
現在感興趣的，並且試著每天利用時間讀一本書給他聽，而她在家
也像這樣做。我們決定三個月後再回來看看是否這個方法有助於他
較喜愛看書。」

　　會議情況能促成相互瞭解和尊重感，並且會提升對孩子有利的老師
與家長合作關係。

---

例行會議的四個理由

(1)促進對發展全面的均衡檢示。

(2)提供不被打擾的談話時間和隱私性。

(3)促進對問題和資訊的自由交換，增進相互的瞭解和尊重。

(4)提供明確表達並協調目標和計畫的機會。

# 一個成功會議的基礎

一個目標沒有努力便無法達成，成功的親師會議有幾個重要的成份。

## 一、說明會議的目的

行政政策和說明有助於釐清親師會議的一般本質以及參與者的責任。在老師的工作說明和家長手冊中，皆要對例行會議的目的加以陳述，指出何時將舉行，像是十一月和五月，並說明可能的內容，這些將會使家長對過程有較多的瞭解。提供將討論的主題以及家長可能會想問的問題範例，有助於他們不會對會議有任何誤解。在孩子入學時的說明會中即被通知會議是課程之一部分的家長，在被要求參與會議時不會馬上就假設出了什麼錯，而當他們想要開會時，他們也不會害怕去採取主動。

---

親師會議是我們中心例行活動的一部分，它並不表示你的孩子在學校有問題。親師會議是讓父母和老師交換想法和觀念的機會，也是教師群針對你孩子的發展作一全面性報告。老師可能會問你有關你孩子在家裡如何遊戲、有無任何特殊朋友等等的問題。你將可以詢問老師有關孩子在中心內或中心外的任何方面照料或發展的問題，並分享任何對老師有助益的資訊。（家長手冊範本）

---

## 二、計畫不受干擾的時間

小心地選擇會議時間是重要的，因為家長和老師都必須被考慮到且應在選擇時間中有發言權。

老師首先應該決定何時是他們可在其他老師或助手的照顧下，能夠離開教室的最自由時間。午休時間常常是個方便的時間，其他可能的時間也許是一大早，孩子在不同時間慢慢地零散到達時，或是在下午，孩子陸續離開的時間而剩下較少的孩子要去照顧時。有些老師發現當戶外

遊戲時間，有其他人能在遊戲場監督時，也是個可利用的時間。對於父母二者皆工作的家庭，可能必須提供晚上或周末時間以供選擇。這也許聽起來好像會對老師造成不方便，但配合家長需求的足夠彈性可表示真的想要有家長的參與。理想中希望有雙親的家庭父母雙方能都出現，以使得問題和資訊不會被二手處理過。有太多的例子，是母親獨自來開會，因此對父親特別的邀請以及配合他們的時間表可表達老師重視父親的參與，並且希望能增進會議效果的可能性（圖 10-3）。

決定好了幾個可行的會議時間，老師可向家長建議他們找到的幾個對他們自己而言較方便的特定時間，這些邀請可親自去拜訪或是打電話。僅僅是郵寄通知表而無個人接觸似乎不夠強調會議的重要性，也會遺漏掉接送孩子的家長們。個人接觸也有助於老師去發現是否有必須先安排的問題。當通知單在口頭邀請之後寄出時，該放棄的日子和時間選擇應該就很明顯了，不同的工作時間、休假都會被考慮，並提醒其事先通知雇主中午要休息較長的時間等等。在談話和通知單中，老師都必須清楚地表明會儘可能有彈性地配合家長的需求。如果老師確實願意去配

圖 10-3　父母雙方都出席會議是相當重要的

合家長的時間表，家長也將會有所回應配合。

　　填寫表格可能像這樣：

---

通　　知

該是聚在一起討論你的孩子發展的時候了。請填上對你方便的時
間，如果這裡的時間你都不行，讓我們一起找個另外的時間。

　　午休時間　　下午 12：30～2：30
　　到達時間　　早上 8：00～9：00
　　離開時間　　下午 3：30～5：00

我也可以在以下的日子之下午 6：00～7：30 安排時間：
13 號星期一，14 號星期二，15 號星期三，16 號星期四，20 號星期
一，21 號星期二，22 號星期三，23 號星期四

　　Tommy

　　Lisa

　　Seth

　　Jenny

　　Isaac

　　Akwanza

　　Pete

---

　　讓我們看看一個對家長較少邀請意味的簽名表。

---

簽上會議的時間

任何星期一、三或四的下午 4：00～5：00

---

你有看出這裡的問題嗎？

對那些下午四點到五點之間無法離開工作的家長們，它看起來就好像他們沒有其他的選擇性，而老師沒有太去注意給予瞭解或是幫助。

對那些忙碌的家長，它看起來就好像這個會議幾乎在任何時間都可排定時間，所以沒有現在就約好的動機。

它似乎對你沒有什麼特別的意義，因此太容易去忽略而讓這通知單空白。當你的孩子名字在上面而旁邊留有空白時，就很難去忽略訊息了。

如早先所提，老師絕對不應只依靠通知單上的字句就想清楚地傳達邀請的意義。當受挫於家長們似乎都漠不關心時，老師就應該要好好地注意這些細節了。

老師和家長必須記住，小孩有時會因例行時間改變而不安，特別是對很小的孩子，把會議時間訂在可讓孩子與家長一同離去，而不要看到家長又再一次丟下他們離去是很重要的。

## 三、計畫一個隱私的場地

計畫一個安靜、隱私的場地是很重要的。在中心或學校裡，這可能是指在教職人員可使用的空間中找位置——教職員室、會議室、空教室，或是另外的安排。所有那些場地都必須有兩或三個舒適的成人椅，可能要一個桌子以擺放紙張或咖啡杯，以及一個可關上的門並掛上標示——「會議進行中，請勿打擾」，老師必須有意識地去傳達「會議是很機密嚴謹」的堅定形象。

對於會議目標最沒有幫助的物理環境可能是一個正式的辦公室，老師坐在桌子的後面；而參與者被桌子一個一個隔開，這傳達了逃避的意義。桌子會在家長和老師之間扮演障礙物的角色；它暗示了坐在後面的人是有支配權的。老師並不希望傳達一些非口語的訊息，因為他們試著要和家長建立合作關係。

## 四、計畫要討論的目標

在會議的準備中，老師必須設定他們的目標並且設計達成每個目標的計畫。

既然每個會議的目標之一無疑的是去分享發展全觀的資訊，老師必

圖 10-4　去使用課程計畫和發展檢覈表有助於老師具體說明一些資訊

須去積聚一些他們可用以引導此討論的資源。一些簡單的發展評估工具，像是 LAP、明尼蘇達兒童發展調查表、明尼蘇達幼兒園調查表，或是因應中心需要所設計的表，在這裏都是有用的。與家長在會議中使用發展評量工具可使談話涵蓋到發展的各方面：生理（包括自助技巧）、認知、語言、社會和情緒發展。檢覈表也提供了在發展的特定階段中什麼是常被期望的具體例子，因此可以用一種客觀的方式教育並幫助父母去思考他們孩子的行為（圖 10-4）。

　　其他的東西也可運用以具體地加強家長對發展的資訊，像是經過一段時間所收集的美術成品，可作為實例說明孩子的小肌肉技巧精細度、新觀念，或是藝術的新階段；課堂活動的照片可看出孩子的興趣或互動；分享簡短的趣聞錄影也有助於更生動地作改變孩子的決策。

　　只簡單地說，「Tony 和其他的小孩相處得很好」較無法讓家長從中得知什麼。含糊的陳述對家長較沒有幫助，且給了家長「老師對他們的孩子沒有什麼特別資訊」的印象。

　　去檢示有關社會發展評量表上三個問題（是否回答「是」）可提供更多的訊息。

(1)對輪流沒有異議

(2)不用大人的帶動就能開始和其他小孩玩

(3)常和其他小孩玩

　　分享反應出社會成長的實際事件報告可能是最有意義的。

你知道嗎，每天我都試著摘錄一些也許在以後回憶時有趣的事！讓我給你看一些有關 Tony 的記錄，可看出他今年和其他小孩在關係上的進展。這兒有一則——九月三十日——這學期剛開始時：

Tony 在角落區自己玩著，把兩輛車子從他做的坡道上推下。當 David 走過來也要玩時，Tony 把車子搶起來緊抓著。當我走過去建議他們可一起玩時，Tony 沒興趣了，並且晃過去拼圖桌那兒。

和其他小孩一起玩並輪流對所有的孩子都是件相當新鮮且不容易的事，對某些孩子來講，它還是很困難的，但讓我給你看看之後的一段記錄，可看出 Tony 在這上面現在的表現如何。

二月十五日，Tony 開始在蓋一個加油站，他向周圍看看，看到了 David，喊他過來並說：「你可以幫我蓋這個加油站。」David 說：「我知道了，我們來蓋一個消防站，我當消防隊長。」Tony 說：「好啊，我來開消防車並拉警報。」

　　老師應該以這樣的方式從觀察中呈現出印象，家長們將會受到鼓勵去對它評論或反應。家長不必被精確地告知某一項觀察是在暗示孩子的什麼，但所呈現出的資料可引導相互的討論和思考。

　　趣聞錄影帶也是向家長描述的一個有用東西，並非是去評價，只是展現其所關心的某方面行為。在會議中使用這種錄影帶的一個最好理由，是它們提供確實證據顯示老師有注意到特定的孩子——對每個家長

而言那是很重要的。

　　除了計畫要去分享什麼之外，老師應該準備一份問卷表詢問家長，以使老師能確實從會議中得知一些訊息。

---

　詢問：

　平常上床時間：

　在家他提到過哪些朋友：

　什麼是他喜愛的家庭活動：

---

　　可以事先擬定一個要討論主題的簡要大綱，那對老師和家長都是有幫助的，當談話進行時，老師就不會忘記重要的題項。開始時和家長分享主題表並且要求他們予以增加，可表示家長所扮演的不只是個被動的傾聽者角色，且可防止他們在一開始尚未達到均衡的探討之前，就太快地討論到問題。

　　　「讓我告訴你一些我今天計畫要探討的事項：我們將看看中心的發展檢驗表，你可以看到 Pete 在發展的各領域之表現，我也會告訴你一些他喜愛的課堂活動和朋友。有兩個領域是我們會特別深入的——他對團體的參與感，以及獨立行事——因此我會告訴你他在這方面表現得如何。現在我再加上你今天所帶來的一些問題，這樣會幫助我們確定所有的重點都包括進去了。」

　　為會議所做之趣聞錄影帶的組織以及發展評量表的準備應該花一點時間就好了，因為這些應該只是老師為達到某個目標所設定計畫使用的一部分工具而已。做好了準備會讓老師在會議開始的社交互動時感到自在。

　　老師也可以建議家長為會議設定目標並做一些準備。這可以用兩種方式達成：一張刺激家長問題的通知單可在會議簽名單後不久印發，或是郵寄給孩子由車子接送的家長。適當的通知單可能類似下例：

家長對孩子和學校常會有很多的問題，何不考慮一下下列哪些議題
在會議上討論將對我們有益？

——我們為何要去做課堂上所做的那些？

——你孩子的興趣？

　　——對其他人的反應？

　　——睡覺方式？

　　——飲食方式？

——你對於訓練所關心的事？

——近來還有什麼是你想知道的？

　　不管格式如何，都要有清楚的訊息讓家長知道將談些什麼議題或關
心的事。

　　另一個方法是建議家長在會議之前花一小段時間在教室觀察——可
能在午休會議前加入午餐或是在下午約談前早點到達（**圖 10-5**）。一張簡
單附有幾個問題的表可引導家長去觀察他們的孩子：他所參與的活動、
他和其他人的互動、老師的教法等等。如此的觀察常會激起立即反應或
問題，或者也可讓家長看到一些老師在稍後會討論到的一些行為。

一個成功會議的基礎：

(1)老師和家長對目的及他們角色的瞭解。

(2)計畫一段由老師和家長所協議之不被干擾的時間。

(3)一個輕鬆且隱私的物理環境。

(4)計畫目標並組織資料。

# 一個成功的會議之策略

　　會議的準備被詳細地討論是由於對於所有參與的夥伴發出傳導性的
態度和氣氛是重要的。現在讓我們來探討會議的本身。

**圖 10-5　家長在會議前做觀察是重要的**
Courtesy Barbara Stegall.

## 一、幫助家長感覺自在

　　幫助家長變得舒服和自在是老師的責任，老師是在熟悉的領域，家長則不是。除非家長能夠感到自在，否則他們的不自在會使他們精神分散而使溝通受阻。花幾分鐘時間隨意談談是值得的，提供一些果汁或咖啡可能會使疲勞的家長感激，也會產生較自在的感覺。

> 「我很感謝你今天花時間到這兒來，Pete 告訴我你們的露營計畫，聽起來你們會去很多地方！」

## 二、以正面的態度開始

　　在老師將話題轉移至孩子時，先以對孩子正面的評論開始較好。在開始時就向家長表示你喜歡且欣賞他們的孩子是很重要的。如果會議的

開始大人雙方都清楚地站在同一邊，且老師也明白地表示出有特別注意到這個孩子並對他很清楚，則家長似乎較易於接受老師之後的評論。正向開放的評論也可將家長從所關心的問題中先轉移出來。

「我很喜歡 Pete 在我的班上，我想我最喜歡他的一點就是他對每件事的狂熱！我希望你能看到他今早在談到你們的旅遊計畫時的樣子——他的眼睛閃亮著，而字句像在翻滾一樣！」

## 三、鼓勵家長參與

即使老師經由計畫好的主題清楚地指引著談話，他們也應該不斷地注意到合作的原則，並且經常問開放性的問題以試著隨時讓家長保持參與的狀態。

「他能完成所有這些自助的技巧，除了綁鞋帶之外，我們會繼續在那方面努力。有哪些事是你現在在家看到他能自己做的？」

問題的使用也有助於家長將陳述延伸出去，以使他們都能得到較清楚的畫面。

「你說在用餐時他有些問題，你能夠告訴我多一點有關最近晚餐時他發生過的特殊麻煩事嗎？」

想要幫助家長去擔任孩子「專家」角色的老師，可使用問題以引導家長去思考行動的可能過程，而不是去告訴他們要怎麼做。

「當他開始在吃飯時玩耍，你曾試著去做些什麼事？」
「你想還有什麼可能使得他對吃飯沒興趣？」

積極的傾聽也會鼓勵家長繼續地談話。積極傾聽的技巧是對說話者給予靈敏的注意，且拾取其口語和非口語的訊息，然後以同理心回饋全

部的訊息，讓說者確認（**圖 10-6**）。積極的傾聽所牽涉的技巧包含釋義及反應。

釋義是指以很小差異的字眼去重述另一個人所說過的話，這是去檢示他人的意思是否被瞭解，也是引出更多資訊的有用方法。

> 家長：「我一向很相信要和孩子一起吃飯，但近來 Pete 給了我很大的麻煩，使得我想放棄了。」
> 老師：「最近和 Pete 吃飯很不愉快？聽起來像是吃飯時間成為你一天中最不期盼的時候了。」
> 家長：「哦，必須一直責罵才能使他吃飯，真厭煩他的拖延──很可怕！」

反應可給予訊息情感意義的回饋。對老師而言，把他們自己放在他人的位置上是必要的，這樣才能去感受他所感覺的，並且依他現在所看世界的樣子去看它。老師應去接受家長的感覺而不去下評斷，並且以讓他知道老師瞭解的方式去給予他回饋。當老師不只是靜靜地注意著，並且在他說話之前就對其感覺反應，這種積極傾聽就能激發出更完全的溝通。當老師對家長的訊息表示出她的瞭解，家長常常也會受刺激而繼續談論下去，這能使老師和家長雙方都對感覺有較深的瞭解。

> 老師：「看來你是真的擔憂他沒有培養出好的用餐習慣。」
> 家長：「嗯，你知道，那的確困擾著我。我猜因為我曾經對吃飯很煩躁，且我記得小時候我有很不愉快的用餐經驗，如果我能的話，我要避免它也成為 Pete 的問題。」

積極傾聽對傳達訊息有其益處：能清楚地接納、防止敵意的行為，並幫助確認真正的問題（積極傾聽概念之進一步學習，可參閱 Gordon, 1970 及 Briggs, 1975）。

會議的全部過程中老師須依賴以問題和反應的陳述來表示他們從家長那兒得知了許多。詢問，而非告知，是對合作且尊重家長觀點的重要表示，也是去獲知資訊的好方法。會議全場一直靜坐著且聽老師說話的

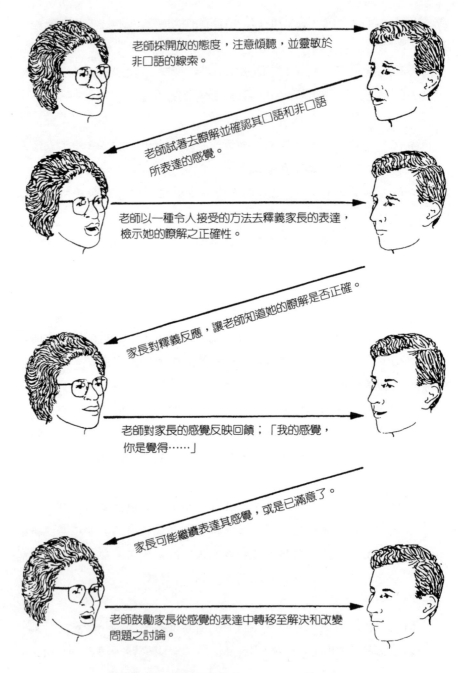

老師採開放的態度，注意傾聽，並靈敏於非口語的線索。

老師試著去瞭解並確認其口語和非口語所表達的感覺。

老師以一種令人接受的方法去釋義家長的表達，檢示她的瞭解之正確性。

家長對釋義反應，讓老師知道她的瞭解是否正確。

老師對家長的感覺反映回饋；「我的感覺，你是覺得……」

家長可能繼續表達其感覺，或是已滿意了。

老師鼓勵家長從感覺的表達中轉移至解決和改變問題之討論。

圖 10-6　積極的傾聽牽涉了反映和釋義

家長似乎較不會去思索那來向單一方向的想法——或許也較不會再來參加下一次會議。

## 四、爲家長作總結

當家長和老師在一起時，會有許多話要談，但老師有必須留意家長的忙碌而使會議控制在預定時間內之時間壓力。如果有太多東西必須去討論，最好是去約定第二次的會談，一次太多的資訊可能會成爲負擔而無法被完全吸收。

當會議結束時，去將主要討論過的重點以及任何設定的計畫作一總結，這也是老師的責任。必須讓家長帶著他們的時間花得值得的感覺離開會議；以總結去增強討論是有用的。再一次強調，對家長的努力和貢獻抱以正向的態度是特別重要的(**圖 10-7**)。

> 「謝謝你今天來，我非常感謝你分享了許多與 Pete 有關的資訊。就如你所看到我們的評量中，他在每個領域都表現得很好。我特別高興能知道你對他用餐時間的擔憂，如此我能在這兒支持你的努力。你試著採用的時間限制計畫聽起來不錯——可以讓我知道它進行得如何嗎？」

這些一般的策略有助於達成一個成功的會議。

---

**一個成功會議的策略**

(1)老師帶頭談話以讓家長感覺自在。

(2)正面的開頭和結束。

(3)以老師的問題和反應的傾聽，促進談話中的給予和接收。

(4)對於討論的範圍和要去採取的行爲作一總結。

---

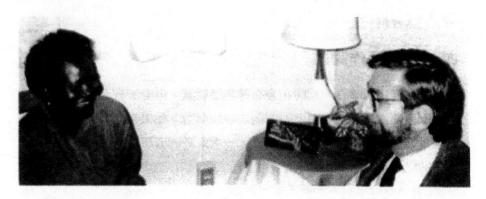

圖 10-7　以正面的語調結束會議對於親師關係的延續是有建設性的

# 造成會議不成功所易犯的錯誤

除了要注意這些策略之外，有一些特別易犯的錯誤是老師必須知覺到且去避免的。

## 一、避免使用專業的術語

當老師向家長解釋發展計畫時，必須注意不要去使用術語或是專業的觀點，那不僅不易瞭解且會造成人們之間的距離。家長似乎不喜歡他人講他們聽不懂的話，而必須不得不去要求其說明其觀點。

不好：「他在皮亞傑認知階段的任務中發展得很好！」

寧可：「他是個非常主動的探索者，每次我們提供他一個新的東西，他會從每個角度非常仔細地去審視。」

不好：「她在她的丹佛量表上表現得非常好。」

寧可：「我們用這一份問卷去看看孩子在發展層次上表現得如何，結果她表現得很好。」

## 二、避免「專家」的角色

老師應該注意不要將自己高高立於是孩子專家的地位上，如此的姿態會妨礙合作關係的發展。許多家長在從事親職時面對一個似乎「萬事通」的老師會感覺到不安。寧可發出忠告的評論而不要著重於「應該」和「必須」，老師必須去避免這種權威式的教條主義，那會引起如果彼此間有一點不同意、一點錯誤，就使討論整個被抑制了。

要去避免成為一個教條專家的外表，老師在分享知識時，必須小心地使用語句。許多老師說「很多家長發現」或「有些家長告訴我」，他們發現這些語句比「我認為」這種聽起來太權威的語句來得易於被接受。老師必須幫助家長瞭解在孩子的指導上很少有絕對的。

有些與家長相關的領域是在老師知識和能力範圍之外的。老師誠實地去承認這一點，並且知道何時要將家長視為專家去參酌其意見，是非常必要的。

> 「我欣賞你對 Billy 語言上的關心，讓我介紹你幾個說和聽方面專家的名字，有關你的問題他們能回答得比我好。」
> 「你知道嗎，我對那些入學測驗分數系統不是很清楚，我應該去跟學校查查再讓你知道。」

如果老師覺得問題由其他人來回答會較好，他們可邀請主管、社會工作者或其他老師來參加討論。與某些老師所相信的相反——當他們承認他們的所知有限並不會貶低他們，反而會因為他們的誠實而贏得家長的尊敬。

## 三、避免負向的評估

瞭解了家長的自尊與他人對他們孩子的看法是多麼緊密地連結，老師應該靈敏地避免表現出對孩子能力的批評或負向評判。某些字眼會引發父母的防禦感，而有防禦感的父母無法完全地溝通和合作。一些要去避免的字眼是：

問題——「Jimmy 有個問題。」

落後——「Jimmy 在語文上落後。」

不成熟——「Jimmy 比班上其他人都不成熟。」

從未、無法——「Jimmy 從未與他人一起吃完午餐；Jimmy 無法做
　　　　大部分的拼圖。」

緩慢——「Jimmy 在學習上是緩慢的。」


任何標記，像是「過度活躍」、「學習障礙」等等也應該要避免。許多這種說法被一般大眾養成習慣且過度地使用。既然老師沒有過臨床的訓練，去做假定性的診斷是不合適的。


標記——「有時我懷疑 Jimmy 是否並非極為活躍的。」


客觀觀察的評論比主觀的批評更為有益，且更易於被接受(Goetz, 1975)。


不好：「Jimmy 不喜歡藝術。」（主觀）

寧可：「Jimmy 很少參與藝術活動。」（客觀）


不好：「Jenny 不是一個很友善的孩子。」（主觀）

寧可：「Jenny 常常在屋子角落自己玩。」（客觀）


當老師只是描述行為時，家長就會自己去下結論。這是以中立的方式提供資訊，而不帶暗示性的評估或批判。老師有責任幫助家長正向地去思考他們的孩子，負向的判斷是沒有幫助的，任何家長在聽到這些時都會有情緒性的反應。家長需要老師能實際而有建設性地幫助他們，而非破壞性的批判。

「我們正在和 Jimmy 一起努力的是……」像這樣的聲明不會暗示出負面的評估，像是落後或是有問題，而是能被接受的行動聲明。因為行為是複雜的，為一個特殊的行為去編派理由或予以譴責是不可能，也是無建設性的。

不好：「因爲你丈夫最近常常出差不在家，Jimmy 發了好幾次脾氣。」

陳述不需要是眞實的，那肯定是沒有幫助的，且太過隱私地指出它，會將家長從合作關係中抽離出來。一個客觀的老師會去看家長的身體語言以注意其對他所說的話是否有情緒反應。一些可看出的身體訊息包括臉部表情、身體的緊張還是放鬆、手和身體姿勢鬆弛程度以及位置的改變。

## 四、避免非職業性的談話

老師必須確定談話是經由溫暖的方式維持在專業裡，而話題則集中在大人一般所關心的孩子身上。

老師不必在會議上與他人討論其他的孩子和家長，這麼做會讓家長懷疑他們自己的談話有多機密。

不好：「你知道嗎？Smith 太太和 Janie 過了一段很糟糕的日子——她前幾天發了一頓大脾氣。」
這可能會被認爲是確定的事，但也可能會使聽到此的其他家長感到不安！
寧可：「許多家長發現四歲的孩子是很不受約束的。」

老師不應該問一些私人的問題，除非那與討論的那個孩子有絕對的相關。

不好：「你怎麼度過你的周末空閒時間？」
寧可：「我想知道 Jimmy 是什麼時間上床的——他整個上午都很想睡。」
不好：「你和你的前夫相處得怎麼樣？」
寧可：「有些狀況我必須瞭解，Sally 何時會和她爸爸見面？」

當家長把話題轉到與他們孩子沒有直接相關的私人事務上時，老師

必須清楚地表達，如果家長必須談論的話，他們唯一的角色是去支持性地傾聽——當然要保證其機密性——並且若家長有興趣的話，提供他們一些專業的社會資源。

> 「我很遺憾聽到你和 Jimmy 的爸爸有一些問題，如果去談談對你有幫助的話，我很願意聽，我也能推薦幾個機構在你困難時可能會有些幫助。」

去完全切斷這個家長的話是不恰當的；老師有時候太注意孩子的問題了，以至於他們不瞭解家長有他們自己的麻煩問題必須去面對。有時候，特別是在會議中二個家長都出席時，老師會陷入家庭的爭議當中。

> 「Jones 先生，我先生和我在對 Bobby 的教養上無法一致，當他不規矩時他就體罰他，但我就是不信服體罰孩子那一套，你怎麼說？」

如果老師站在任何一邊，只會在將來和這個家庭合作時發生困難，他的回答必須是有幫助且中立的。

> 「教養是一個廣泛的課題，即使許多專家的看法也並不一致。我想每個家庭必須自己去決定並做他們認為是對的。如果有幫助的話，我可以告訴你們一些我們在教室的作法以及它的理由。」

老師對他們專業人士之角色的知覺也有助於他們避免這些易犯的錯誤。職業道德也要求老師別去和其他老師分享私人家庭事務，除非必須去瞭解孩子的行為或情況。老師所得知家庭的資訊，必須在中心和在團體中都受到保護。

## 五、避免給予忠告

老師很容易犯給家長他們沒有要求的忠告之錯誤，因為老師可能會看出他們的需要，且對於幫助他們有很好的想法。但來自他人的建議很

少是有效的；只有當家長自己得到結論，那些才會被化為行動。家長若只是提到問題，老師不應該就認為家長是在尋求問題的解答。老師可能無法完全去知道情況的複雜性而給了不適當的建議。當老師不是在家中幫著家長去履行行動時，告訴家長在家要怎麼去做，似乎是不恰當的。給予建議易於與家長形成距離，家長可能會靜靜地聽這些建議，但內心憤怒著：

「他以為他是誰？就算他知道很多──這是我的孩子，不是他的。」

給予建議可能會僭越家長作決定的權利。給建議也可能是危險的；當「專家的」建議無效時，專家就會被譴責且在未來不被信賴。

當家長真的尋求建議時，老師很容易會掉入給予忠告的陷阱中──也許是因為知道有人需要你的答案是種很好的感覺！要避開這種易犯錯誤之最好方法，是給予其許多種建議而將思考的過程轉回給家長。

「對於那，我們在班上所嘗試的作法有幾個：……」
「讓我告訴你幾個對其他家長有用的方法……」
「那些中有沒有哪一個聽起來對你可能有用？」

在指引時，幫助家長瞭解到很少有一個正確的答案是適當的。家長應該被鼓勵去提出他們自己的計畫，那會比由他人所掌握的計畫易於被實行。如果老師記得他們的目的之一不只是去提升親職的技巧，也要去提高父母的自尊，他們就會瞭解提供令其思索的建議而非獨斷地給予忠告，是多麼重要。「如果我是你，我會……」絕對不是最有幫助的說法，因為那暗示了絕對和肯定的立場。

## 六、避免急於解決

另一個家長或老師易犯的錯誤，是覺得所有的問題在訂好的會議期間必須要被解決和達成結論。行為的改變和瞭解是一個花時間且無法被勉強地趕在簡短的會議中達成決議的過程。最好建議其需要時間：

「好的，我們看看這些何時會發生，也許到時候我們能以一些適當的反應去解決。讓我們計畫下一個月的會面再來談談。」

　　確信家長和老師永遠都能意見一致並合作，而如果老師不能「改變」家長去信任他的想法，會議就是失敗的這些觀念也是錯誤的。不同的經驗、人格、價值系統和需求會影響個人如何去同意他人的觀點。一個成功的會議是會議中的人對於各種看法都能去交換和接受，包括那些有衝突的意見。

　　每個老師都會遇到因為家長表現出生氣、敵意或責怪而使氣氛變壞的會議狀況。如果家長很難去接受資訊，就常會去使用投射的防禦機轉——「只要你能好好教，他也不會有這個問題」——或是否認——「你敢告訴我我兒子有問題？」如果家長已變得在口頭上辱罵或是非理性的生氣時，要去有效地溝通已不可能了，在這時，老師的任務是去解除其憤怒以使溝通能開始，為做到此，老師不能防衛或生氣回去是很重要的。口頭上報復、爭吵或是從家長的憤怒中退卻，都是沒有幫助的反應。老師必須保持冷靜、溫和且慢慢地說話；做一些積極的傾聽讓家長看看他們自己所說的話並且去感受他人的觀點；且表達出他們的想法中接受家長有權利的觀念。以這種方法控制敵意的表現將有助於老師在無法達成協議去和家長合作，而不會陷在個人攻擊或情緒反應中迷失了主題。

---

### 成功會議要避免的易犯錯誤

(1)太專業的術語或難懂的話。

(2)扮演「專家」的角色。

(3)對於孩子能力之負面和破壞性的評估。

(4)非職業性的談話——關於他人

　　　　　　　　——太過私人性

　　　　　　　　——偏向一方

(5)給予忠告——不管是沒問到或是被要求的。

(6)試著當場解決所有的問題，或試著強迫同意。

# 會議評估

在會議結束後不久，將得到的新資訊以及所作的計畫做個摘要是個好方法。

---

1992 年 2 月 1 日，和 Pete 媽媽開會（由於工作時間關係，繼父無法來）。她關心 Pete 用餐時的問題。

主題探討：LAP 評量。爲 5 月 2 日到來的新弟妹作好準備。Pete 已適應幼兒園。媽媽關心 Pete 用餐時的問題。

計畫：(1)和助理老師分享資訊。

　　　(2)觀察 Pete 用午餐——將位置移近我。

　　　(3)二個月內再和媽媽談談。

---

以問自己問題來評估自己在會議中的參與，對老師的專業成長也是有用的，像是：

- 我的傾聽做得如何？
- 我對促進家長的參與做得如何？
- 我有提供足夠的資料嗎？
- 我有以正面的態度來開始並結束會議嗎？
- 我們在談話中有多自在？

隨著經驗，老師對於促進有效率會議的能力會有所成長。

對於幼兒園老師，討論發展課程和目標的會議至少每六個月舉行一次是恰當的，因爲這時期改變的發生是很快速的。對於那些特殊家庭和孩子，會議也許需要更常舉行。

要記住，沒出席會議並不一定表示對孩子或學校沒興趣，相反的，那可能是一種不同文化或社經價值的反應，或是反應出家庭的巨大壓力

或需求。老師對於未出席的反應應是去看看其未出席的可能解釋爲何，想想不同的時間表或教學活動是否有幫助，持續地邀請和努力，並去探索在那時去接觸家長的其他有用方法。

## 摘　要

　　親師會議提供家長和老師時間和機會一起去探討家長或老師所可能關心的孩子發展的各個部分，包括任何特定的興趣、需求或問題，如此的機會將有助於提升分享資訊和共同目標的合作感。

　　對於有責任感欲藉此談話以建立合作關係的老師會通知家長會議的目的、為家長準備好他們在談話的參與中之角色、引導談話，並且使用問題和積極傾聽以鼓勵家長做更多的參與。

　　靈敏於一般的人際關係動態和較特殊的家長反應，將有助於老師避免會阻礙真實瞭解或妨礙關係成長的錯誤溝通。對會議的謹慎計畫和評估將有助於老師發展出有效親師會議所必須的技巧。

## 進一步學習之作業

(1)和你的同學設定一個角色扮演的情況，一個是老師，一個是家長。記得重點在於以老師的問題和積極傾聽以促進談話中的對話。你的「觀眾」可幫助你評估並提議其他可能性。試試這些狀況，以及你曾遇過的其他狀況。

　　1.一位母親詢問要如何為三歲孩子準備新生寶寶的到來。

　　2.老師關心在廁所訓練努力上的協調。

　　3.母親評論最近她的四歲兒子很「壞」。

　　4.老師關心孩子近來侵略行為的增加。

　　5.父親擔憂他的兒子，他覺得他的兒子不如其哥哥在四歲時的表現。

　　6.母親詢問你有關她學步期孩子咬人問題怎麼辦。

(2)和你的同伴腦力激盪，老師對於這些來自於家長的評論和問題的許多可能反應，之後決定哪一個反應是最適當的及其原因。

　　1.我真的不知道你如何去做──這年紀的小孩真使我發瘋。

　　2.我想要知道的是，在你班上的小孩何時才會做一些真正的工作，而不只是遊戲。

　　3.你覺得我的 Sarah 是否發展遲緩，她似乎說話不太正確。

　　4.嗯，我不贊同你的軟性處理──我認為小孩不乖時，就應該要體罰。

5.我不知道是否該告訴你這個，我的先生離開了我們，我不認爲他會回來。

6.讓孩子上床的最佳方法是什麼？

(3)讀過以下的記錄之後，作出一摘要，在會議時與家長分享此資訊。

Judy 三歲半，比班上其他小孩小得多。她說話不清楚，且常常一次不超過二個字。大部分的時間她都自己玩，事實上，當其他小孩或大人接近她時，她似乎會畏縮。她在良好動機技能上發展得很好，她畫畫時有很好的創造力。但縱然在良好動機技能上發展得很好，她的自助技能則落後許多，她常常在浴廁和簡單的穿衣工作上要求幫助。她喜愛音樂且常常長時間坐著用耳機聽唱片。

## 複習問題

(1)確認舉行例行親師會議四個理由中之三項。

(2)列出八個促成成功親師會議的因素中之五項。

(3)列出親師會議應避免的六個易犯錯誤中之四項。

## 進一步閱讀的建議

Briggs, D.C. (1970). *Your child's self esteem*. Garden City, New York: Doubleday and Co.

Canady, R.L., and Seyfarth, J.T. (1979). *How parent-teacher conferences build partnerships*. Bloomington, Indiana: Phi Delta Kappa Educational Foundation.

Davis, D.H. and D.M. (1981). Managing parent-teacher conferences. *Today's Education*, 70(2), 46–51.

Flake-Hobson, C., and Swick, K. (1979). Communication strategies for parents and teachers. *Dimensions*, 7(4), 112–15.

Galinsky, E. (1988, March). Parents and teacher caregivers: sources of tension, sources of support. *Young Children*, 43(3), 4–11.

Gordon, T. (1975). *Parent effectiveness training*. New York, Wyden.

Hauser-Cram, P. (1986). Backing away helpfully: some roles teachers shouldn't fill. *Beginnings*, 3(1), 18–20.

Tizard, B., Mortimer, J., Burchell, B. (1981). *Involving parents in nursery and infant schools*. Ypsilanti, Mich.: The High/Scope Press.

# 參考文獻

Bjorklund, G., and Burger, C. (1987). Making conferences work for parents, teachers and children. *Young Children, 42*(2), 26–31.

Freeman, J. (1986). Customizing your parent conferences for better results. *Learning, 14*(6), 70–74.

Johns, N., and Harvey, C. (1987, Nov.). Engaging parents in solving problems: a strategy for enhancing self-esteem. *Child care information exchange, 58*, 25–28.

Readdick, C.A., et al. (1984). The child-parent-teacher conference. *Young Children, 39*(5), 67–73.

# 第 11 章

## 對家長和孩子的家庭訪視

第十一章焦點在於偶爾的家庭訪視，那是老師爲建立老師與家長及孩子關係努力的一部份。家庭訪視計畫的各個方面，或是以家庭爲基礎的教育計畫，在此將會有所描述（參考第八章對於指導過程之一部分：初次家庭訪視的討論）。

## 目　標

在讀完這章之後，學生將可以：

(1)討論家庭訪視的幾個目的。

(2)討論著手家庭訪視時要考慮的重點。

(3)描述家庭訪視的優點和缺點。

(4)確認以家庭爲基礎之計畫的一般目的和技巧。

---

# 家庭訪視的目的

---

家庭訪視對老師和家長雙方常出現時間上的困難，因此是父母參與計畫之成份中最常被省略掉的一個，然而，家庭訪視所增加的瞭解範圍是不可能經由其他方法可達成的。

如果尚未發現這個過程可能對每個人是多麼重要的老師，家庭訪視也許會讓他們害怕。

> John Roberts 坦白地向他的同事表達出一些他的隱諱。「這整件事讓我很緊張，我對 Rodriguez 一家並非都熟悉；Tony 的爸爸從未來接送過他，而他媽媽並不愛多說話。我有感覺他們是那種相當舊式的家庭。此外我甚至從未去過他們所住的城市那一邊，我很害怕我會迷路，而那邊幾乎沒有人說英語。天知道我要怎麼敲他們的門進去。」

當家庭訪視的通知第一次寄到家中時，Rodriguez 一家也有他們自己的反應。

「Tony 的老師要來這裡做什麼？」Rodriguez 先生很懷疑，「你想是不是他有了些麻煩？」

　「他說沒有，但我不知道，當他來時，你必須試著趕回家——我的英語太差了。但願客廳裡有一些較好的椅子；我不知道他會怎麼想。」

　對於參與的雙方有這些憂慮是很自然的。家庭訪視使老師走出他們熟悉的教室世界，而直接地進入孩子所居住之各種不同世界；家長也是相同地處於未知的狀況，擔憂著他們的職務，且或許還擔心家庭狀況和家人是否「符合」老師的標準。

　雙方有如此的憂慮，就很容易看出訪視的理由。在《一起合作：父母參與之指引》（*In Working Together : A Guide to Parent Involvement*）書中，引自一封家長的來信，表達出他對他兒子老師來家庭訪視的憂慮。該父親寫道：

　「我始終不相信會有確實的證據證明它能幫助 Danny 在學校中變得更受注意且更進步……我深感懷疑……會證明對幫助 Danny 是有用的。」（Coletta, 1977, Appendix T）

　依這個父親所表達，家庭訪視最重要的部份，是能有力地證明老師的關懷足以由學校的領域伸展至孩子和他的家庭（圖 11-1）。

　John Roberts 對 Rodriguez 家的訪視調和了老師和家長雙方的想法。在訪視結束之後，Rodriguez 太太對她的先生評道，「真好，他真的喜歡 Tony，不是嗎？而且他一點也不像我從前所想的那樣自負。也許我會像他所說的，到學校去帶孩子們做一些西班牙菜。」她先生同意，「我很高興有機會見到他，因為我從沒去過學校。他一定是個好老師，那麼地不辭辛勞。」

　一個老師說他本來以為家庭訪視只是另一個和家長的談話會，而也許不如在學校的會議來得有效，因為在孩子面前無法暢所欲言。但在他第一次訪視之後，從孩子和家庭的反應中，他瞭解到：

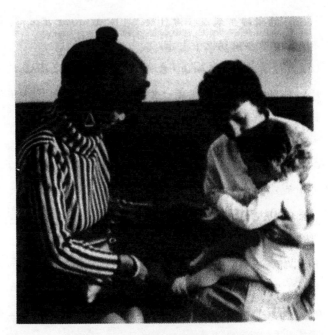

**圖 11-1　老師在家庭訪視中表達他們關懷家庭的意願**
Courtesy Head Start Bureau.

要自始至終明白表示，家庭訪視是以孩子爲主，也要對家長傳達老師對他們孩子的喜愛和興趣，因此會想要看看他的玩具、他的貓、他住的地方等等，或是去見見他家庭的其他成員。(Bromberg, 1968: 79)

家長是難以對表現出如此興趣和關心的老師有敵意的。

對那些因爲工作或家庭責任而難以去學校的家長，家庭訪視提供了和老師面對面接觸的唯一機會。家庭訪視使這些家長有機會感覺自己涉身於教育過程中，且可因看到老師和孩子的互動而感到安心。

老師表現出他們對孩子的興趣和關心以持續與家長的合作是學校老師進行家庭訪視的主要目的。他們做訪視的努力和在訪視期間對孩子的熱切關懷都有助於產生和家長的合作感。

當然，家庭訪視對於老師也是重要的，它提供了有關孩子物質環境的第一手資訊。藉由觀察，老師可得知與家庭設置和家庭成員有關的訊

息；這些資訊以及它所牽連的訊息通常無法由在中心所填寫的資料表所傳達。由於家庭環境可能是孩子學習比學校還多的地方，因此去瞭解孩子那部份的生活是很重要的，那有助於他們瞭解孩子在教室行爲的原因。當老師知道了家長在家爲孩子做了什麼且爲什麼要這麼做時，他們自己的努力就可補充並追加家庭的不足。

John Roberts 的經驗指出了這些對老師的好處：

> 「我教過許多波多黎各的小孩，我很擔心 Tony 在班上的害羞。在我拜訪了他的家庭之後，我瞭解到他們對幼兒園小孩的期待是在和大人說話時不採取主動。他真的有很完美的態度——我看到他和他父母說話的樣子；他並不真的是害羞，只是他尊重被教導的方式。我也發現他們在家只說西班牙語，那幫助我瞭解在學校時他的語文需要。看到在家的 Tony 很有趣——很顯然地他看到我在那兒覺得很得意，之後的這整個星期，在學校，他就常來靠近我。」

由於家庭訪視讓老師可瞭解他們所教的學生，並且能持續發展和家長的自在關係，因此如果可能的話，讓教室中的教師組都參與是很重要的（圖 11-2）。

對孩子而言，家庭訪視提供了機會讓他感受到很特別，老師和家長的注意力都對準在他們個人的身上。看到老師在他家裡，也有助於幫助孩子建立更大的信任和親密感（圖 11-3）。

# 進行家庭訪視

家庭訪視對孩子、老師和家長都會有益處，然而它不可能不經由努力和計畫就達成。以下是需要去考慮的幾個重點。

## 一、事先解釋目的

家長必須事先先收到家庭訪視是以孩子爲中心的清楚說明。雖然家長手冊和指導中也應加以解釋，但在訪視前來自於老師的提醒通知可再

圖 11-2　如果教師組員能夠都去家庭訪視是有幫助的
Courtesy Chapter I Program, Charlotte, N. C.

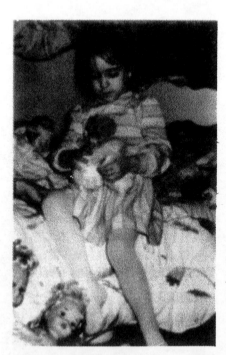

圖 11-3　家庭訪視給予孩子機會去展示他們喜愛的東西給老師看而逐漸地與她自在相處
Courtesy Tamar Meyer.

確定一次。如此的說明會減低家庭訪視之威脅面，特別是對那些習慣於正式訪客以他們的房子、經濟條件和家庭成員之職務來評估或判斷他們好壞的家長們尤其重要。

> 此次訪視的理由是幫助孩子和家長對於托育中心的老師有所瞭解，它也有助於建立開放和友善的關係。老師的訪視主要是聯誼性；如果你關心你的孩子或是托育中心的問題，我們將樂於在你孩子不在現場時的另一個時間來討論這些。（家長手冊範例）

## 二、與家長安排時間

老師必須藉由讓孩子帶通知回家以清楚地安排在家長方便下有關訪視的日期和時間，並打電話追蹤。非預期的訪視不能保證家長會感到自在並控制情況。有些家長喜歡使訪視成為一種社交場合，並且準備點心和整理屋子，乘其不備並不能促進氣氛的輕鬆。

> Rodriguez 太太告訴她的先生，「這天 Tony 的老師會在五點半時來到，你能確定在那之前下班回來嗎？他打電話來要我說個我們都在的時間，我說五點半。他說他不會待太久，但我還是做了一些點心。他要來真好，Tony 一直很興奮。」

## 三、行為像客人一樣

縱使事實上是老師主動要去訪視，他們在別人家裡仍然是客人。實際上，這會使他們處在一個較合宜的地位，因為必須遵從他人的引導。這方面的父母參與可給予家長感覺自在之明顯好處，即使家長和老師在面對不熟悉時，可能會經驗到一些不舒服。這對一向習慣於教室控制者角色的老師是一個新的角色。身為訪客，老師必須有禮地接受任何由家人所提供的款待，不管這是否包括坐在貓匆忙跳走的鬆弛椅子上，或是享用不熟悉的食物。不應該有跡象、言辭或表情顯出對家庭環境或生活方式的驚訝或鄙棄，他們不是在那兒評估，而是表現出支持。一個成功

家庭訪視的最重要元素是老師部分的彈性，去接受各種和他們自己所經驗過不同的家庭行為和情況。

老師的穿著也是很重要的；太隨便(老舊牛仔褲)或是太華麗(新潮裝扮)之穿著方式，可能會預先表現出與家庭的生活方式不一致，而使得所有參與者不舒服。

老師應以友善、輕鬆的方式為訪視開頭。

　　「Rodriguez 先生，我看到你們前門外有一塊菜園，誰是家裡的園丁？」

它們讓家長分享了他們所喜歡的家庭回憶或有趣事物，但要避免使話題引至他們自己的私人事務上。

　　「哦，我喜歡看 Tony 和他姊姊的照片。」

這種話聽起來對孩子和家長都尊重。

　　「Tony，我真的很想看看你的貓，但是讓我先和你媽咪看完這些照片。」

簡言之，老師使用所有的手法、靈敏和有趣的社交技巧去幫助他們自己和家庭參與者彼此感到自在，並達成提升家長－老師－孩子之關係的整體目標。

## 四、要準時

老師必須對於家庭時間的需求敏感，他們應該迅速地在指定好的時間中到達。訪談應維持在十五到三十分鐘內，一定不要太長，除非家長邀請他們討論特別的事務。

## 五、訪視之後的責任

在家庭訪視之後，有一些事老師要去做，以延續他們所完成的努力。

## ㈠感謝函

寄一張感謝函給家長以感謝他們允許家庭訪視，內容可包含對家庭環境某些方面之正面評論以及對孩子特別的直接評論，這可進一步表現出老師對他們家庭的興趣和欣賞。

> 親愛的 Rodriguez 先生、太太及家人：
>
> 　　謝謝你們在忙碌中抽出時間讓我在週四到你們家拜訪，我真的很高興有機會去看看在家裡的 Tony，和一些他喜愛的東西。Tony，你的小貓非常漂亮，而你把牠照料得很好。
>
> 　　Rodriguez 太太，也謝謝妳那些美味的點心，我希望你能很快地來學校教孩子們烹飪。
>
> John Roberts

## ㈡追蹤

老師必須在一周和一個月之內追蹤，必須與家長保持連絡使在家庭訪視中所得知的資訊和討論的話題能持續下去。例如，如果老師發現家長可扮演提供教室資源的角色，老師應該儘速地作一安排。

> 　　「Rodriguez 先生，當我拜訪你們家並且談論了你的菜園時，我們談到若你帶著一些長成的蔬菜到班上來，會很有趣。你可以在下周的某一天來嗎？我們正在講豐收季節。」

## ㈢評估

老師必須評估家庭訪視以瞭解它在加強家長－老師－孩子關係上效果如何，以及他自己的參與對目標的達成上有多少幫助。作家庭訪視之書面記錄，陳述中簡述老師所得知應該加入孩子檔案中的資料，以及對於老師在對孩子進一步評估和計畫時有助益的資料記錄。

3/9

訪視 Rodriguez 家。So Main 街 392 號。

在場者：Rodriguez 先生、太太，Tony，姊姊 Sardra，8 歲。

得知家庭語言只用西班牙語。Tony 行為優良且很安靜。

資源想法：Rodriguez 太太喜歡烹飪西班牙菜，先生喜愛園藝。

# 家庭訪視之優點

家庭訪視對老師與家長關係提供了正面的刺激。實際上，這個方法可能優點和缺點皆有，讓我們先探討其優點。

## 一、信賴感的增加

家長和孩子在他們所熟悉的家庭環境常感到較自在和安全(圖11-4)。在此關係中之大部份，身為一個專業人士，老師有其優勢，他知道要做什麼以及如何去做。而在家庭訪視中，家長可採取較主動以使彼

**圖 11-4　家庭訪視在家長自己熟悉的領域中，使其佔優勢**
Courtesy Tamar Meyer.

圖 11-5　　家庭訪視提供老師機會去體驗
孩子的家庭環境和第一手的關係
Courtesy Chapter I Program, Charlotte, N. C.

此關係更進一步。孩子看到他的老師在家裡如客人般被歡迎，會因他父母接受老師而得到正面的感受。家長、老師和孩子之間的信賴感會增加。

## 二、第一手的觀察

老師所得到的不只是感覺被家庭接受的報酬經驗，也可藉由觀察家長和孩子在他們的家庭環境中互動的機會而獲得第一手觀察(圖 11-5)。家庭訪視可促使老師運用他們的知識去修改技巧和計畫以配合孩子個人的興趣和學習方式，並且去使用由訪視中所得知的家長資源，因而提升並擴展了教室經驗。老師可能也會增加他們對文化多樣性的敏感度，並且找到對不同背景孩子應對的方式。

# 家庭訪視之缺點

雖然優點更重要，但家庭訪視還是有一些缺點必須去克服。

## 一、額外的時間需要

時間無疑的是最大的缺點。不只作家庭訪視要花時間，要在老師一般的工作時間中排定訪視經常也是困難的，特別是上全天班課程的老師。在課程是半天課或一周上課幾天時，老師常可利用小孩在家的時間，做訪視的計畫和準備。在全天班的課程中，即使教室裡的老師調度可安排，家長也常是在上班而孩子在中心。學校主管可對使用自己休息時間的老師提供其補休時間。

老師和家長在他們將放棄工作之後的休息時間——在晚上、休假或周末排定訪談之前，雙方都必須要確信，他們會從訪談中有所得。在老師試著去排定一個方便的拜訪時間時，老師的解釋和堅持應能向家長表達出老師認為這個活動是多麼的重要。

以家長而言，老師必須證明他關心這個孩子，因此會在午後和星期六上午來拜訪。在老師而言，最有建設性的拜訪，是預定好數周後，早上九點半，父母都上班前的時間。拜訪要在找到適合時間的幾周後執行。有一次作者安排這種訪問時間，結果家長們同意到中心來參觀，他們的女兒很高興，很快就喜歡來中心。時間的安排肯定是一項缺點，但是值得克服的。費用也必須被考慮，為家庭訪視支付老師津貼似乎較公平。

## 二、孩子的行為失控

另一個可能的缺點是在這興奮、不熟悉的事件中，孩子可能會變得過於興奮而人來瘋，導致行為失控，然後問題就來了——誰要負責？這對家長和老師雙方可能都是個不自在的情況。老師將會諒解地不介入家長的家庭中，而家長也可能會猶豫，害怕會顯露出他們自己負面的情緒。

為孩子預先做準備和說明可能有助於防止一些問題，老師熟悉孩子的特定人格特質，可預料這些可能性，並且事先和家長討論對策。如果

確定訪談對孩子、家長或老師的壓力太大，老師必須有足夠的彈性去縮短訪視。

## 三、可能的負面感覺

　　成功家庭訪視另一個要克服的障礙是每個參與者負面的預先猜測。許多家長對「正式」的訪談感到懷疑和受威脅，而這必須由學校和老師以靈敏的、開放的努力去教育家長並去除這些恐懼。可能在訪視的經驗之後，大多的憂慮會和緩，因此老師必須注意在訪視中不要做一些顯示出正式觀察或評斷的行為，老師將關心焦點擺在正面上是必須的。

　　老師必須誠實地審查他們自己的態度和成見。在進行家庭訪視時，他們常會發現自己必須跳脫出所習慣的地方和生活方式，且必須知覺到自己的偏見。直接地面對個人的成見，將會明白自己在此行為中，這樣比不去承認它所造成的破壞來得少。把注意力放在孩子和家長對他們孩子的關心上，老師就能在家庭狀況中發現正面的事物，不要將焦點擺在那些和他們經驗相異的部份。無疑的，情緒反應的處理是件複雜的事情，但對於關係的這些動態有知覺的老師較能有效率地去處理。

　　家庭訪視提供：

- ·對家長：老師的興趣和關心他們孩子的證明，而在家庭中，有機會去扮演較自在和主控的角色。
- ·對老師：另一個達到友好的機會，以及去體驗孩子的家庭環境和第一手關係的機會。
- ·對孩子：在自在的家庭環境中，和老師建立更深的個人關係的機會。

# 以家庭為基礎的教育計畫

　　本文假設大多數的老師是採取傳統的、以學校為基礎的學習情況，而他們認為家庭訪視是用以建立老師與家長合作關係的有用技巧。但有趣的一點是，專家也注意到家庭訪視計畫經過了過去二十年的發展，是將焦點擺在老師在家裡教育家長和孩子。

圖 11-6　家庭訪視者鼓勵家長使用家
庭實物和活動去刺激學習
Courtesy Head Start Bureau.

　　大部份以家庭為基礎計畫的目標是去幫助家長成為他們孩子的好老
師，並且提升個人家庭的生活品質。典型上，以家庭為基礎的計畫是為
中心裡那些在物質上或文化上孤立或是有問題的家庭提供服務。通常有
缺陷的家庭會參加以家庭為基礎的計畫，服務有障礙小孩的計畫也常常
使用家庭訪視。一些近來所建立的家庭支持和資源計畫也將家庭訪視當
成與家長接觸的一個可運用之選擇。家庭訪視者逐漸地專心致力於與家
長合作上而非孩子身上，常常教導家長如何運用每天的照顧或持家狀
況，使其成為刺激學習的機會（圖 11-6）。當老師和孩子在一起時，是對
在場和參與的家長示範適當的教導行為之方法。所有以家庭為基礎的計
畫認為家長是他們孩子早年最重要的老師，而他們被教導的技巧對家中
所有的孩子皆有長期的影響。家長被期許增加其學習者的責任，然後才
是老師，以做好父母和家庭成員的角色。

在這些計畫中的家庭訪視除了那些和孩子們相處的需要之外，還需要不同的技能和技巧。在這些計畫中，老師是父母之教育者。在許多計畫中，成功的家庭訪視者是受過訓練的專業者(參考 Gordon 和 Breivogel 在一九七六年為 Gordon 在佛羅里達計畫所做的描述，及 Gray 在一九七一年為田納西 George Peabody 大學所做的 DARCEE 計畫)。這有幾個優點，包括經濟的因素，它比使用專業者的費用低。另一個使用受過訓的專家之優點是可運用住在同一社區的人，社區的居民可能與家庭已經建立了和諧關係，而且瞭解該地區的價值觀和態度。

每個以家庭為基礎計畫之教導有不同的目標，但計畫中大部份的時間和活動是用以在家長和家庭訪視者之間建立信賴和溝通關係、促進親子間互動和學習情境，並提升家庭和家人生活。

對小孩的需求感到孤立和束縛的家長，會對以關懷對待他們的訪視者有所回應。家庭先鋒(The Home Start)指引中列出供家庭訪視者選擇的準則，包括：以同理心和靈敏去傾聽的能力、有效地與許多不同的人建立關係，以及調適個人的人格以因應各種需要。家庭訪視者在每次的訪視中要花時間去談談有關家長所希望討論的事，並且也要進行一些社交的閒聊。

家庭訪視者也要觀察到家庭需要，並且花時間幫助家長找出資源和可提升家庭實務的方法，像是營養資訊和課程、財經計畫，或是社區中的休閒機會。但主要時間是花在幫助家長對他們孩子的發展人格和需求變得敏感，以及教導和示範家長可在家對孩子使用的活動和技巧。有時家庭訪視者攜帶玩具和書籍以示範如何使用這些來激發溝通和創造力遊戲。常常這些會被留下來當成「禮物」，以做為訪談的鼓勵。家庭訪視者可從家庭環境中發展出活動或是幫助家長發展出一些即席玩具。家庭訪視是依據環境的個別活動，常包含一些對小孩的想法以及其他家庭成員也可實現的觀念。他們可以鼓勵家長去找出他們自己刺激學習的方法——也許是藉由讓孩子參與家事工作，像是洗盤子或摺衣物，或是例行的照顧嬰兒，以這種方式來創造出學習遊戲。以下是一些有良好記錄的家庭訪視計畫：

(1)田納西州 Peabody 大學之 DARCEE，培養家庭訪視技巧和為學

齡前孩子的媽媽的活動學習，希望提供母親應對技巧並且確定他們能成爲孩子唯一的學前教師(Gray, 1971)。

(2) Levenstein 的言語互動計畫(Verbal Interaction Project)，所根據的理念是，如果家庭訪視者被要求的話，家長可經由「玩具示範者」所帶來的特殊玩具和書籍被教導言語的互動，而去激發他們孩子的智能發展(Levenstein, 1971)。

(3) Ypsilanti-Carnegie 卡內基嬰兒教育計畫以及威斯康辛運輸計畫，是和特殊孩子(嬰兒和殘障的學齡前兒童)的家長合作(Lambic et al., 1980; Shearer et al., 1976)。

(4)家庭先鋒計畫，在一九七二年所增列擴展以中心爲基礎之先鋒計畫的運作，是以家庭爲基礎，幫助家長成爲他們孩子的老師(U.S. Dept of HEW, 1974, 1976)。先鋒計畫也持續地專心致力於以中心爲基礎計畫。

一些綜合的家庭支持和教育計畫在最近發展出來，像是那些在明尼蘇達和密蘇里州的計畫，都使用家庭訪視以做爲努力的延伸。

## 摘　要

　　總而言之，家庭訪視提供老師對父母的孩子有興趣且關心的證明，並且讓家長在他們的家庭環境下扮演較自在和主控的角色。對老師而言，它是另一個去接近家庭的機會，以及去體驗孩子的家庭環境和第一手關係的機會。對孩子而言，它是在安全的家庭環境下和老師建立更深之個人關係的機會。以家庭為基礎之教育計畫已有許多相關資訊可得知，任何決定要研究或組織如此計畫的團體，都有豐富的資源、資料可取得。希望更進一步研究這些計畫的學生，可參考於本章結尾的一些參考文獻。

## 進一步學習之作業

(1)角色扮演，然後討論老師在家庭訪視時可能遇到下列情況時之動態。

　　1.一位母親擔心會把她丈夫吵醒——他是個輪班的工人。

　　2.孩子開始「愛現」——媽媽很尷尬。

　　3.在孩子在場時，媽媽開始討論有關他行為的負面話題。

　　4.母親表現得非常害羞——實際上是舌頭打結。

　　5.在老師坐下來之後，家長還繼續看著電視節目。

　　6.家長似乎非常不自在——他們一直詢問是否孩子做了什麼壞事。

(2)找看看你的社區中是否有任何以家庭為基礎的計畫，如果有，試著安排和訪視員一起去訪視。

(3)找看看你的社區中是否有先鋒或其他學前計畫有老師做例行的家庭訪視，如果有，試著安排和老師一起去訪視。

## 複習問題

(1)確認老師作家庭訪視的幾個目的。

(2)討論在著手家庭訪視時，幾個要考慮的重點。

(3)指出家庭訪視的一個優點和一個缺點。

(4)確認以家庭為基礎計畫的一般目的和技巧。

## 進一步閱讀的建議

(1983). *Community self help: the parent-to-parent program*. Ypsilanti, Mich.: The High-Scope Press.

Croft, D.H. (1979). *Parents and teachers: a resource book for home, school and community relations*. Belmont, Calif.: Wadsworth Publ. Co. Inc.

Goodson, B.D., and Hess, R. (1975). *Parents as teachers of young children: an evaluative review of some contemporary concepts and programs*. Stanford, Calif.: Stanford University Press.

Gordon, I.J., and Breivogel, W.F. (Eds.) (1976). *Building effective home-school relationships*. Boston: Allyn and Bacon.

Gray, S.W. et al. (1983). The early training project 1962–80 in Consortium for Longitudinal Studies. *As the twig is bent: lasting effects of preschool programs*. Hillsdale, New Jersey: Erlbaum.

Karnes, M.B., and Zehrbach, R. (1977). Educational intervention at home. in Day, M.C., and Parker, R. (Eds.) *Preschool in action: explaining early childhood programs*. Boston: Allyn and Bacon.

Lambie, D.Z., Bond, J.T., and Weikart, D. (1980). *Home teaching with mothers and infants*. Ypsilanti, Mich.: High/Scope Educational Research Foundation.

Meyer, T. (1990, Spring). Home visits: a child-centered approach to an old concept. *Day care and early education, 17*(3), 18–21.

Nedler, S.E., and McAfee, O.D. (1979). *Working with parents*. Belmont, Calif.: Wadsworth Publishing Co.

Packer, A., Hoffman, S., Bozler, B., and Bear, N. (1976). Home learning activities for children. in Gordon, I., and Breivogel, W. (Eds.) *Building effective home-school relationships*. Boston: Allyn and Bacon.

Scott, R., and Thompson, H. (1973). Home starts I and II. *Today's education, 62*(2), 32–34.

Scott, R., Wagner, G., and Casinger, J. (1976). *Home start ideabooks*. Darien, Conn.: Early Years Press.

Shearer, D., et al. (1976). *Portage guide to early education*. Portage, Wisc.: Cooperative Educational Service, Agency 12.

## 參考文獻

Bromberg, S. (1968). A beginning teacher works with parents. *Young children, 24*(2), 75–80.

Coletta, A. (1977). *Working together: a guide to parent involvement*. Atlanta, Georgia: Humanics Press Inc. Ltd.

Levenstein, P. (1977). The mother child home program. in Day, M.C. and Parker, R. (Eds.) *Preschool in action: explaining early childhood programs*. Boston: Allyn and Bacon.

U.S. Dept of Health, Education and Welfare. (Office of Child Development) (1974). *A guide for planning and operating home-based child development programs.* Washington, D.C.: U.S. Govt. Printing Office.

U.S. Dept. of Health, Education and Welfare. (1976). *Home start and other programs for parents and children.* Washington, D.C.: U.S. Govt. Printing Office.

# 第 12 章

## 義工父母

將家長引進他們小孩教育過程的重要方法是讓他們在教室中參與。

## 目　標

在讀完這章之後，學生將可以：

(1)討論與家長在教室中合作的幾個優點和可能的問題。

(2)確認鼓勵家長參觀的方法。

(3)討論促使家長觀察的方法。

(4)描述運用家長成爲教室資源的方法。

# 優點及可能的問題

在教師休息室有一段熱烈的討論進行著。Jane Briscoe 宣稱她有一位家長要在團體時間來演奏吉他。MiLan Ha 沒說什麼，她從沒有一位家長來過，但 Anne Morgan 告訴 Jane，她只是在找麻煩。

「家長來時那眞的很糟；整個例行活動都弄亂了，而最糟的是，我保証那個家長的孩子將可怕地失控。」

Connie Martinez 同意，「去年我一個家長在她女兒生日時來，帶了一個蛋糕，給每個人一個氣球。當生日的女孩氣球破掉時，她大哭了起來而她媽媽打了她。我很生氣，但我能怎樣。現在我只好要求他們在家裡開生日會。」Jane 陷入了沈思，並且也有一點擔心。

無疑的，將家長帶到教室來會增加老師的責任，因爲他們要因應各種行爲和反應的狀況。老師常會因爲職業和個人的理由反對讓家長來教室。

不管爲何原因讓家長到教室來都需要老師花額外的時間和努力，因爲他們要詳加安排以便配合例行時間。對於家長的時間和技能之最佳運用必須去決定，而孩子和家長雙方也都必須爲他們在這不尋常事件中的角色做好準備。

Jane Briscoe 承認她是經過好幾次談話才知道 Butler 先生的吉他演奏才能，而之後談了很久才使他相信，孩子對他的到來會感到高興，然後他才知道，當他去那兒時要怎麼去做！她也必須二次拜訪以排定配合他工作的時間，且要花相當多的時間幫助 Sam 瞭解他爹地會來學校，而當他回去工作時，Sam 還是要留在學校而不與他一起離開。

老師對家長在教室的職務常存有專業的保留心態。老師可能會相信家長沒有受過專業的老師教育，會對孩子有不恰當的行為表現，特別是對他們自己的孩子，因此，老師在他們自己班上看到不適當的大人行為時，會處於一種難以應付的局面。

　　Connie Martinez 嘆了口氣，「我有預想到孩子在整個生日會上會變得興奮過度，但我不知道的是她的媽媽會有這麼生氣的反應，我不只是為那孩子，也為班上其他孩子看到那件事的發生而感到尷尬。」

老師也可能擔心家長會以其他方式做出非專業的行為，像是在教室外和其他人討論孩子。

另一個在適應變動例行時間上老師會擔心的問題是，他們對孩子反應的瞭解。有些老師知道孩子會興奮過度，或是在特別活動結束家長離開時會沮喪，那種經驗的破壞性是大過於益處的。

　　「瞧，那是個好主意，但實際上它太煩人了。孩子不能瞭解為何家長不能一直待著，而那需要很久的調適才能解開。」

老師對於家長在活動外的時間在現場觀察他們的行動，也可能會感到不安。不管是否是真的，當家長在場時，許多老師會覺得他們一直在被注視和評估著，因此對整個過程會覺得不自在，覺得必須去表演。

　　MiLan 說道：「坦白說，我不喜歡讓家長看著我，而使我整個

A

B

**圖 12-1　對父母而言，花時間到教室是瞭解課程在上什麼的最好方式**
⒜ Courtesy Barbara Stegall. ⒝ Courtesy Bethlehem Center,
Charlotte, N. C.；攝影者：Peeler Portrait Studio

早上都格外有壓力。」

　　想想這些反對意見，是否有什麼理由能勝過缺點而讓家長到教室來呢？其對家長、孩子和老師一定還是有很大的好處的。

　　對家長而言，花時間到教室是瞭解課程計畫在做什麼的最佳方法(**圖12-1**)。家長常認為學校就是純粹為認知的學習，而當他們知道早期幼兒課程並不完全是強調學業學習時，會感到驚奇和訝異。看到實際上運作的情形會使他們對發展的適當學習能較尊重。

　　　　Butler 先生——那位演奏吉他的父親所說的話，可能有助於解釋此種說法。「能看到孩子在團體活動中所做的真好。那些孩子真的很專心聽，並輪流發言和參與。之後他們吃點心，一些孩子負責擺桌子，他們都做得很好。他們給自己倒果汁，沒有一滴滅出來；然後他們所有人都試了勺子裡的蔬菜；在家裡，Sam 從不碰這東西的，但在那兒和朋友在一起，他就會吃。」

如此的第一手認知可提供父母在和老師討論時較完整的基礎。

　　在教室裡，父母可以看到他們孩子與他的同伴和其他大人的互動情

況，他們也可以觀察到和孩子同齡的小孩的一般典型行為和技巧，這可使家長看到以後老師想要討論的一些問題行為。

「你知道，從其他小孩身上我發現大多數兩歲的孩子都會搶東西，真是令人放心，我原本以為是我的孩子特別有侵略性呢！」

到教室的家長也會因為他們貢獻了一節課，被老師歡迎，以及被他們的孩子和他的朋友認為是重要的人，而有滿足感——那是一種實際的自找提升。

「我從來沒有為大人的團體表演過吉他，但我必須說，小孩們喜歡它。」

**圖 12-2　當小孩的父母到教室時，他們會感到特別和重要**

孩子在他們的父母到教室時，也會感到很特別而重要（圖 12-2）。

> 當 Sam 的爹地以吉他引導著歌唱時，他眼睛發亮地說：「那是
> 我爹地。」

如此美好的感覺對孩子可能比因家長在一個早上說了兩次再見所引
發的短暫沮喪還有持久的影響力。

當孩子看到父母和老師一起共同合作，尊重著彼此的貢獻時，他們
的安全感會增加。而當家長對學習過程和孩子的互動技巧有所瞭解時，
孩子也會獲利。

老師和孩子都能經由其他大人帶來教室的學習延伸機會而有所得。
家長的技能、知識、興趣和才能，可使課程的可能資源增加許多。

> 「我真的很喜歡儘可能地給予他們音樂，但我身上並沒有音樂
> 細胞。教室裡並無真正的樂器可使用，從我這兒他們得到很多唱片。」

有額外的助手幫忙帶一群小孩，常能使那些沒有足夠大人不可能實
行的活動變得可行（圖 12-3）。

家長的教室訪問也給予老師觀察親子互動和父母態度之另一個機
會。

> 「觀察 Sam 和他父親在一起是很有趣的，Butler 先生對這個親
> 職教養的角色很自在。」

老師認為家長對教室的參與是支持他們努力的証明，因為家長對老
師和與一群小孩共處時的問題會有同理心。經由如此合作的努力所加深
的老師與家長合作關係，在專業和個人上都會有所收穫。

> 「我真的很高興 Butler 先生和我們在一起，而我也感謝他肯和
> 我們分享他的興趣。那使我覺得我不是唯一知道這個教室在做什麼
> 的人。你知道嗎？當他回家時，他搖著頭說他不明白我如何一天接

**圖 12-3　當家長在一起幫忙時，去農場的特別旅行就可行了**
Courtesy Barbara Stegall.

一天持續地去做它。」

當家長到教室時，真的是會有一些潛在的問題。老師可能對教室中孩子和(或)家長的可能反應會有職業上的擔憂，或是對在成人觀眾之前的表現會有個人憂慮。在老師和家長部分，需要額外的時間和努力對活動事先安排計畫，然而，以下的優點使它值得去努力：

- 家長對他們孩子在教室裡的反應及課程，會得到第一手的經驗，並會因付出貢獻而有滿足感。
- 孩子在他們父母來參與時，會感覺到特別，並會因父母和老師合作的確實証明而感覺到安全，且因父母的瞭解和技能增加而直接獲利。
- 老師從延伸的學習機會中獲得資源，觀察到親子互動，並且能因家長參與及和他們有同感而感覺到受支持。

# 使家長參與

要使家長參與早年的幼兒教室，有許多不同的方法。在與家長合作的托兒所、先鋒計畫，或其他為教育家長和孩子雙方而設立的計畫中，

沒有工作的家長可成為常態性義工以協助老師。當家長被認定為輔助老師的角色時，以訓練課程去為此經驗做準備是適當的。可以探討教育哲學和目標、孩子的行為和學習方式，以及適當的成人指引和互動技巧，以使家長進到教室時，能清楚地瞭解他們被期待的角色。訓練課程可包括：教室參觀、研討會、定位討論、手冊，以及引導觀察（為常態參與之家長所做的指導課程大綱，可看 Knowler,1988）。

其他許多的家長，特別是那些在上班而孩子上整天班的父母，可以經計畫的社交事項不定期地到教室去，以便有機會去觀察，或是提供為額外的資源。老師有許多方法可促使家長到教室參與。

## 一、探索資源和需要

在設定任何將家長帶進教室的計畫之前，老師必須去收集有關家庭的資料，以找出那些家庭成員可參與，那些興趣和經驗可分享，以及時間的配合。有些資訊可非正式地收集到：老師從初次的介紹和家庭訪談可瞭解家庭，並由與家長和孩子的隨意談話中得知。其他資訊可藉問卷使用和特定問題表格中的回答得知。

簡短的背景問卷可詢問以下的問題：

(1)家庭中其他孩子和家庭成員的名字和年紀，探知是否有祖父母或較大的兄姊可偶爾到學校來，或是否有年幼的小孩使父母太忙，無法來學校。

(2)職業，瞭解一些有關家長工作和休假時間，看看是否有可運用的時間，是否有小孩感興趣的職業或是可提供教室使用的剩餘材料和專門技術，或是可協助其他的父母的地方。

(3)興趣和嗜好、寵物、旅行、文化或宗教背景（圖 12-4）。

藉由這些問題可得到一些有價值的資源。老師在累積資訊時，最好是將每個家庭的資料都在資源檔案中以卡片或活頁紙整理好。這些檔案可輕易地加進一些最新的資料。在一整年中會運用到這些資源的暫定計畫，以及家長有空可到學校的時間，都可在資料上註明。

**圖 12-4　孩子父親的樂器可增加教室的資源**

Butler,Bill 以及 Joan(離過婚)

其他孩子：Lisa——三歲(在中心)

Bill：Angel Stone 公司之銷售員，八點至下午五點；有時早上可
　　　彈性上班；通常在星期三和星期四出城。

Joan：South West 電話公司秘書；周一至周五的八點半至五點；
　　　可取得舊的電腦報表紙、廢棄的電話

興趣：Joan——網球、針織、中國菜烹飪

　　　Bill——吉他、高爾夫

可能性：Bill——演奏吉他

　　　Joan——有一些廢紙

　　　　　——攪拌一油炸蔬菜(春季)

附註：星期三或星期四不要拜訪家長。

Weaver,Bob 和 Jane

無其他孩子

Jane：家庭主婦

Bob ：家具工廠製造商，七點半至四點半，周一至周五。

其餘：祖父母住在附近，已退休。祖母喜歡烹飪。

興趣：Jane——園藝、縫紉

　　　　Bob——消防隊義工

可能性：Jane——幫忙種植(春季)

　　　　　　——剩餘布料

　　　　　　——大部份時間自由(野外郊遊)

　　　　Bob ——剩餘木頭

　　　　　　——帶消防車或制服來(社區服務者單元，周二，下午)

　　　祖父母——邀請祖母來和我們烹飪。

---

Ashley, Sylvia

Terrence——九歲

Sylvia：工作訓練計畫，九點至四點，爲期九個月

興　　趣：

可能性：在午後邀請。

　　　　來和孩子一起非正式地閱讀。

　　　　邀請 Terrence 來和孩子一起在運動場玩球。

## 二、鼓勵非正式的拜訪

　　老師要如何使家長到教室來？首先，隨意、非正式的拜訪常是最好的，因爲家長對角色的表現不會感覺到有壓力，且不會有時間上的限制。如果在教室裡能自在，他們就會喜歡與孩子、其他家長和老師之間的互動。

### (一)保留時間

　　一個星期開放一個上午或下午訪視，以創造歡迎的氣氛。鼓勵家長

**圖 12-5　家長喜歡在聚會和特殊活動時來拜訪**
Courtesy The Crier, magazine of the
Junior League of Charlotte, Inc.

在接送他們孩子時多花幾分鐘——或更久，如果他們能留下的話——以參加或觀察一些自由活動，並且享用一點孩子所準備的飲料或點心。家長們會喜歡到中心來，短暫地參與孩子們的活動。這種例行活動會使孩子在家長時間允許下來到教室以及偶爾讓家長留下時之神祕感消除。這些拜訪需要老師這方面的一些努力，除了需要一點老師監督或協助的自由活動選擇之外，老師可自由地四處走動。這種拜訪之偶然本質是指一次只有幾個家長到教室裡，因此要避免擠太多人，那可能對孩子太刺激了，也較不會讓有些孩子感覺到「被遺棄」——如果他們自己的家長不在那兒，因為活動還是照常進行，而很多其他的家長並不在。在平常的日子裡必須有清楚的訊息讓家長們感到放鬆，且確保教室永遠是為他們的來訪而開放的。

㈡生日會

　　大多數的中心都有慶祝孩子生日的特殊方式。邀請家長到慶生會現場可使它更特別（**圖 12-5**）。這可能表示慶祝會的時間須配合家長的時間

表。大部分的家長會喜歡中心爲他們孩子辦這種活動。

### ㈢個人邀請

對各個家庭可做特別的、個人的邀請，可包括兄弟姊妹和其他家庭成員。有家人來的小孩是那天的主人，爲父母和兄弟姊妹拿椅子、上飲料和點心、帶他們逛逛教室、討論牆上的美勞作品等等。當每個家庭輪到受邀時，家長將會特別盡力來參加，因爲他們的孩子會感到很光榮。

### ㈣午餐邀請

可邀請家長到孩子的教室午餐。大部分的中心並不需要事先通知要到特別的地方去午餐；這也對孩子提供了另一個社交拜訪和特殊款待的機會。有媽咪或爹地陪著他們吃午餐而沒有其他的兄弟姊妹，可能很好玩。家長可有機會去親眼看看老師如何幫助孩子培養合宜的用餐行爲、自助性和談話技巧，以及去鼓勵孩子嚐嚐各類食物。

### ㈤特殊的聚會

不管是家長茶會、早晨咖啡或是野外午餐，大多數家長對於對全體家長的邀請會有所回應。但隨著不同的家庭結構，在收到「僅父親」或「僅母親」的邀請時，可能會產生問題或不舒服，而特殊工作時間的家長可能無法受邀，沒有與指定的家長住在一起的孩子也會感覺被遺漏掉。指定的特別個人邀請可寄給父親以確保他們有被包括進去。讓孩子參與聚會的準備和邀請工作，常會使家長有特別的動機來參加。時間的選擇應該儘可能與老師對家長工作時間的資訊相配合。

### ㈥動物園日

「動物園日」要求家長帶寵物來，那提供了使家長自願分享資源的好時機（圖12-6）。

當家長被允許採取主動時，他們常常會自己找出可參與教室生活的方法。如中心宣告家長可來帶他們的孩子到外面去約會或有特殊的午餐，他們會在刷牙時間準時地回來，或是在幫助老師安置大家午睡前講個故事給他自己的孩子和他一些朋友聽——每個人都得到滿足。像這些非正式的場合可能是一些家長到教室來的唯一時間(社交場合的另外附註可參閱第十三章，老師對包括家庭的一些創意活動計劃，可參閱 Horowitz & Fagella, 1986)。有些家長也可能以另外的方式參與。

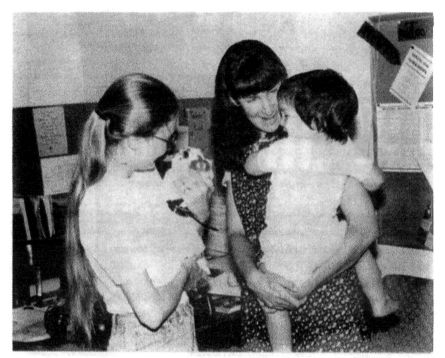

圖 12-6 「動物園」日讓家長帶寵物來，可有助於一些家長開始去自願分享資源
Courtesy CPCC Media Productions-Mike Slade.

## 三、鼓勵家長觀察

對於教室感到自在的家長，會接受花一點時間來參觀的邀請。這對所有家長都是有益處的，尤其是對那些對孩子特別關心或對課程有疑問、期待在以後的會議中能延伸談話的家長們。

當家長和孩子都對他們的角色準備好時，觀察期間是最有建設性的。老師可對孩子說明家長要來，「他們能看到我們在教室做的所有好玩事情」。孩子也可被告知，參觀的大人們可能會坐在一邊一段時間而不一起玩(理想的是有個觀察屋或窗，讓訪客能不被發覺地觀察。由於沒有很多學校有這樣的設備，因此家長和孩子雙方都必須使自己習慣他人的在場)。

家長和老師都應該注意到，孩子在有家長在場時，會表現得有所不

**圖 12-7　在遊戲場中觀察有助於讓家長和孩子對觀察的過程感到自在**
Courtesy CPCC Media Productions-Mike Slade.

同。應該公開地討論這些，向家長建議幾個適合觀察的時機，以及去習慣他們孩子的實際情況。

在戶外遊戲時觀察，對孩子和家長都是很好的第一步。室外遊戲可提供讓孩子自在地玩的自然機會，而不會感覺到他們在被觀察。對於觀察者角色會猶豫的家長也會對在戶外感到較自在（圖 12-7）。

許多家長對他們作為觀察者的角色感到不確定。給予他們口頭和書面的指引，以幫助他們知道教室行為和要觀察的重點，會讓他們感覺較安全。以下是可供運用的示範表格。

```
┌──────────────────────────────────────────────────┐
│            歡 迎 來 我 們 教 室                      │
│                                                    │
│  1.孩子看到你將會很高興，且可能需要有你來參與他們玩耍的溫馨  │
│    回憶。一群人一起會使你較難以去觀察或是記下問題。         │
│  2.來觀察你的孩子且儘可能像其他人一樣多次，這可能是一個學習  │
│    經驗，可瞭解                                       │
│    ·你的孩子，他與其他小孩的關係，以及教室的活動。         │
│    ·和你孩子同齡的小孩中，有什麼是他們相像的地方。         │
│    ·老師是如何指導每個孩子。                           │
│  3.觀察你的孩子和一些其他的小孩，注意他們如何              │
│    ·與其他小孩應對。                                 │
│    ·運用語文。                                      │
│    ·選擇活動以及他們每個活動待多久。                    │
│    ·解決問題及獲得幫助。                              │
│  4.觀察老師在各種活動中，注意老師如何                   │
│    ·與每個孩子相處。                                 │
│    ·控制困難的狀況。                                 │
│    ·防止問題及指導行為。                              │
│                                                    │
└──────────────────────────────────────────────────┘
```

　　有特殊憂慮的家長應該給予個別的指引。常常作觀察的家長會很希望有一本上面每頁有特別重點的觀察小冊子。

## 四、家長是教室的資源

　　由於老師瞭解他們所合作的家庭，他們會知道家長有那些豐富的經驗可資運用，以加深孩子對周遭世界的瞭解。可邀請家長找個對他們方便的時間到教室來分享經驗。在適當的時間，孩子也能夠到工作場合或家裡拜訪某位家長。

　　家長的各方面都是資源。

## ㈠職業

許多家長的職業，伴隨著「賺錢工具」的展現，對孩子是很有趣的。訪客也許是帶著一大套牙齒和牙刷的牙醫、開著卡車來的卡車司機、髮型設計師或是木匠。

即使職業較平凡的家長，有時也會因工作地點，而使孩子有一趟美好的旅行。有著刺激電梯可上去欣賞風景的高聳辦公大樓、建築景觀旁的公司、購物中心、鄰近的商店、公車終點站，所有這些都可讓孩子高興地去參觀，因為他們可看看人們工作的各種不同地方。

## ㈡嗜好

家長有特殊的興趣和嗜好，可提供課程一些吸引人的內容。演奏吉他者、帶著背包和帳篷的露營愛好者、園藝家、烹飪、有氧舞蹈、騎自行車、搖滾愛好者或木工，所有這些狂熱和技能都可與孩子們分享。喜愛錄影的家長可將孩子的鏡頭攝影起來，孩子在之後看時會很好玩，而

**圖 12-8　很多家長喜歡與孩子分享他們的興趣**

圖 12-9　其他的家庭成員，像是祖父母，可能會有時間到教室來
Courtesy Barbara Stegall.

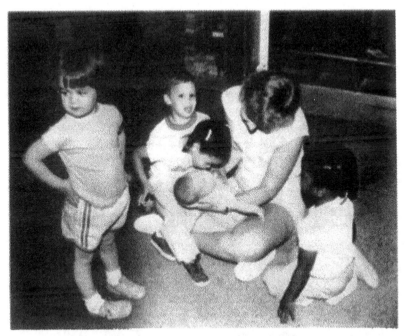

圖 12-10　保母可到教室來拜訪
Courtesy CPCC Media Productions-Mike Slade.

圖 12-11　家長會願意去分享每天來自對他們家裏的愉快經驗
Courtesy Barbara Stegall.

圖 12-12　父親來說故事是一個特殊的事件
Courtesy Nancy Pierce.

家長在以後家長會時看到也會很感興趣。大多數的大人，即使在起初感到猶豫，當孩子對新活動反應出熱愛時，他們自己也會非常地高興。有時，對大人似乎是很嚴肅的嗜好，在孩子以他們自己的方式去接觸時，也會產生有趣的情況。與孩子分享他喜愛的古典樂錄音帶的家長，在看到孩子本能地隨之即席擺動和跳舞時會很高興（圖 12-8）。

### ㈢文化

良好的早期幼兒教室，會提升孩子的多重文化經驗。孩子必須有機會學習去尊敬和重視人群裡的獨特差異。家長可幫助老師提供孩子探索各種不同文化或宗教傳統的風俗、食物或慶典之第一手經驗。從猶太父母那兒學到 Channkah 歌、遊戲和食物，中國父母示範碗筷子的用法，波多黎各父母教導西班牙兒歌，越南父母分享一些家庭寶物，美國印第安父母分享手工藝品，從假期旅遊帶回來的紀念品，這些活動設計加進課程中會豐富且刺激孩子的學習。更重要的是，邀請家長來分享他們的生活和文化部分，可給予老師去表達對班上各種不同家庭背景尊重的機會。孩子和他們家長兩者在代表他們自己的生活被分享時，都會獲得自尊上的提升。當孩子在學習去喜愛並接受多重文化經驗中的獨特性和普遍性時，所有的孩子都會受益。

### ㈣家庭的延伸

瞭解每個家庭的組織將有助於老師去找出父母之外的資源，喜歡給小孩說故事的退休祖母、可幫忙在運動場丟球的青少年哥哥、可帶來讓小孩觀察洗澡或餵食的嬰兒，其他的家庭成員皆或許可提供一些額外的經驗（圖 12-9、圖 12-10）。

### ㈤時間

許多家長所提供的一項資源是時間。在需要額外的助手時，家長到教室來是很有幫助的。健行或郊外旅遊、教室聚會，或更複雜的計畫在著手進行時，老師可考慮從家長那兒得到額外的協助。有時家長對於提供時間分享會比表現其才能顯得更自在。當家長和孩子在一起時，他們常常做些他們在當父母時已做過的活動——指導烹飪、雕刻南瓜燈籠、玩遊戲（圖 12-11）。家長的在場只是提供讓孩子觀察的學習經驗，例如，男性做一些通常與母親角色有關的教室工作，像是倒果汁或清潔桌子（Hopkins, 1977）（圖 12-12）。

## ㈥材料

無法到教室來的家長，也許仍可以提供教室活動所使用的材料作為資源。來自於工作的剩餘物和廢棄物（電腦紙、紙箱、綿廠的綿軸），來自家裡的剩餘物和廢棄物（廚房器皿、衣服布料、雜誌、纖維段），所有這些都可以有所貢獻，而讓家長和老師雙方感覺到合作感。有些老師會定期地以通知單或佈告欄公告出一張「徵求寶物」的通知。

教室外的家長在他們為教室的活動準備材料時，會有參與感。為老師要做的遊戲模繪和裁紙會讓媽媽感覺是在做件重要的事。其他留在家裡的家長能幫忙做的事情包括：打電話提醒其他家長來開會、教室通知單的打字、將娃娃衣服重新洗清。

在某些社區，家長可能可以成為「開放家庭」的主人，讓孩子的同學來參觀，小孩可到家裡來吃些點心或是中午野餐。

## ㈦特殊技能

家長可能有些技能或知識可成為教室之外的資源，以支援中心或是提供給其他家長。建築師、營造商或造景設計師可完成遊戲場的設計工作；會計師或商人可協助預算、保險和稅賦事務；醫藥專業者可提供急救器具和產品；特別手巧的家長在有需要時可修理玩具；善於購物的家長可幫助中心裡的購買人員，回答像是「我們想買沙能到那裡去買？」的問題。知識廣博的家長可成為家長會或研習會的資源，高中的諮詢員可引導溝通技巧的討論，成功地克服離婚和再婚障礙的家長可分享其對繼父母的心得，律師可為上班的父母討論稅賦問題。

# 老師的角色

在老師邀請家長來參與課堂學習活動時，他們必須注意與大人們合作的技巧。老師必須能夠放鬆且享受他人對他們班上的貢獻，而不會因注意力從他們自己被轉移至來訪者身上而感覺到受威脅。重要的是要記得，給家長愈多特定的資訊，他們將能愈自在地去瞭解什麼是他們被期待的行為。家長應該要知道計畫必須去配合時間，而當他們的時間允許時，也要瞭解什麼是可被接受的離去或留下的時間。

在家長一進教室時，老師應該要立刻迎接他們，讓他們感覺到受歡迎，並指出坐下或為他們準備之區域。家長喜歡在之前就清楚地知道，他們被期待怎麼去做，而不是含糊地建議他們來「加入」。即使家長只是到教室來分享時間，如果老師幫助他們開頭會讓他們感到較自在。

> 「我們的孩子喜歡有人說故事給他們聽，你只要坐在書籍角落的那個椅子上，我確定不多久就會有孩子加入。那兒也有二張小椅子，以限定孩子數為二個，當他們看到椅子上人坐滿時，他們通常會前進至別處。在我們收拾去吃點心前大約還有半個小時。」

當家長來教室很頻繁時，有個特別的工作卡，指出負責的是室內的那一部分，是問題的建議、促進學習的評論或清潔的責任等等，對家長也許有幫助。老師應該注意，家長有不舒服的徵兆或是在不確定的情況下，多半是他們想要老師援手的表示。偶爾，受邀家長的孩子會表現出炫耀或依附，以及想霸佔住他父母的注意之行為，在之前去警告家長這可能會發生，而老師為此做好準備且不要介意，是較好的方法。家長也應確知如果需要時，老師會介入，去提醒孩子教室規則，以使家長不會感覺所有的指導責任都是他們的，和能避免由於困窘，可能有不適當的表現。在教室裡，老師應該要執行教室規則，這種認知有助於釐清大人的職責。

這不尋常的事件在家長離去時，可能會引起小孩的煩亂，即使分離並不會造成問題。老師必須去安撫他並向家長確保來教室拜訪仍然是一個很好的主意，即使在結束時有一點眼淚場面出現。其對孩子和家長雙方的正面意義遠超過任何短暫的沮喪。

家長喜歡他們對教室有重要貢獻的感覺。如果家長真的感覺到被需要，他們會試著找出時間去作拜訪。拜訪之後來自於老師和孩子的感謝函、活動的照片展示在公佈欄上，在下一期的通知單上提到該活動，當成是教室的重點──所有這些都能向家長傳達，他們的時間是花得值得的。

## 摘　要

　　家長要參與教室裡，可成為：

　　(1)偶爾的訪客，參與教室裡的活動、用餐或慶祝會。

　　(2)觀察者，以擴展他們對孩子在教室內作息的認知。

　　(3)資源提供者，延伸並豐富孩子的機會。

## 進一步學習之作業

(1)如果你任職於幼兒園，收集家長們的資料——家庭組成、職業和相關
　　細節、嗜好和興趣、宗教和倫理背景。找看看是否可由家長那兒取得
　　任何在你教室中可用到的特殊材料，或是有那一段時間有空。將這些
　　資料整理到資源檔案中(如果你目前沒有在幼兒園，使用第一章所描述
　　的虛構家庭資料，做一個簡單的資源檔案)。

(2)運用你的資源檔案

　　1.做一個要如何利用你所知道的資源，在整年中邀請家長到教室來參
　　　與特殊的活動和(或)事件，和(或)主題課程之假設計畫。

　　2.如果可能的話，邀請三個不同的家長到教室。記得，為家長和孩子
　　　做好準備是你的角色；扮演女主人，使家長在教室裡感到自在，並
　　　指導孩子們的行為。利用此機會去觀察家長和孩子在教室裡的行
　　　為，以及每個人來訪的效果。

## 複習問題

(1)描述老師和家長在教室合作時，對孩子、家長和老師的優點之一，以
　　及三個缺點中的任何一個。

(2)列出鼓勵家長到教室拜訪的方法，至少二個。

(3)描述促使家長到教室觀察的方法，至少一個。

(4)討論家長可提供教室資源的方式，至少二個。

## 進一步閱讀的建議

Beebe, M. (1977). An innovative early education program: Saturday school.
　　　in Barclay, J.G. (Ed.) *Parent involvement in the schools.* Washington, D.C.:
　　　NEA.

Brock, H.C., III. (1976). *Parent volunteer programs in early childhood education: a practical guide.* Hamden, Conn.: Shoestring Press.

Coletta, A. (1977). *Working together: a guide to parent involvement.* Atlanta, Georgia: Humanics Press Inc.

Gilmar, S., and Nelson, J. (1975). Centering resources for learning: parents get into the act. *Childhood Education, 51*(4), 13–15.

Harris, J.A. (1978). Parents and Teachers, Inc. *Teacher, 96*(1), 85–87.

Miller, B.L., and Wilmshurst, A.L. (1975). *Parents and volunteers in the classroom: a handbook for teachers.* Palo Alto, Calif.: R and E Research Assoc., Inc.

Nedler, S.E., and McAfee, O.D. (1979). *Working with parents.* Belmont, Calif.: Wadsworth Publ. Co. Inc.

Tizard, B., Mortimer, J., Burchell, B. (1981). *Involving parents in nursery and infant schools.* Ypsilanti, Mich.: The High/Scope Press.

## 參考文獻

Hopkins, P. (1977). Every father should be a nursery school mother at least once in his life. *Young Children, 32*(3), 14–16.

Horowitz, J., and Faggella, K. (1986). *Partners for learning.* Bridgeport, Conn.: First Teacher Press.

Knowler, K.A. (1988, Nov.). Orienting parents and volunteers to the classroom. *Young Children, 44*(1), 9.

# 第 13 章

## 父母參與決策

父母參與的一部份包括家長參與教育或決策的會議。

## 目　標

在讀完這章之後，學生將可以：

(1)討論父母教育的基本理論。

(2)確認幾個有關父母教育的假定，以及與之相符的計畫課程。

(3)描述家長可成為顧問的方式。

　　Anne Morgan 和 Dorothy Scott 在他們的班上有很多不同的作法，但他們在一個想法上是一致的：他們都不想要參加下週中心的家長會。Dorothy 相當諷刺地說道：「看，我去家長會已去了十三年了，而它每一次都一樣，少數的父母出現而總是相同的那些人——幾乎已做得很好，並不需要來聽學者的演講的人。我就是對整件事感到很累。」Anne 也對她上次參加的會議結果感到失望。「假設家長必須瞭解的是，電視對學齡前孩子的可怕後果。而在他們聽了我們所邀請的人在主題中所講的之後，你想我在孩子告訴我他們還是一直看電視時，能看到任何差別嗎？似乎不值得去努力。」甚至他們的主管似乎也無法確定她繼續去安排家長會是否有價值，「我們似乎必須去做點什麼別的，以吸引更多的家長。」

　　這些評論常常可表達出老師嘗試對他們所遇到的家長實施父母教育的態度。去聽聽家長的參與經驗以及留在家裏家長的反應會很有趣，也很有可能會聽到額外的負面反應。

　　傳統的父母教育組成包含給予父母一些專家認為是必須的資訊之各種方法。傳統的探討強調的是直接與親子互動有關的資訊和訓練，它的模式是能幹的專家灌輸觀念給較不能幹的父母。這種單向模式暗示的是默從的聽眾以及必須去克服親職知識的不足。這樣的態度增加了父母的自我疑慮；難怪家長在參與這些教育探討時常很不熱衷或是有很大的逃避心理！

　　這樣的父母教育課程常使家長感覺到較無力，而必須依賴專家的建言。學得的無助之研究指出，對失敗的經驗和期待會降低學習能力和探

取主動的意願，而增加了轉向他人求援的傾向。父母愈是被好像他們是無能的一般來對待，他們愈不會試著去努力。他們被教育的系統過程本身就是任何父母教育課程重要的一部份。許多資訊計畫的有效性會被所指出之專家權威和父母的不適任之過程所阻礙住。

在考慮也許更有效的模式時，支持和加強父母的勝任感之態度和實務是必須去加以審視的。

# 什麼是父母教育？

雖然有些計畫提到，所有對父母參與的努力都是「父母教育」，但此說法還是經常被用於提供父母知識和支持，以幫助增加其父母效能的特定目標上。父母教育因不同的目的、不同的結果，所採用的形式也不同。

思考以下的對照：有些計畫焦點在於家庭──社會關係上，而有的則教父母如何去刺激孩子的認知發展；有些計畫規定出與小孩有關的特定技能和方式，而有的計畫則幫助父母決定什麼是對他們最好的；有些計畫主要的設計是對父母傳播兒童發展資訊，而有的則嘗試去促進計畫參與者之間的支持關係；有些計畫有高度的結構，而有的則讓父母選擇他們所希望進行的活動；有些計畫中，教職員是扮演兒童發展專家，而有的則固守自助的模式，教職員是非直接的推動者角色。在專家的使用、輔助者或義工、計畫長度（週或年），以及計畫的形式（團體或以家爲基礎）上也都有重要的差異。

由學校、醫院、健康中心、托育中心、心理衛生機構、教堂、圖書館、學院和大學，不同組織所進行的父母教育計畫，有他們各自的任務。他們服務的對象包括初次父母、懷孕中的父母、未來的父母、青少年父母、單身父母、殘障孩子的父母，以及祖父母（Powell, 1986：47）（**圖 13-1**）。

差異還可繼續列出，而在解釋相同的現象時，也會有些歧異的觀念；有些會提出不同的參考觀點。因爲父母教育是一個複雜的現象，它的歷史和發展還一直持續著，而它也會因目的、內容和探討

圖13-1　父母教育計畫必須符合各種家庭結構的需要，包括祖父
母、青少年父母，以及單身父母
Courtesy USM Publications.

的改變而被附上不同的標記(Florin & Dokecki, 1983：24)。

　　過去十年父母計畫的主要方向是家庭支持計畫的發展。這個對父母
教育的廣泛探討焦點是放在所有的家庭生活，並強調為家庭發展出支持
系統，目標是去幫助家庭防範問題。「家庭資源聯盟」(The Family
Resource Coalition)提倡此類的計畫，並提供地方有關成立方法和組織
模式的相關資訊(FRC 的相關資料，詳見第四章)。

　　Auerbach 定義父母教育為「介入幫助父母在他們的親職角色上達
到更有效的功能」(Auerbach, 1968：3)。Swick 引申為「提升父母在實
踐他們所扮演的各種角色時的發展和學習之任何努力」，包括夫妻角色
和關係，以及作為成人之個人需求等個人的範圍(Swick, 1985：4)。這
種努力是指引父母增加知識和瞭解的新教育經驗；促使他們去質問他們
所習慣的思考、感覺和行動方式；並且幫助他們發展出與他們孩子、他
們自己、以及他們的社會環境相處之新的模式。

稱爲教育就是問題的一部份，因爲它的涵意是與狹隘的認知學業領域有關的正式學習。實際上，親子關係和教育的課題與事實和知識並非那麼有關，因爲它是一種觀念、態度和想法。任何教育的計畫內容也許皆比讓父母們聚在一起以開闊他們的視野，並對親子關係的感覺敏感之方法來得不重要。

父母教育課程的主要功能可能有：(1)激發父母去檢示他們與孩子的關係以便更親近；(2)鼓勵家長與計畫教職員之間的互動(Powell, 1986)。

廣泛考慮的父母教育是指動態的學習過程，家長是積極的參與者，以家長的興趣和需求來發展，而在當中，家長能夠以個體來參與。以研究爲基礎的資料建議，父母看待他們親職角色的方式以及和孩子的互動，會直接地影響到小孩思考、說話和解決問題的方式，以及對自己和他人的感覺。由於是孩子的老師，家長們必須和老師具備相同的認知和技能，如此他們才能對他們的能力感覺到同樣的自信，而能夠引導孩子發揮至最大的限度。因此，父母教育必須提供廣泛多樣、經設計的服務，以補充父母的職責和知識，增加他們對孩子和他們在照顧能力上的瞭解。

## 一、已設計出的父母教育計畫範例

幾個已發展出來受歡迎的計畫模式被廣泛地使用，主要是用於中階層的父母。這些包括：父母效能訓練(PET)、效率親職系統訓練(STEP)，以及積極的親職(**圖 13-2**)。

### ㈠父母效能訓練

Thomas Gorden 發展出此課程，並以此主題寫了一本書。此方法焦點主要是在於幫助父母培養溝通技巧，使他們能扮演有關孩子行爲和感情的諮商者，並能解決親子之間的衝突。父母被教導的技術像是積極傾聽，「我」─訊息，以及解決衝突的不敗方法。對於參與 PET 課程的父母之行爲研究指出，隨著家庭衝突頻率的降低，父母與孩子的正面互動以及家庭的凝聚力都增加了(PET 方法的相關資料，可參閱 Gorden, 1975)。

### ㈡效率親職系統訓練

圖 13-2　中階層父母常喜歡參與對培養新技能採取團體討論的父母訓練課程

Courtesy Council for Children, Inc.

　　這項計畫提供了有結構的課程，以錄影帶、父母手冊、領導者手冊來呈現課程，以做為九位父母為一組課程之補充資料，而其主要是以 Alfred Adler 和 Rudolf Dreikurs 之兒童管理原則為基礎。培養溝通方法和非處罰的訓練技術，強調達到自然而合理的結果，並隨之培養其責任心、作決策，以及解決家庭問題之技巧（STEP 方法的相關資料，可參閱 Dinkmeyer & Mckay, 1982）。

### ㈢主動的親職

　　主動的親職開始於一九八〇年代初期，是一個快速發展的親職課程，由受過訓的領導者在六節有結構的課程中，使用錄影帶和工作手冊來進行課程。該計畫宣稱其「觀念來自於心理學家，像是 Alfred Adler, Rudolf Dreikurs 和 Carl Rogers 等人，而打破了像是 PET 和 STEP 課程的範疇，使親職教育更容易去教導——且更促使其去學習——和以往相比的話」（主動親職資訊，AP Newsletter）。此概念所強調的包括「有限制下的自由」和「民主的家庭單位」，以這些觀念來進行家庭會議。

在錄影帶中的小故事裏，舉例說明像「我─訊息」、積極傾聽之技巧，以及其所帶來自然而合理的結果，也附帶對行為偏差的原因、自尊的形式，以及對發展責任心有幫助的讚美和鼓勵等之基本認識。

這種計畫對中階層父母會有很大的吸引力，但對較低階層父母可能就沒有太大的吸引力，他們可能不重視民主的模式，且對感覺無法開放地表達。

Powell 指出，過去十年中父母教育計畫在內容和程序上有些重大的改變，有新的重點以符合預定中的父母人口，改變了計畫人員和參與者之間的關係，並且著重於父母功能上的社會面(Powell, 1989)。

## 二、計畫配合父母的個性

已提過父母教育的方法常是使用於中階層父母群體，因此不需要移轉配合低收入的父母。例如，團體討論方法就已局限是吸引這些群體。課程的計畫必須要對於參與者個人的需求和期望予以認知和反應，這說明了家長對於學習的內容和方法上應是一個主動的角色。

## 三、專業的角色

計畫人員和父母參與者之間有趨向於平等關係的傾向，主控和決策的角色不再是都由指導者或老師來扮演。職員的角色變成是目標和活動的推動者，而決策是由父母和職員共同來訂定。這種認知的焦點是在於關係中的成人教育，而非只是父母教育，它假定了父母和老師兩者是彼此教育的。

## 四、對親職社會層面的注意

此外，人們也認知到作為家長在親職角色表現上支援的社會網絡和支持是重要的。傳統的父母教育計畫是靠著傳播資訊給父母以影響其行為，但父母支持的探討則假定社會是給予父母功能正向協助的(圖13-3)。

父母教育提供所有的父母所需要的支持和態度：

(1)鼓勵他們去運用和依靠他們所知道的。

**圖 13-3　在父母教育計畫裏，與其他家長所形成的社會聯結可能和所獲得的資訊一樣重要**

Courtesy Ellen Galinsky.

(2)鼓勵他們與其他家長分享他們的經驗。

(3)支持他們所做的。

(4)告知他們所沒考慮過的新觀念。（Gordon & Breivogel, 1976）

這些觀念使得父母教育的內涵不再只是與親職之不足模式有關，而強調去支持和幫助所有父母的需要。

　　近年來，一些計畫對於父母生活方面的努力大大地增加了。雖然如此，父母教育計畫的價值仍持續被政策制定者和出資者所質疑，他們仍相信親職工作是本能的，而只有問題家庭才需要外在的建議和幫助。因計畫型式的多樣性，關於有效性的問題也出現了，什麼方法是最有效的，而什麼是想要的結果。如果父母教育的目標是去促進親子關係的正面補強和對孩子的功能，要去評估這目標是否達到是難以研究的。想要去評量父母教育的影響卻產生無確定結果的原因，是因為與父母教育相關的許多問題，必須是認知、情況和改變的行為長期之後的結果，而為研究效果所使用的大部分方法都無法去等待這麼長期之後的答案。此外要去

把一個計畫的結果和另一個求相關也是很困難的。大多數父母教育計畫的研究是把焦點放在孩子以及在孩子身上所找出的強而短期的效果。對於父母的影響較少被研究，但也有証據顯示其在互動和態度上產生了一些立即的正面影響。計畫的家庭支持型式之研究，在考慮了家庭社經和生活情況之後，發現其與父母的效能呈正相關(Powell, 1989)。

## 五、父母教育之基礎假設

父母教育的基本原理是父母積極地參與於動態情況中，其假定

(1)父母是可以學習的。親職行為並非由無法伸展的本能反應所決定，而是可經努力而獲得或進步的學習行為。父母對兒童發展和親子互動之影響瞭解得愈多，他們愈可審視他們做了什麼以及為何做它，並且會愈有技巧地表現適當的行為。

(2)親職是一個存在著知識基礎，附屬於父母行為之有效類型的領域。研究探討指出特定的父母態度和行為會造成孩子特定的反應。這裏要加以說明的很重要的一點是，在任何一種父母教育計畫中，什麼知識是應該要教導的，並達成一致的協議；然而，知識基礎是任何領域都必須要提出的。

(3)單單是知識並不足以培養親職的能力，也就是說，親職教育中的所有主要努力在某方面都與情感和態度有關。有關家庭和親子互動的感覺是深遠而有力地在進行，父母有時會被神話所愚弄，認為親職永遠是愉悅而快樂的，而必須自己去接受焦慮、挫折和敵意的情緒反應。事實上，有關權力、權威、互惠的態度和相關的感覺常常比事實更有影響力，父母教育必須要提供與事實和感覺皆有關的表達方法。

(4)所有的父母，不管是受過良好的教育，有良好的適應，或幸運地，社經已有很好的基礎的，都需要幫助以學習如何去因應親職角色。這種需要須應生活方式的不斷改變而隨之加強，也要在家庭生活週期的特殊階段予以強化。

(5)父母想要學習，父母真的關心他們的孩子，而當他們相信他們是在幫助孩子或是在做些使他們成為更好的父母的事時，他們會願

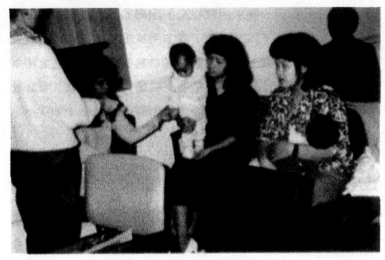

**圖 13-4　父母對於符合他們需求的會議會去參加和學習**
Courtesy Barbara Stegall.

意去參與。同理,如果父母無法確信計畫對他們的孩子或他們自
己有價值時,他們就不會去參與該教育計畫。也必須要考慮到,
如果父母要能夠使自己去學習和改變,他們生活中的特定壓力就
必須減輕。

(6)當主題和父母及孩子有密切相關時,他們學習得最好。所有父母
的生活關係和環境皆有其獨特的經驗,必須要針對他們的情況,
對新觀念做特別的應用。每個父母的成長和改變都有其特殊的需
求和動機(**圖 13-4**)。除了父母自己以外,沒有人或機構可決定他
的需要是什麼。

(7)父母常常可從彼此中學習到最好的。這項觀念的負面說法是,父
母是成人,他們不想由一強者來告知任何事,即使他是一個專家;
父母也常會抗拒專家所告訴他們的事。由被視為同伴的其他成人
之共同經驗所學得的較有意義,因為父母會彼此提醒,什麼是他
們已經知道的,而在他們強調和瞭解時會增加了他們的自尊感。

(8)父母以他們自己的方式學習。基本的教育原理指出每個人在學習
的步調、方式和風格上都有其個別差異。動態的計畫提供了彈性,

使父母能感覺自在地去進行，去專注於他們認為有意義的，並且以他們所能夠的最大限度去主動地參與。

一些父母教育計畫所提出的典型問題必須在執行這些假設時予以更多的注意，使其得以防止或解決。這些問題包括：

(1)開始的新會員問題或是缺乏興趣。注意到計畫內容和格式、計畫的時間、交通問題，以及對此有幫助的其他支持服務。

(2)觀點和價值觀的衝突。共同討論和計畫有助於將想法和態度的差異轉化成可使父母深入地審視他們自己情況的刺激情境。

(3)團體管理的問題。指導者和老師真的有必要去學習和成人合作所需要的技巧。訓練的一部份應該是要使專家之支配姿態改變為引導團體方法之技巧。

近來家庭資源聯盟對父母教育的新理論和技術已有所反應，而提供夏季研習會以訓練專業者。訓練中探討團體方法、同伴支持理論、面對改變、課程和計畫模式，以及專家在社會支持網絡中的角色。

# 父母教育課程的執行

父母對於所參與的教育計畫應積極地去參與設計。老師和父母作為夥伴一起合作努力，這和傳統的單由專家來進行這些決策是不同的。有幾個方法可促進此項合作關係。

## 一、開始的父母參與

父母一開始聚在一起可能只是純粹的社交聚會，像是晚餐會、午餐便當或是家長之早餐會。隨著自在感的增加和關係的成長，父母之間開始一般性的討論，可能只局限在特定的興趣和話題上。老師可以幫助父母們從他們的共同需求中直接發展出計畫結構。老師之後的角色不是「專家」，而是資源，因為家長會去解釋他們自己的需求。父母們要參與是一個自然的過程，因為他們已經感覺到受歡迎，已是家長團體中的一份子。

父母教育努力於使家長直接地參與計畫中。在學期開始不久後就建構好會議,特別是去找出並討論一些父母會有興趣進一步探討的主題。在剛開始的會議中,如果教職員要求一、二位家長幫助計畫的進行、引導開始的討論,會使家長採取較積極主動的角色。

填答評量問卷或調查表是得知家長們之興趣和需求的一個方法,其資料可作為未來父母計畫之用(Croft, 1979)。調查表可類似如下:

---

我們在計畫今年的家長會議,需要你的意見。

1.評定以下的題目 　　　　　　　　　　　　　　　　　興　趣

　　　　　　　　　　　　　　　　　　　　　　　大　小　無

　　管教

　　手足競爭

　　營養與孩子

　　完成就學準備

　　選擇良好書籍和玩具

　　性教育

　　一般發展

　　請增列你有興趣的題目:

2.圈起最適合你作息的時間。

　　周一　　周二　　周三　　周四　　周五

3.指出一天中最合適的時間:

　　午餐時間

　　下班後

　　晚上,七點或七點半

　　謝謝你的幫忙,請注意後續的通知。

---

使用調查表的缺點是有些家長在閱讀和書寫方面可能有困難而不會回覆它。這種表格也缺乏個人意見的表達,但至少調查表傳達了家長的

意見是被需要且被徵求的這一家長對於他們有參與意見的會議之後續通知會予以注意。

老師常會根據他們認為父母必須學習的內容去計畫會議，但除非父母有獲得特定知識或技能之持續需要的動機，否則不管其觀念多麼重要，他們也會抗拒由老師所強迫參加的計畫。另外，也要注意到，如果他們是以基本的假說來設計活動，並且相信父母能掌握其孩子的教養，那麼父母教育計畫會有較大的可能性去影響其改變（Sutherland, 1983），也就是說，計畫應該開始於父母所在的地方，而不是老師所認為父母應在的地方。只有父母能夠藉著表達他們的需求和興趣，來正確地解釋出這個起始點。他們也能夠使計畫對於文化和階層之差異有所反應。

## 二、選擇會議的型式

為滿足家長自在的需求以及提供和其他家長談話的機會，會議的人數大小和型式必須要考慮。研究發現影響父母參加和參與會議之最重要變項是人數的大小；較小的群體會產生親密、共同感，以及努力之歸屬感（Bauch et al., 1973）。也有研究指出，參與會議的家長只有一個年級的家長比全部中心家長一起的會議好（Tizard et al., 1981）；將有類似年齡孩子的家長聚在一起能促使其分享經驗和關心。大規模會議的優點是可讓羞怯的家長去傾聽而不會感覺到有參與的壓力，缺點則是個人的需求常常無法滿足，因為所有的家長都沒有機會去詢問與他們特殊情況有關的問題，並且無法與其他家長分享而得到滿足感。

既然家長能由彼此而有所得，就像從專家那兒得知一樣，那麼會議的型態應該鼓勵這樣的互動。隨著團體中家長的討論而產生的父母行為和態度改變，會比因演講的改變來得大。Powell 提到他稱為「廚房談話」（kitchen talk）的重要性，這種產生於片段的非正式談話比正式計畫過的教育還有效，因為那是他們想做且認為值得做的（Powell, 1989）。這需要對父母教育中指導者、老師和父母的角色有一清楚概念、強調的是家長彼此交談的重要性，而將專業者放在諮商的角色，去支持而不是去教導。在一些成功的父母教育例子裏，沒有一個專業者的效能會如團體領導者一樣好，當家長們確定他們需要專家時，老師可幫忙找出並邀請合

圖 13-5　老師和指導者可扮演諮商的角色，幫助父母確認他們的需求

適的資源（圖 13-5）。

　　老師在父母討論團體之角色，一開始是提供結構，使其有助於建立起非正式和友善分享的溫暖氣氛，之後的職務則是團體討論之推動者。這樣的領導者要表現出接受、支持，並且鼓勵團體中的每個家長去表達他們自己；要客觀，避免大部分的討論都偏向一方；在手法上，要保護每個家長在無威脅環境下討論的權利；對於團體成員的口語和非口語反應都要警覺，使用回饋以引導討論並維持團體之士氣。

　　當老師或指導者放棄只有他們才瞭解小孩的態度時，他們才有可能發揮功效。這樣的態度要清楚地表現在和家長之互動時，並且要防止任何的非正式團體討論變成制式。在團體討論或研討會時大量使用媒體或演講技術並無法使家長去參與。

　　老師在家長初次會議時可加以引導，使人際溝通容易些。使用名牌，以記住這是誰的父母，可有助於家長進行初次的接觸。

　　熟悉遊戲或活動可開始彼此間的談話。然而，很重要的一點是，要記得老師現在是在和大人相處，而不是小孩，所以幼兒教師必須去學習與成人相處之適當技巧。

　　老師可以表明父母會議的原理是另一個與全家合作的型式，可藉著讓孩子做點心或佈置教室而參與其中，或者可要求家長在會議中拍照，

留在孩子的櫃子裏，讓他第二天早上可看到。

原本存在的朋友和親屬社會網絡與父母參與例行聚會和特別活動有相關性存在，換句話說，與其他成人無相互連繫的家長，會較渴望在父母教育課程中與他人互動以及獲得支持，這可能對單親父母尤其明顯。對某些父母而言，得到社會互動的機會和新的關係是參與這種父母教育團體的動機。

## 三、選擇會議的時間

每天生活中的其他壓力和擔憂可能阻礙了某些父母去參與父母教育活動。老師必須意識到去做些他們能做的調適，以幫忙父母減輕一些問題。

如果家長能幫忙選擇日期和時間，會議就比較可行。有時父母的參與會被照顧孩子的需要所阻止；提供孩子托育可讓父母得以參加。交通問題也可能會使家長無法參與；家長委員會可派交通車或是將會議安排在接近市中心的位置。這樣的協助可使父母能夠參與，並且証明老師瞭解有這些問題。

對上班的父母，晚上的會議常常無法去參加；在一天長時間的工作之後，然後接孩子回家，準備晚餐並做好晚上的例行工作——要回學校成為一件很沒有吸引力的事。許多中心發現可供應晚餐——盒裝晚餐或是義大利麵餐——在家長來接他們的孩子時，家長、孩子和老師在工作時間後一起放鬆一下，在家長不必擔心帶著疲累、飢餓的孩子忙碌於家事的情況之下，享受社交聯誼。當家長繼續較嚴肅的討論時，孩子可在另一房間玩耍。在整個愉快而有建設性的時間之後，家長和孩子仍可以早早地回到家。

位於家長上班地點中央的學校可偶爾要求家長來參加午餐會，讓家長能在孩子有中心人員的照顧的情況下聚在一起。這樣的聚會必須瞭解許多家長的上班時間。

忙碌、疲累的家長對於時間已安排好、有事先通知、不會花太多時間的會議較可能去參加。事先通知好會議(時間最少一個月前)，之後幾周及幾天前再予提醒，這樣會有幫助。協調計畫和安排要花時間，所以工作人員應假設家長無法看到通知就馬上來參加。注意到生理的舒適，

準備大人尺寸的椅子、點心，以及輕鬆、不擁擠的氣氛。創造適宜的環境，使大家能專心地討論。

在父母教育討論團體發展中，它的目標和目的會由參與者作更精密的確認。計畫的進行要成功，重要的是，家長和老師有時要評估活動是否能符合預定的目標。要記住，任何父母教育計畫的有效性並不是以多少人參加來衡量，而是計畫是否能影響態度和行為的改變，以及是否增加了親職能力。評估應集中於計畫對那些來參加者多有用，以及有什麼增列的步驟可用以使其他人受惠。

對於像 Anne Morgan 和 Dorothy Scott 那樣的老師，認為父母教育計畫是傳統的專家給予資訊之型式，可能需要努力去接受家長在討論中可選擇、指引和主動參與的觀念。這種型式的教育可給予家長力量和權力，因為他們從自己的想法和能力中得到自信。

# 父母為決策者

有些計畫父母在當中是建議者和政策制定者。將家長委員會或政策委員會的家長成員帶入決策的地位，而能決定影響他們的孩子和他們所代表之團體的政策。決策制定者的確實角色可能常會依學校或機構的規則而訂定（**圖 13-6**）。

聯邦資助的計畫，像是先鋒（Head Start）和頭銜（Title 1），依聯邦指導方針和地方規則將一半的家長成員置於顧問委員會的親職角色中。這些角色是積極的，有權力去決定預算事務、課程，以及職位的雇用。

家長與學校合作，學校通常允許他們的家長委員會參與所有的政策。一些公立和私立的教育機構之家長委員會功能也許純粹只是顧問群，而決策的權力還是在專業人士身上。家長諮詢委員會可成為教職員和家長之間成功溝通和合作的第一線聯結。因為經由家長諮詢委員會傳達教務給父母們，較不會給人有「專家」建議和控制全局的印象。

許多家長渴望能對他們孩子的學校有些自己的意見。有效地使家長參與以共同決策對每個人都有好處可使計畫所架構提供的東西能符合社會特質和需要，孩子會因而受益，而居於領導角色的父母能培養那些對

**圖 13-6　在一些計畫中，家長能參與成爲決策者**
Courtesy Council for Children, Inc.

他們自己和社會都有益的技能，增加了他們對塑造孩子生活的能力之自
信。當家長認爲學校的功能和他們自己的目標很相近時，也許會對學校
或中心表現出更多的支持。感覺到有管道去抒發意見、關心的家長，將
不會放棄表達意見或訴諸於負面的方法使自己的聲音被聽到。當父母對
學校如何運作和其原因瞭解愈多時，他們會愈瞭解孩子的需求。指導者
和老師會因加入了家長的想法，使觀點擴展而受益，他們可能也會發現
隨著家長的瞭解和支持的增加，他們的努力會更有效。

　　在沒計畫好的家長顧問情境中，可能會顯現出各種問題：有關如何
去進行組織程序的衝突，家長之間競爭團體控制的權力鬥爭，團體成員
的職責混淆，以及對組織設立的基本原則和目標之不認同。

　　但是當組織與成員之間發展出信賴的關係，且幫助其發展團體溝通
和計畫的技巧時，家長參與決策的過程就能使家庭和學校之間發展出重
要的關係。特別的指導方針以及清楚的認知，對家長的行動是最有幫助
的。例如，使用含糊的說法，像「主管決定要與家長聯合」，是比較不好
的，寧願用較清楚的陳述，像「主管將審查家長職業，之後選出三位候
選人，不經推薦，最後由家長委員會選擇」。使家長參與作爲決策者的實
際優點應該能鼓勵專業者去找出避免衝突和誤解的方法。

## 摘 要

　　每一個幼兒教育計畫皆有其特定的特性、目標和受教對象，而每個學校或中心必須考慮如何將家長聚在一起，使其在整個家長參與的過程中得到教育、支持和(或)諮詢的目的。有些早期幼兒計畫甚至讓父母參與決策和政策決定的過程。要使家長積極地參與，以下的假定可作為父母教育的基本態度。

　　(1)父母可以學習。

　　(2)有特定的認知存在可幫助父母變得較有效率。

　　(3)單有知識不夠的，態度和感覺也必須要兼顧。

　　(4)所有的父母都需要教育和幫助。

　　(5)父母希望能學習。

　　(6)當主題和父母的特殊情境密切相關時，他們學習得最好。

　　(7)家長常能由彼此那兒相互學習，且效果最顯著。

　　(8)父母會以他們自己的步調、自己的方式來學習。

　　老師可促使家長參加，和家長一起建構會議，家長將會向老師說明他們的個人需求和需要。會議的時間應該依家長的方便來決定。

## 進一步學習之作業

(1)在你的幼兒園或到任何其他的幼兒園參加家長會。注意，努力去促進社交之自在氣氛和互動；硬體的安排和服務，像是幼兒托育、座位、點心；計畫好活動以及家長對其之反應。找出如何以及何時去宣告會議。和同學討論你的發現。

(2)如果你在幼兒園工作或實習，設計一調查表來評量家長的興趣和需求，以便安排未來的課程計畫。在得到回覆之後，分析資料，然後設計幾個能配合家長所表達的需求之計畫。如果你現在沒有在學校工作，找一搭檔設計一問卷，然後依第一章所提到的每個假設家庭之情況去回答問卷。分析資料並且設計幾個符合那些需要的教育計畫。

(3)計劃一個簡單的「打破沈默」社交活動，做為會議的開頭。與你的同學分享。

(4)接觸幾個你那區的幼兒園，包括先鋒或其他聯邦資助的計畫，如果你

的社區有的話。找看看是否有家長參與任何的顧問職位。

## 複習問題

(1)討論父母教育的基本理論。

(2)確認有關父母教育八個假定中的五個。

(3)對每個假定，描述與之配合的父母教育計畫之課程實施。

(4)描述家長可如何在計畫中扮演顧問。

## 進一步閱讀的建議

Anastasiow, N. (1988). Should parenting education be mandatory? *Topics in early childhood: special education, 8*(1), 60–72.

Braun, L., Coplon, J., Sonnenschein, P. (1984). *Helping parents in groups—a leader's handbook.* Boston: Resource Communications Inc.

Caldwell, B. (1986). Education of families for parenting. in Yogman, M.W., and Brazelton, T.B. (Eds.) *In support of families.* Cambridge, Mass.: Harvard University Press.

Cataldo, C.Z. (1987). *Parent education for early childhood.* New York: Teachers College Press.

Diamondstone, J. (1989). *Designing, leading and evaluating workshops for teachers and parents: a manual for trainers and leadership personnel in early childhood education.* (4th Ed.) Ypsilanti, Mich.: High Scope Press.

Dinkmeyer, D., and McKay, G. (1982). *The parents handbook: STEP.* Circle Pines, Minn.: American Guidance Service.

Gordon, T. (1975). *Parent effectiveness training.* New York: Wyden.

Harman, D., and Brim, O.G. (1980). *Learning to be parents: principles, programs and methods.* Beverly Hills, Calif.: Sage.

Kelly, F.J. (1981). Guiding groups of parents of young children. *Young children, 37*(1), 28–32.

Rothenberg, B.A. et al. (1988). *Parentmaking: a practical handbook for teaching parent classes about babies and toddlers.* Menlo Park, Calif.: Banster Press.

Wetzel, L. (1990). *Parents of young children: a parent education curriculum.* St. Paul, Minn.: Toys and Things Press.

Wlodkowski, R.J. (1985). *Enhancing adult motivation to learn.* San Francisco, Calif.: Jossey-Bass, Inc.

# 參考文獻

Auerbach, A.B. (1968). *Parents learn through discussion: principles and practices of parent group education*. New York: John Wiley and Sons Inc.

Bauch, J.P. et al. (1973). Parent participation: what makes the difference? *Childhood education, 50*, 47–53.

Croft, D.J. (1979). *Parents and teachers: a resource book for home, school and community relations*. Belmont, Calif.: Wadsworth Publ. Co. Inc.

Florin, P.R., and Dokecki, P.R. (1983). Changing families through parent and family education. in Sigel, I.E., and Laosa, L.M. (Eds.) *Changing families*. New York: Plenum Books.

Gordon, I.J., and Breivogel, W. (Eds.) (1976). *Building effective home-school relationships*. Boston: Allyn and Bacon.

Hobbs, N. and Assoc. (1984). *Strengthening families*. San Francisco: Jossey-Bass Publishers.

Powell, D.R. (1983). Individual differences in participation in a parent-child support program. in Sigel, I.E., and Laosa, L.M. (Eds.) *Changing families*. New York: Plenum Press.

———. (1986). Parent education and support programs. *Young children, 41*(3), 47–52.

———. (1989). *Families and early childhood programs*. Washington, D.C.: NAEYC.

Sutherland, K. (1983). Parents beliefs about child socialization: a study of parenting models. in Sigel, I.E., and Laosa, L.M. (Eds.) *Changing families*. New York: Plenum Press.

Swick, K. (1985). Critical issues in parent education. *Dimensions, 14*(1), 4–7.

Tizard, B., Mortimer, J., Burchell, B. (1981). *Involving parents in nursery and infant schools*. Ypsilanti, Mich.: The High/Scope Press.

# 第 14 章

## 社區中的老師與家庭

本章探討社會能夠給予早期幼兒學校、中心和家庭充分影響的方式，以及老師和家長在社會中可為孩子和家庭事務發揮倡導功能的方法。

## 目　標

在讀完這章之後，學生將可以：

(1)討論家庭和托育問題的共同參與。

(2)描述目前影響家庭和小孩的立法政策。

(3)討論社會對支持家庭和小孩的連結。

(4)確認並討論老師和家長的倡導角色。

(5)確認社區可提供老師和孩子資源的三種型式。

過去二十五年來，皆聲稱家庭和大社會被「社會資本」所侵蝕。在家庭中，社會資本指的是成人的出現和利用，以及親子溝通中有關社會和個人事務範圍延伸的機會。在社會中，社會資本包括社會控制的常規、成人所提供的年輕組織，以及各種成人和孩子之間非正式的社會關係，那使得成人可以用他們父母無法提供的方式去支持孩子(Coleman, 1987)。

整個社會愈來愈追求每個人的個人興趣，而愈來愈少將注意力放在撫養他人孩子的社會責任感上(**圖 14-1**)。某些尼克森和雷根時期的政府行政法令將一些社會中機構的可見支持除去，而留下個人家庭以他們所能去照料他們自己。大部份這種官方的撤消都是在對於合法屬於家庭的權利不干涉的態度之下取消的；事實上，家庭在不需要社會支持和資源的情況下也保留了下來。而在此同一時期，孩子的數目以及家庭生活的貧窮線則戲劇性地攀升。同時，個人主義的誇飾以及政府的撤消似乎使得社會的注意力及焦點不再置於家庭和它的需求上。

審視社會的弊病可發現，問題的產生是由於親職角色的不力，以及家庭單位的衰微。社會要去面對一連串問題：高的輟學率所帶來的文盲和沒有工作能力的問題；高失業率和生活在貧窮中的人民數目增加的問題；未婚懷孕和未婚媽媽之人數增加問題；伴隨著無望和貧窮的高犯罪率和藥癮問題；家庭的崩解及對大人和孩子的壓力，其所帶來的家庭結

**圖 14-1　家庭的需要必須由社會充分地支持**
Courtesy Council for Children, Inc.

構改變以及家長不同的工作型式問題。考慮如何去解釋這些問題的根本
原因,可使社會去重新審視家庭的情況和需求。對兒童和家庭政策的關
心隨著研究、人口統計學的適時衝擊、大眾的關心,以及一九八〇年代
後期總統的演說而加快了相關政策發展的速率(Kagan, 1988:33)。

　　家庭和早期幼兒計畫在較大的社會中是存在的。社會的決定和採取
的法案影響著家庭和學校的功能,同樣的,父母和老師的舉動也會影響
著社會。首先來看看一些社會所採行的影響家庭和學校的法案。

## 共同參與

　　工商業社會必須對待它的員工如家人一般。既然超過一半的母親和
父親一樣都在工作。雇主要面對其在同時兼顧家長和工作者雙重角色所
引發的衝突。孩子的托育問題可能會影響其生產力,如:員工是鑰匙兒

的家長，須擔憂學校下課之後的孩子照顧問題，在孩子照顧問題無法完全安排好時，在保母無法前來或是孩子生病無法到學校時，都使父母可能會請假、缺席。如果缺乏有幫助的父母請假條例，好的員工可能會因而失去。事實上研究顯示，工商業社會中，公司會對父母的撫育之需求予以注意並給予其幫助，提供員工休假以使其得以休養、恢復生產力，並提振士氣。研究結果中，在一九七八到一九八八的十年之中，公司參與任何協助員工孩子托育問題的數量，增加了五分之一，到達了近五千四百個公司。公司本身設置托育中心的數量，由一百五十個增加至兩千五百個。另外有一千個雇主提供交付服務以幫助員工找到托育者，而將近兩千個雇主提供某些種類的退款，使雇主可將孩子交予其指派、預先付過費的托兒所。此外，雇主也提供各式計畫以幫助家庭，包括：病童的交託服務、彈性工時、工作分擔，以及對孩子托育費用的補助津貼。

會議委員會，一個國際的商業研究和資訊網，在一九八三年成立了一個勞工和家庭資訊中心。這是一個國內的資訊中心，其設計是為了符合工商業社會、政府機構，以及其他與工作和家庭關係變遷有關的組織

**圖 14-2　有了共同的支持，員工可自願在社區教室中工作**
Courtesy Council for Children, Inc.

等之需求。中心所關注的是工作和家庭間的互動之交互影響——今日的家庭是如何被工作場所中所發生的事影響，以及工作場所如何被家庭成員帶到工作中的特殊需求和資源所影響。在全國舉辦研討會以使商業領導人在他們思考他們的員工之家庭關係時，對其想法產生一些影響(圖14-2)。中心提供組織領導人一些個人的諮詢、有關家庭的主題會議、資訊服務以及相關研究等協助。

對孩子托育和其他家庭需求認知的增加，可使組織領導者更深入探究，並與其他社會組織共同合作，以致力於提供家庭更佳的服務。許多社區將團體的領導者都加入兒童維護組織中。例如，在科羅拉多(北卡羅來納州)來自全市最大公司的二十個頂尖經營者成為「共同支持者」，合作成立有關孩子照顧的事務組織並且提升其品質。使認知化為政策，像是促請所有的地方商業會議去執行政策，讓家長去參與孩子學校的會議，並且能到學校系統當義工。由於他們須涉入使得員工的家庭照顧壓力得以減輕，雇主要教育他們自己有關孩子照顧之社會需求的責任。

# 立法的開始

一九八○年代初期，雷根政府制定了反對政府對兒童照顧的任何法令，但到了那十年結束時，國會終於通過並成立了永久的綜合聯邦系統來支持兒童的保育，提出了負擔得起、有效用且具品質的議案。

如一般大眾所稱的 ABC 法案，就是提供聯邦資金給各州依法所判定需要的人，包括各州內五歲以下的小孩，讓孩子得到免費或低價的學校午餐，以及州政府所補助的資金。資金的使用允許每一州有很大的彈性去決定資金應如何運用，只要能達到兒童保育的承擔性、品質以及有效性。

## 一、兒童保育的承擔性

法案中提出提供資金給各州以資助中低收入家庭的兒童保育。如果家裏的孩子不足十三歲，且家庭收入低於該州平均收入的四分之三，該家庭就合於接受兒童保育資金補助的條件。資助的提供可能要經過提供

者的資格審核和(或)認可。州政府應該儘可能地尊重資助者對父母的選擇。資助的總數愈多，低收入的家庭將愈能獲得幫助。

## 二、兒童保育的有效性

法律給予各州經費，使其建立授權及貸款計畫，以使兒童保育計畫能開始進行或革新；使其招募家庭托育的提供者；使其發展地方資源並交付計畫，以幫助家庭和托育服務中心作一連結；並且能鼓勵商業涉入托育計畫中。強調發展更多的課前和課後托育，以及早期幼兒發展服務中心。

## 三、兒童保育的更好品質

在法案之下，各州必須去達到基本的兒童保育標準，且幫助兒童保育之提供者達到標準，並且發展計畫以對提供托育者付予適當的薪資。各州的經費用在對托育工作者提供訓練，雇用且訓練更多的職員，並且對使用兒童托育的家庭，加強其消費者保護的觀念。法案也包括對家庭支援服務提供資助，對於提供家庭支援服務的那些兒童保育計畫給予優先的資助。

對於法案本身的討論引起了全國對工商業社會家庭的孩子托育需求的注意。第一次，孩子的需求在新聞周刊雜誌和電視專題上被討論。隨著政客和他們的選民對法案的討論，一般大眾對於該需求和問題變得和家庭及托育中心一樣地有所認知。將近一百個全國組織的大規模聯盟，稱為「更佳的兒童照顧聯盟」（Alliance for Better Child Care），致力於增加聯邦對兒童保育的支援，同時其也確保了能提供更多的服務。

## 四、立法的增加影響了學校／家庭／社會的功能

一九八八年十月，美國國會通過了福利革新法案和家庭支持法，顯著地提升聯邦的經費以照顧那些工作中或在學校或在受訓的美國失依兒童家庭補助方案（AFDC）父母的小孩，以及由於受雇而離開 AFDC 的父母。其提供了在計畫和工作中的父母更有力的兒童保育擔保，而法案也提出一些限制步驟以確保這些資金能真正用於提升兒童保育的品質。

美國在制定孩子出生後的前幾個月的親職假政策上比大多數的工業

化國家遲緩了許多。當大部份的歐洲國家提供六到十二個月的支薪親職假時，美國是唯一一個雇主還能夠合法地因婦女懷孕而開除她的西方國家。全國沒有法定規範來擔保婦女在特殊期間有休假的權利，在她請假時無法保障她的工作，以及當她因為懷孕和生產而無法工作時，給予她合理分配的薪資。到了一九八〇年代末的幾年，家庭和醫療假法案、產婦假法案，才被立法委員會討論起來，它們是由超過一百個國會會員以及至少二十位參議員提出支持。一九九〇年，國會提案通過可提供十週不支薪假給員工，以照顧年老的父母、生病的配偶、新生或新領養的孩子之議案，但布希總統在表決議案時，陳述他相信那會對經濟有所傷害。

現在大約有一半的州有提供經費給各式的學前教育和家庭支援服務中心(參閱第四章中的一些討論例子。確定你瞭解你那一州目前有進行的服務)。

目前似乎是將社會對有關兒童保育和家庭議題之注意力提升至立法層面的時候了，因為在地方、州際和國家的層面上，經濟和兒童保育政策會強而有力地影響著父母和老師所能供給孩子的生活。

# 社會之中的聯結

在有巨大社會問題和受限的資源來源的時候，許多社會中的機構發現組成一個聯結以支援其他服務是很有建設性的。例如，圖書館系統可與托育中心和健康部門合作，進行兒童健康診療，且致力使家長參與，講故事給小孩聽。高中、籌畫過的父母團體、健康部門和其他公民組織可結合他們的努力以對抗青少年懷孕問題。這些連結要強化並且避免同質性服務的重複所造成的浪費。由於來自各種背景的人民和專業者聚在一起討論共同所關心的話題，因此這樣的連結也能接觸整個社會對問題的認知。

老師在幫助家庭和能提供所需要服務的社會機構作一連結上，可扮演一個重要的角色。每個老師應該要瞭解有什麼社會資源存在可供父母使用。檔案冊和參考資料可累積起來並保存在中心，以供所有的教職員參考。父母對於協助來源常常只有透過幼兒園老師那兒得知(**圖14-3**)。

**圖 14-3　父母經由幼兒園老師可得知社會資源**
Courtesy Barbara Stegall.

　　從提升的意識中可能會產生義工的精神。一些社會中,人民組織和企業去「認養」學校,與特定的學校或中心聯合組成義工團。年長的人民發現扮演「領養的祖父母」,致力於早期幼兒學校中,給予小孩個別的注意,是個有幫助的角色。有經驗的義工成為「顧問媽媽」以幫助年輕的青少年媽媽。家庭和學校同樣都能由這樣的義務努力中獲得好處。

　　第四章中所討論的家庭資源和支援運動就是由社會機構組成連結而生出力量的生動實例。常常計畫提供其他社會服務的連結倒不如直接地提供他們好。這樣的安排可使其達到最大有效性,也可以鼓勵其對資源達到最理想的運用。社會中成立「傘狀」組織就是想在行政層面上鼓勵其達到連結的目的。這可由網絡和提供合作機轉而達成,如此在該範圍中的衝突和分裂可降低,訓練期、資金流向、調度機轉及資訊都能加以協調。

　　在社會中提供連結服務的傘狀組織例子是北卡羅來納州科羅拉多報的兒童照顧資源(Child Care Resources, Inc.)。CCRI 是一九八二年在

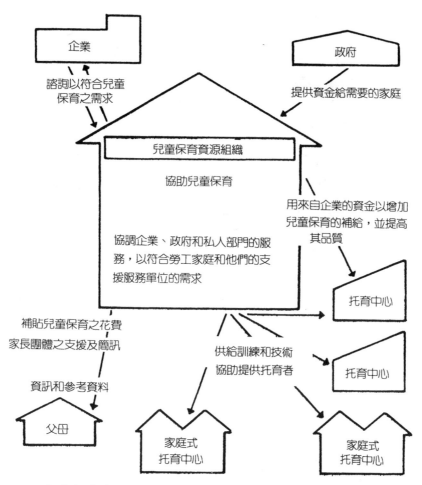

**圖 14-4　兒童保育資源組織：提供服務給父母、提供托育者、雇主、以及政府**

托育委員會的推薦之下由聯合機構所成立的，它是在國家委員的要求下，以聯合的方式指派設立。計畫的目的是將企業、政府和私人部門的資源結合起來，以符合勞工家庭和他們的支援服務單位之需求。CCRI 提供服務給父母、提供托育者、企業及社區(**圖 14-4**)。

## 一、給父母

提供父母有關托育中心、家庭式托育，以及其他社區內托育選擇之

**圖 14-5　父母被指導以選擇品質好的托育單位**
Courtesy Child Care Resources, Inc.

實際資料之資訊服務。對資訊的專家施以兒童發展訓練，以提供消費者有關托育品質選擇的資訊(**圖 14-5**)。CCRI 出版季刊《勞工家庭》，並且發起勞工父母支援團體。合格而設置好的服務中心協助父母支付兒童照顧費用，以聯邦行政區、州立以及國家資金來給付，也有私人獎學金以資助那些家長不符合政府支援條件的孩子。

## 二、給提供托育者

CCRI 每年提供訓練給數以千計的托育老師以及提供家庭托育者，也提供技術協助以幫助新設立的托育中心以及托育家庭。頒發一年一度的獎給年度的傑出托育教師，以提升大眾對於托育專業的認知。

## 三、給企業和工商業

CCRI 對企業提供雇主要達到員工托育需求選擇之相關諮詢，包括關於地方支援的現今資料以及社區計畫者的要求。CCRI 的共同參與分支是由共同支持任務處(Corporate Champions Task Force)所發展出來的，在那兒，科羅拉多最大的二十家經營頂尖公司受邀聚在一起，以探討能做什麼以做為提出社區中兒童保育議案的一個步驟。那二十個公司已做了二件事：(1)三年來每年促成了社會基金共十一萬美金。(2)與

**圖 14-6　共同支持組織促進並增加了社會對兒童保育的補助**
Courtesy Child Care Resources, Inc.

CCRI 發展出指導方針，以使基金的用途增加並且使社會中的兒童照顧之補助品質提升。該計畫要求：首先認定此非盈利組織是要去產生新計畫或是使現存的計畫擴充；給予家庭式托育提供者資格認定以及訓練；以及給予要設立運作托育中心的提供者二十五年租金低微的公共土地租約。銀行亦提供新財稅制度以作為誘因，在各分區法令上建議做出一些改變，以及其他提升大眾認知的活動(**圖 14-6**)。

　　在大的層面和小的層面上，企業、政府和社會醫療服務機構所作的決策，都會影響到家庭生活的品質以及學校能達到家庭需求的方式。

## 倡導的角色

　　以身份而言，老師和父母最有資格和責任去影響社會在這部分的努力，不管是以個別或是聯合的行動。因為最瞭解和關心孩子發展之需求

的就是他們。父母和老師最適合去倡導，使社會能致力於益於孩子福祉所該去採取的行動。

## 一、老師和父母作爲提倡者

由於能第一手且詳細觀察到孩子每天所面對的事務、他們的家庭，以及早期的幼兒社會，老師成爲社會之中的倡導者。

對許多小孩的老師來說，這是一個相當新的角色，他們原本常將注意力直接放在孩子的照顧上，有時他們確信「不會有任何的倡導能造成改變」(Kagan, 32)，或是不確定要如何成爲一位提倡者。有的老師從未扮演過此角色。也許由於低薪資和社會地位，讓他們對於早年的幼兒托育之提供者形成較低的社會評估。但如 Kagan 所提，現在成爲提倡者是必要的，因爲「政策的列車已駛離車站了，如果我們想要影響它的方向，我們就一定得上車」(Kagan, 33)。社會已準備要有所行動了；老師是最瞭解什麼是最適當的發展以及怎麼去補助家庭需求和興趣的人，他們應明白表達出應該去做些什麼。隨著老師的倡導而改進了小孩和他們家庭的情況，他們自己的專業也會隨之改善，對於早期幼教職員的福利也會改善境況。

老師／倡導者要從那裏開始呢？

### ㈠被通知

社會的政策快速而持續地發展著，老師必須隨時得知地方以及以外的問題、事務以及計畫，並且去瞭解這些事務和計畫如何影響兒童照顧以及家庭支援。同學可能想得到「幼兒倡導」(The Early Childhood Advocate)的郵寄通知，它是由 NAEYC 的公共事務部門每一季所發行的(看以下所提到的 NAEYC)。

有很多方法可以被通知：報紙報導的法令制度、共同討論及活動；專家和倡導組織的公佈欄和聲明；地方聽証會；教職員會議；和同事討論；班級以及研討會。目前有幫助的兩種刊物是《兒童 1990》(Children 1990)：報導、摘要書，以及活動入門，由兒童防護基金所出版，以及《幼兒教育倡導》(Advocacy in Early Education)，由 Jensen 及 Chevalier 所發行。去表達專業者的期望以密切合作且得知所發生的事是一件重要的事。

## ㈡通知他人

　　很多沒有直接參與早期幼兒教育或年輕家庭的人對於問題和焦點並無第一手的認知，例如，大多數的市民也許無法正確地回答許多問題，如為何早期幼兒計畫很重要、社區中提供何種型式的計畫、等待者名單有多長、當地托育工作者的平均薪資和更換率、嬰兒照顧之平均花費等等之問題。甚至許多父母可能並不瞭解各州對執照的要求、合理的師生比，或是教職員訓練要求上有什麼差別。有這些資訊的老師可提供一項重要的服務：去幫助其他人瞭解問題和需求在那裏。個別談話、簡訊、給編輯的信件，以提升整個社會對議題的知覺是很重要的。在此，父母也可加入老師，這樣他們也會被告知相關的問題和解決方法。兒童防護基金出版了《倡導者的指引》給媒體，以幫助個人瞭解要如何使媒體注意到他們的議題。

　　美國幼教協會（NAEYC）每年四月發起全國性社區幼兒週，以喚起大眾對幼兒早年重要性的注意。這些個別的社區活動焦點是放在倡導和提供資料之活動上。

## ㈢加入組織

　　當老師與他人聯合起來以互通有無、相互支持時，他們就能夠確立出職業目標和標準，並且運用政治的力量。NAEYC 被認為是由工作於早期幼兒之各領域者所聯合的專業組織，其會員超過六萬二千人，該組織有全國性的年會，參加者大約有兩萬人，有數百次研習會提供目前的研究以及實際知識。州和地方聯繫團體提供老師頻繁的機會去與其他關心孩子和家庭者會面，分享觀念和關心，並且和專業者連線以在社會中成立一個聯合陣線。專業者組織的刊物《幼兒》（Yonug Children），就是老師能被通知的一個方法。專欄〈政策警示〉（Policy Alert）和〈今日華盛頓〉（Washington Update）可提供目前的資訊和活動。

　　由組織所聲明的當前標準可幫助老師和管理者去確認並評估中心裏的適當課程和服務，而專業者的訓練和行為標準也會有所描述。所有的這些行動會迫使幼兒照顧者和早期幼兒教師視自己為專家的一份子，並去採取行動以証明其對社會的價值。事實上，由 NAEYC 執行委員會在一九八九年所採用的倫理實施法則中，也包括了一部分老師對社會的道德責任之理想和原則，它的一部分是這麼說的：

　　　　我們對社會的責任是去提供符合孩子需求的計畫，並且去和機
　　構及專家共同合作以分擔對孩子的責任。由於較大的社會有兒童福
　　利和保護責任的評量，且由於在兒童發展上我們有特別的專家見
　　解，因此我們的責任是去成為各地孩子的聲音。(Code of Ethical
　　Conduct, *Young Children*, Nov. 1989：28-29)

　　NAEYC 的政治力量在地方和國家層次上已被組織起來。NAEYC
是一九八〇年年代末 ABC 法案制定時之原始支持組織之一。一九八九
年全國代表大會的參與者會記得當時的主席 Ellen Galinsky 報告，華盛
頓的領導者要求他們不要通過 ABC 法案；結果支持通過該法案的人將
參議院的電話線給佔滿了！大的專業組織的政治力量能夠收到成效。

　　　　我們這領域的努力方向必須是政治活動，不是為我們在專業上
　　所作的增色，而是為我們的工作立下基礎。藉由在世界上採取行動，
　　我們在一起能夠使我們自己成為改變現狀的一部分，而那些改變對
　　小孩、他們的家庭、我們自己，以及全人類都有益處。(Dresden &
　　Myers, 1989：66)

　　有的組織其老師會員的重要角色是倡導者。兒童保護基金(Chil-
dren's Defense Fund, CDF)是一由基金會所支持的私人組織，為共同
授權，並接受個人捐款以為美國的兒童說話、去教育全國有關孩子的需
要，並且鼓勵問題的防範。它的成員包括健康、兒童照顧、教育、兒童
福利、心理健康、兒童發展、青少年懷孕之防範、離家，以及雇用問題
之專家。CDF 收集並宣傳影響兒童的主要議題之資料；監督聯邦和州政
策的發展和執行；提供資訊、技術協助，以及支援給各州和地方之兒童
倡導者網絡；追查美國國會的年度立法議程，以及選擇重要的案例提出
訴訟。在 ABC 法案的通過過程中，CDF 發揮了有力的影響力。CDF 是
一個全國性的組織，主要辦公室在華盛頓首府，它監督國家改變的結果
以及影響城鎮的社會政策，並且幫助那些關心兒童的人和組織。CDF 在
明尼蘇達、密西西比、俄亥俄及德州都有州辦公室，並且在許多州共同
從事合作計畫。
　　黑人兒童發展協會(The Black Child Development Institute)和

家庭資源聯盟(Family Resource Coalition)是幫助老師和父母聯合來為社區努力的第一個組織。

　　許多社區有他們自己的地方倡導組織為兒童和家庭事務努力；幼兒園應該找出當地是否有該團體。多數可聚集成力量。

　　家長也能夠受鼓勵而加入這些類似的組織。近來有個為父母設立的組織，在全國發出聲音，「是一為美國的父母和家庭之生活品質作些努力的一條路」。父母行動(Parent Action)由 T. Berry Brazelton, Susan DeConcini, Bernice Weissbourd 和 Stevie Wonder 博士所成立和主持，是為父母所建立，讓其能一起加入以鼓勵國家的領導者去傾聽他們所關心的事並採取行動。定期的最新資訊會寄送給會員，讓他們知道國內所發生的事以及父母們能做些什麼事去影響公共政策。

　　隨著父母和老師從他們與人談話及影響他人的能力中所獲得的自信心，他們會發現自己能夠去與其他團體的代表和委員合作相連結：地方之學校委員會、輟學防制工作處、青少年懷孕委員會——任何一個社會所提供的各種合作機會。

#### ㈣接觸民意代表

　　由於老師是關心幼兒教育的市民，是因特定資格而被任用的專業者，且由於是專業組織的成員，老師和父母必須去與他們的民意代表接觸並陳述他們的主張，且以特別的理由來說明他們的信仰。立法委員會因他們聽到多數選民在關心某一特殊社會需求而受到影響。

#### ㈤投票

　　倡導者可追蹤以得知代表們在企業、政府官方和其他方面之政策制定上所採取的行動。擁有決策投票權，老師和父母能夠表達他們對官方法案的贊成或是否決。作為公民，父母和老師可以去支持那些公開提出益於家庭和早期教育議題的領導者。

　　分析了紐約的早期幼兒專家在改進現況的成功結果後，Marx 和 Granger 對其他團體中想要達到成功倡導效果者強調了一些重點 (Marx & Granger, 1990) (圖 14-7)。

成功的倡導效果有：

· 引證出問題

· 得到有力媒體的注意

· 得知各地所發生的事

· 統一起聯盟並精鍊於領導地位

· 認識時間和時機的重要性

· 接納適應立法和行政體系形成法令意志的各種
　不同形式

改編自
Marx & Granges, 1990

圖 14-7　成功倡導效果的提示

# 社區是教育的資源

　　學校和中心存在於社區中，而每個社區在老師爲小孩計畫課程時，都能作爲資源，提供許多的東西。老師必須去評估什麼是社區可以提供的資源。資源可被分類爲：天然資源、人力資源，以及物質資源。

## 一、天然資源

　　從中心延伸出去，在腳程可及的範圍之內，老師可發現有公司、購物區、運輸系統和車站、建築地、警察局和消防隊、公園和休閒區、教堂、動物園、博物館，以及住宅區，這些每一個都可提供無數的學習經驗。對老師而言，在距中心十分鐘腳程距離之區域走走是個很有用的運動，可去發現所有可能引起小孩興趣的觀察地點（**圖 14-8**）。例如，可能

**圖 14-8　每個社區都有小孩可參觀的有趣地點**
Courtesy Land's End. Inc.；攝影者：Archie Lieberman

有：修車廠，可讓孩子看到車子被舉起，並觀察一些新奇的檢查工具；大烤箱內有許多麵包的麵包店；雜貨店，可讓孩子在購買烹調原料回去中心之前看到運送貨車的卸貨情形；或者是巨大建築起重機在高聳的辦公大樓操作情況。老師可以使用這些天然的社區資源來設計成室內和室外的課程經驗。

## 二、人力資源

每個鄰居都有它自己的社經、種族以及文化背景。熟悉中心周圍鄰居之中的各種風俗習慣和生活方式的老師，可找出豐富和多樣的資料與孩子分享（圖 14-9）。父母本身也可作一連結，透露他們的家庭生活面給老師，以幫助老師得知社區中之人力資源。例如，老師會發現鄰居中有人會民族烹飪或傳統音樂，可使他們與孩子分享他們的興趣。許多社區服務機構有代表可向小孩說明他們的機構，例如有靴子、帽子和厚外套完整裝備的消防隊員（圖 14-10）。注意中心周圍鄰居的老師會找到一些有興趣為孩子花時間的人：喜歡對孩子表演如何將釘子釘入木頭之木工活動的退休老爺爺，或是喜歡與小孩分享活動的年輕人團體（圖 14-11）。所有類型的人力資源都可豐富中心（圖 14-12）。

## 三、物質資源

作「社會連結」的老師可發現他們教室能接受許多小孩能使用的東西：速食連鎖店可捐贈杯子、餐巾及小道具，以供戲劇遊戲用；木材店可提供小木片，以便在木工活動中使用；電話公司可提供舊的電話機，以增加遊戲的真實感；器具或家具店的大箱子可被變換為倉庫或是遊戲區；裝飾店的壁紙樣本冊可被有創意的老師拿來發揮許多的用途。老師應該將所有的社區企業列成冊，之後腦力激盪出所有可能的物質資源。大部份的企業喜歡他們能作出貢獻的感覺。

所有這些「社會連結」都可以豐富課程，也可以証明社會對老師和家庭的興趣及支持。

**圖 14-9 社區中的人物會豐富課堂資源,並提供正面的角色示範**
Courtesy Council for Children, Inc.

**圖 14-10 女警造訪教室是使用社區資源的一個例子**
Courtesy Bethlehem Center, Charlotte, N. C.;攝影者:Peeler Portrait Studio

圖 14-11　「老爺爺奶奶」在許多社區都有貢獻

Courtesy Bethlehem Center, Charlotte, N. C.；攝影者：Peeler Portrait Studio

圖 14-12　高中學生可成為托育計畫中的社區資源

Courtesy Child Care Resources, Inc.

## 摘　要

社會機構和行動以三種方式影響家庭和學校：

(1)共同參與。

(2)制定法令政策。

(3)在社區之中相連結。

老師和父母可在社區之中努力以支持他們最關心的事。有五種行動過程可採用：

(1)被通知。

(2)通知他人。

(3)加入組織。

(4)接觸民意代表。

(5)投票。

老師和父母也可作「社會連結」，以運用天然、人力和物質資源來豐富課程。

## 進一步學習之作業

(1)從大學圖書館或 NAEYC 會員或信誼基金會那兒收集幾本《幼兒》
(Young Children)雜誌。檢示內容目錄，找出小孩的老師會有興趣的
文章。閱讀〈今日華盛頓〉(Washington Update)和〈公共政策報導〉
(Public Policy Report)專欄，和同學討論目前的議題。

(2)從當地或各州 NAEYC 分支那兒收集有關年度計畫以及任何需要你
支持之初審法案的資料。

(3)找看看你的社區中是否有兒童倡導團體，或是聯合服務家庭的相關組
織，邀請其代表到班上訪問。

(4)作一個社會資源檔案，從提供家庭各類需求服務，如經濟、社會、特
殊的醫療和教育需求、休閒等等之社會機構那兒收集目前的小册和參
考資料。

(5)團體討論活動。你知道在你的州裏所提議的法案並不符合發展適宜的
學前計畫，這個法案的衝擊將會使兒童發生許多問題。你們要如何使
父母們合作，共同來修改此議案？能採取什麼步驟來為兒童的權益遊

說？你的中心能做些什麼以得到支持和幫助？你們要如何對父母們呈現出這些？(可參考本國的兒童福利法、托兒所設施辦法、幼稚教育法——譯者註)

## 複習問題

(1)討論團體參與家庭和兒童照顧議題的方法。

(2)描述目前對家庭和兒童照顧有影響的立法制定。

(3)討論社會連結可做些什麼。

(4)確認並討論老師和父母的五個倡導者角色。

(5)確認社會可提供老師和孩子資源的三種型式。

## 進一步閱讀的建議

_____. (1989). *An advocate's guide to the media.* Washington, D.C.: Children's Defense Fund.

_____. (1989). *A vision for America's future: an agenda for the 1990s.* Washington, D.C.: Children's Defense Fund.

_____. (1990). *Children 1990: a report card, briefing book, and action primer.* Washington, D.C.: Children's Defense Fund.

Jensen, M.A., and Chevalier, Z.W. (1990). *Issues and advocacy in early education.* Needham Hts., Mass: Allyn and Bacon.

Kagan, S.L. (1988, January). Current reforms in early childhood education: are we addressing the issues? *Young children, 43*(2), 27–32.

Kamerman, S.B., and Kahn, A.J. (1987). *The responsive workplace: employers and a changing labor force.* New York: Columbia University Press.

Lombardi, J. (1988, July). Now more than ever . . . it is time to become an advocate for better child care. *Young children, 43*(5), 41–43.

## 參考文獻

Blank, H. (1989, May). Child care and welfare reform: new opportunities for families. *Young children, 44*(4), 28–30.

Coleman, J.S. (1987). Families and schools. *Educational researcher, 16*, 32–38.

Dresden, J., and Myers, B.K. (1989, January). Early childhood professionals: towards self-definition. *Young children, 44*(2), 62–66.

Feeney, S., and Kipnis, K. (1989, November). NAEYC code of ethical conduct and statement of commitment. *Young children, 45*(1), 24–29.

Kagan, S.L. (1989, May). Dealing with our ambivalence about advocacy. *Child care information exchange, 61*, 31–34.

Marx, E., and Granger, R.C. (1990, May). Analysis of salary enhancement efforts in New York. *Young children, 45*(3), 53–59.

# 第四篇

# 合作關係的實際運作

「遊戲的玩法是:重複的問題,單調的牢騷,以及無休止、尖銳地要求要上廁所。」

# 第 15 章

## 與特殊需求父母合作

每位父母的歷史、情緒和需求都有其獨特的情況。老師會發現自己是在不同的時間和有不同特別需求的父母們合作。本章要檢示幾個這種情況，並且討論一些有助益的老師反應。

## 目　標

在讀完這章之後，學生將可以：

(1)描述在離婚和(或)再婚壓力下，孩子和父母的行為，並討論老師可去幫忙的方法。

(2)描述特殊孩子父母可能有的情緒反應，並討論老師可有效與他們合作的方法。

(3)描述嬰兒的父母之一些反應，並且討論老師可有效與他們合作的方法。

(4)討論導致虐待或疏忽之施虐情況的產生因子，以及老師與這些家庭合作的責任。

# 與歷經離婚變化的家庭合作

　　Dorothy Scott 最近注意到她班上的一個小孩有一些令人困擾的行為。他非常不受約束，幾乎是叛逆地破壞群體的規矩，並且對其他孩童做出攻擊的行為。而她對於平常看到他靜默悲傷時，也感到很困擾。她知道他的父母最近終於離婚了，而她想知道在這個改變的時候，她該做些什麼去幫助這個家庭。

　　她所關心的這種家庭並非只有一個。知名的兒童電視節目「Rogers先生」中曾說過：「如果有人在二十年前告訴我，我將要整個星期演出離婚的戲，我不會相信的。」持久婚姻的常規已受到了動搖。美國婚姻的離婚率在一九七○年代遽升，而在一九八○年代達高峰且無下降的現象。二分之一的婚姻估計都會以離婚收場(圖 15-1)。出生於一九八○年代中期的孩子在他們十八歲之前有四成的機會會經歷父母離婚。由於超過一半的離婚是發生在結婚的頭七年，故孩子經歷到父母離婚時常常都

**圖 15-1　離婚影響著美國半數以上的家庭**
Courtesy Council for Children, Inc.

還很小。六分之五的男性和四分之三的女性在離婚後會再婚，因而常常產生繼親家庭。預測在一九九〇年代，超過三成五的孩子在成長時，至少會有幾年是生活於繼親家庭中（Barney, 1990）。

　　一位研究者正確地預測，在一九九〇年以前，單親家庭和繼親家庭會多過於核心家庭（Visher & Visher, 1979）。如此多的數量導致了社會對離婚的接受；離婚的人不再被責難或被認爲是背離正軌的，因爲「無過失」離婚法使他們不再被稱爲犯罪者。雖然社會的污名可能被減低，但孩子和他們的父母之痛苦經驗則無法減輕。除了眞實的痛苦和分裂之外，尚有一些對於「破碎家庭」機能的普遍觀念可能也會對許多經歷這種變化的家庭造成傷害。

　　老師要和這種家庭合作的重要第一步，是要先能獲知有關離婚的事實，並且檢示自己的態度和期望，以免落入刻板的想法中。

　　一個對離婚家庭在離婚後一年、五年、十年以及十五年之追踪調查

的縱貫研究在最近被公布。這是曾經進行過有關婚姻的最長研究，對於對那些經歷離婚的家庭採支持立場的人，它包含了許多有趣的觀點（Wallerstein & Blakeslee, 1989）。

離婚，是死亡以外第二個最有壓力的經驗，對於整個家庭都是一個危機經驗，會有差異地影響著每個成員。所有的家庭成員都會經歷到某些程度的遺棄、精神創傷、拒絕、失去收入，以及生活水準的降低。然而對大人來說，常常也會因困境的結束而感到放鬆，但十個小孩中，只有一個會有相同的放鬆感覺（Wallerstein & Blakeslee, 1989）。大多數的人，在缺乏雙親中某一方的適當模範時，會對於如何過日子感到迷惑。單親家庭和雙親家庭中缺少一位父母是不相同的，其整個家庭系統都遭受到很大的壓力。

對家中的每個人這是個剝奪期；他們所認識的家人要離開了。父母的一方離開家裏且較少接觸孩子，而有時手足可能也會分開。對於沒有監護權的父母，並沒有一個明確的行為指導方針，對那些搬出去而偶爾來看孩子的父母，這是一個陌生的親職經驗。母親的工作量可能會增加，而家庭的生活水準隨著經濟壓力的增加似乎也會改變。每個家庭成員的悲傷因其角色和年齡而有不同的方式。悲傷的階段與因死亡的失去之Kubler-Ross 模式類似；最初是伴隨著生氣的否認，之後是討價還價以找出好的方法，當終於認定了現實即伴隨著沮喪，最後的階段是對失去的接受。瞭解此模式是很重要的，但不要認定所有的孩子和父母對婚姻的反應都相似，因為其有不同的個人特質、經歷、外在支援，以及在兒童期有不同的發展過程。

Wallerstein 宣稱離婚對孩子的破壞性幾乎總是大過於父母的，且離婚的影響常是長久存在的，然而，一般的認知認為歷經壓力的離婚家庭約兩年會調適好。縱貫研究指出，「孩子對社會和對自己的基本態度，會被離婚以及之後幾年所經歷的事件永久地改變」（Wallerstein & Blakeslee, 1989：xii）。在離婚後十年，許多孩子比沒有經歷離婚的孩子，較少被保護、較不被關心和較不自在。當家庭解體時他們所看到和經驗到的，會成為他們內在世界的一部份。例如，在那個時期目睹了暴力衝突，可能會支配他們之後十到十五年期間的關係，因此，很重要的一點，最初涉入幫助孩子的成人要瞭解這對他們的發展是個多大的危機點。

孩子在家庭有離婚及隨後的改變時會特別敏感和易受傷害。就如 Wallerstein 所指出,「有什麼其他的生活危機是將孩子當作炮彈的?」(Wallerstein & Blakeslee, 1989:6)

在大部份的危機狀況,像是地震、水災或火災時,父母會本能地去緊抓他們的孩子,先保護他們的安全。然而,在離婚的危機時,母親和父親將孩子放在一邊,而把注意力放在他們大人的問題上。(Wallerstein & Blakeslee, 1989:7)

母親和父親可能解決了生活危機這件事之後,再繼續地過下去,但對孩子而言,離婚不是一件事,而是一個永久存在的生活經驗。

孩子所反應的各種行為與他們在家的個別情況和智能發展的層次有關。一般而言,當婚姻破裂時,學齡前孩子是最感恐懼而且會出現最多的戲劇性症狀(圖 15-2)。隨著無力感的增加,他們的自我概念似乎特別會受到影響,他們的決斷性、信賴感及世界的秩序都被破壞了。在對他們的需求是否能得到滿足感到焦慮時,學齡前孩子依賴、抱怨、要求和不服從的行為表現可能會增加。在遺棄的恐懼中,他們可能會有失眠和被大人留下的問題。其他被注意到的行為有:退化到不成熟的行為;分離焦慮和對父母一方的緊張依戀;以及對失去愛和有形傷害的罪惡感、羞恥感和焦慮。情緒壓力的徵兆可能會以作惡夢、發脾氣、尿床和不尋常的恐懼之形式表現出來。在遊戲方面,學齡前孩子可能較缺乏想像力,呈現出較少的與人聯合合作之遊戲,而進行較多無所事事和旁觀的遊戲,此外,他們也被注意到有較多的攻擊行為。學齡前兒童,由於在想法上會有自我中心的本質,因此常常會覺得對離婚有責任而表現出絕佳的行為,害怕會因不好的行為而失去父母的愛。有時負面的行為被認為是孩子在逐一地測試每個極限,看看什麼會使他們失去父母。甚至嬰兒在他們感覺到家裏的緊張時,也會表現出行為的改變,像是睡眠和餵食的失調、依附,以及缺乏信賴感。

學齡兒童可能會表現出更大的悲傷和失望、害怕和恐懼、生氣、孤獨、搖擺的認同感,以及對學校相關工作無法專心。對他人的感覺和觀點瞭解之能力增長,使他們能去體諒和關心他們的父母,他們可能會為對父母雙方的忠心而感到衝突。學齡兒童的其他行為可能包括:緊張、

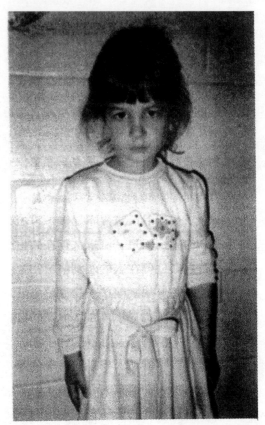

**圖15-2　當婚姻破裂時，學齡前孩子逐漸**
**會顯露出恐懼以及戲劇性的症狀**

退縮和情緒化、缺乏意志、成績不好、身體的抗議、以及表現過度的行
為。

　　當父母之間的公開衝突得到限制，以及當孩子能夠和父母雙方都繼
續維持良好的關係時，孩子的反應會最好。母子關係的品質是決定孩子
在父母離婚後十年對他們自己感覺如何，以及他們做得多好的唯一重要
因素。其他正向結果的預測因素包括：父母對新角色的彈性和適應；家
庭成員之社會支援的實用性；以及一個安全、可預料環境的提供
(Camara, 1986)。

　　在同一時期，父母也有他們自己的困難。他們常會因沒有依照「從
此以後快樂生活」的美國夢標準，以及沒有成功地作好婚姻的努力而有

失望感的懷疑。當氣憤、罪惡、恐懼和無助感增加時，會降低他們的自信、自我形象及勝任感。這些感覺有的會直接與孩子有關聯，因為他們擔心他們這些行為會危害到孩子。大部份的例子中，整個家庭是失序的；在力竭而焦慮的父母承擔更多角色時，即使只是去滿足基本需求也似乎是令他無法負荷的。父母幾乎在各方面尺度的親職能力表現都降低了，而孩子在此需求提高的階段中感受最深。父母在這種常無法對孩子盡力的時候，較無法致力於堅持而有效的管教，溝通較不好，可能也較少去教養孩子，並且較少去要求其有成熟的行為。在許多例子中，離婚後家庭的狀況比在失敗婚姻狀況中的家庭有更多的壓力，而支援反而較少。

　　Wallerstein 指出，父母和孩子在離婚期間和之後有不同的任務。成人的任務包括：結束婚姻、哀悼所失去的、改善自己、解決掉激動、再向前進、重建，以及幫助孩子。孩子的任務是：瞭解離婚、取消策略、處理失去、處理憤怒、排除罪惡感、接受其永久性，並抓住愛的機會。

# 一、在課堂上與孩子相處

　　一個因混亂而過度負荷的家庭，會因家庭之外的老師和他人之瞭解和支持而有很大的幫助。老師能夠在課堂之中幫助孩子，並且以各種方式提供資訊和支持性的指引給父母。

### ㈠維持有組織的環境

　　生活在改變狀態的孩子，維持一個相當有組織而可預料的環境對他是有幫助的。當孩子的教室世界穩定時，可提供他一些確定感。維持他熟悉的活動和例行的時間表，將會減低一些有壓力之家庭環境所帶來的負面影響。當孩子知覺到他的基本生理和情感需求都會被滿足時，他可能會較有安全感。一致的期待可展現出環境的穩定性，堅定而和緩地維持限制的老師使孩子在這不確定的時期有確定感。

> 「我知道你今天很傷心，但我們真的必須在吃點心之前把玩具收拾好。要我幫你嗎，還是你認為你可自己做好它？」

### ㈡鼓勵感情的表達

　　老師對於孩子特殊需求的瞭解來自於觀察和傾聽他們在學校的言

行，而不是自己去假定問題。老師可幫助孩子經由開放的討論表達其感情，並且去瞭解和接受孩子的反應（圖 15-3）。

「不能再讓爹地和媽咪一起住在家裏是相當令人害怕的。」

「有時孩子在爹地和媽咪改變了家裏許多事時會感到非常地憤怒。」

運用積極傾聽技巧的老師以同理心去傾聽，可幫助孩子釋放許多隱藏的感覺。

老師也可以提供一些課堂活動和實物，讓他們透過感覺而有可接受的機會，黏土、水和沙的遊戲、畫圖、家庭人物和布偶的戲劇遊戲，以及有關各種家庭型態的書籍都會有所幫助。在過去十年中出版了許多有關離婚的童書，有關學齡前兒童和其他資料都列於圖 15-4。

老師可以觸摸、擁抱、微笑來具體証明孩子是被人愛的，但必須要

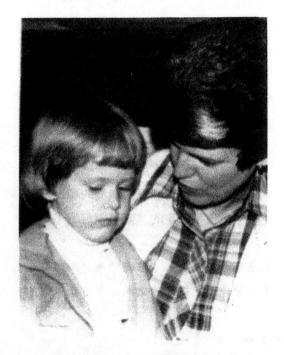

圖 15-3　能去討論心中的恐懼對孩子是有助益的

和小孩一起看的書

Adams, E. (1973). *Mushy eggs*. New York : C. P. Putnam's Sons.

Berman, C. (1982). *What am I doing in a stepfamily?* Secaucus, N.J. : Carol Publi. Group.

Boegehold. (1985). *Daddy doesn't live here any more*. Racine, Wisc. : Western Publishers.

Brown, L. K., and Brown, M. (1988). *Dinosaurs divorce*. Boston, Mass. : Little Brown.

Caines, J. (1977). *Daddy*. New York : Harper and Row.

Girord, L. (1987). *At Daddy's on Saturdays*. Niles, III. : Albert Whitan Concept Books.

Goff, B. (1969). *Where is Daddy ? The story of a divorce*. Boston : Beacon Press.

Hazen, B. (1978). *Two homes to live in : a child's-eye view of divorce*. New York : Human Sciences Press.

Helmering, D. W. (1981). *I have two families*. Nashville, Tenn. : Abingdon Press.

Kindred, W. (1973). *Lucky Wilma*. New York : Dial Press.

Lach, M., Loughridge, S. , and Fassler, D. (1989). *My kind of family : a book for kinds in single-parent homes*. Burlington,Vt. : Waterfront Books.

Lexau, J. (1972). *Emily and the klunky baby and the next-door dog*. New York : Dial Press.

Lindsay, J. W. (nd). *Do I have a doddy : a story about a single-parent child*. Buena Park. Calif. : Morning Glory.

**圖 15-4　有關離婚和繼親家庭之兒童書籍**

Perry, P., and Lynch, M. (1978). *Mommy and Daddy are divorced*. New York : Dial Press.

Roy, R. (1981). *Breakfast with my father*. Boston : Houghton Mifflin Co.

Schuchman, J. (1979). *Two places to sleep*. Minneapolis : Carolrhoda Books.

Simon, N. (1983). *I wish I had my father*. Niles, Ill. : Albert Whitman Concept Books.

Seuling. (1985). *What kind of family is this ? A book about stepfamilies*. Racine, Wisc. : Western Publishing Co.

Stanek, M. (1972). *I wo'nt go without a father*. Niles, Ill. : Albert Whitman Concept Books.

Stein, S. B. (1979). *On divorce : an open family book for parents and children together*. New York : Walker and Co.

Stinson, K. (1984). *Mom aod Dad do'nt live together any more*. Annick Press Ltd.

Vigna, J. (1983). *Mommy and me by ourselves again*. Niles, Ill. : Albert Whitman Concept Books.

Vigna, J. (1973). *She's not my real mother*. Niles, Ill. : Albert Whitman Concept Books.

Vigna, J. (1982). *Daddy's new baby*. Niles, Ill. : Albert Whitman Concept Books.

(給大一點孩子看的書，查閱 Skeen McKenry 1980.)

(續)圖 15-4　有關離婚和繼親家庭之兒童書籍

小心不要讓孩子變得太依賴他們。

　　老師可能會發現有些孩子在對於家庭的改變情況的瞭解上需要額外的幫助，來自於家庭之重複、清楚的補充資料說明可能是合適的。老師必須提醒父母，他們需要資料是因為能夠幫助孩子，而不是因為他們好奇。老師若在以前就已建立了關懷的關係，父母會較自在地與其分享資訊。

　　　「Butler 太太，我知道對你們所有人，這是個混亂的時候，但如果孩子知道事實，他們能夠去瞭解，那對於孩子去習慣改變是有幫助的。如果你讓我知道你是如何跟她解釋情況的，我可以在她提起時，對她補充說明。」

### ㈢鼓勵接受

　　老師可以引導小孩去接受他們已改變了的家庭結構。在言語和行動上，老師要表達他們對每個家庭的尊重，強調每個家庭都是多麼的獨特，只表現出傳統家庭族群的書籍和照片是沒有幫助的。老師要避免讓整個團體進行一些會讓某些小孩感到不舒服的活動，像是製作父親卡或禮物。如果這只是活動時間計畫中幾種選擇之一的話，孩子就可以選擇要參與或不要。由於老師必須要瞭解家庭型態，因此調適是必須要做的。

### ㈣注意群體的反應

　　老師可能會發現群體中的其他孩子也許會焦慮他們自己的父母親也會離婚或離開。最好是提醒孩子，所有的家庭都是不同的；當大人有問題時，他們仍然會照顧並愛他們的孩子。而老師也必須去告訴家長他們的孩子在擔心的事。

## 二、與父母們合作

　　當老師知道了父母可能的情緒反應後，他們將會理解那些令人疑惑的行為。

　　　「老實說，我不瞭解那個女人，每次我問及 Danny 在家時如何，像是否他在家裏也很難入睡，她總改變話題。難道她甚至連關心一

下她自己的兒子也嫌煩嗎?」

　　由於感覺到罪惡和孤立,父母在被問到有關孩子日常生活的無心問題時,可能會規避或有敵意。父母常常會有先入為主的觀念,認為他們自己的關心對老師和他們的孩子是沒用的。老師必須常常提醒自己,這並不表示他們是沒興趣的。

　　當老師知道了父母的情緒狀況後,他們較不會對父母的行為感到生氣,且認為他不在乎他們孩子的問題。

### ㈠使父母們放心

　　同情並表達他們關心的老師會鼓勵父母對他們的孩子採取一些有幫助的行動。老師可以提醒父母,開放而誠實地討論大人和小孩的感覺會有所幫助,而對離婚的事實以及新生活情況之清楚說明也是有助益的。老師可以向父母說明,這需要大量的時間讓家人去適應;給予有關傷心過程和正向結果之資料,可能有助於減輕父母的罪惡感。

　　老師可以提供有關離婚的書給孩子和大人,像是**圖15-5**所提到的那些。在中心裏有個這類書籍的出借圖書館會很有用。

### ㈡減輕要求

　　老師應該要特別注意他們所提的任何要求。要求有壓力的單親父母「明天帶一些餅乾來」或「送一盒新的蠟筆」,可能在時間和預算上都會對其形成一種新的壓力。

### ㈢注意法定的協議

　　老師應該知道父母之間有關孩子照顧的法定和非正式協議。老師只能讓有權的人接走他,這是很重要的。由父母和法院同意之共同監護是最新的方式,可以減少孩子的損失。共享親職責任會影響到男性和女性在工作場所和家庭生活角色的互換性。老師必須確定他們和共同監護協議的父母雙方都有相等的連繫,而不是不自覺地給予一方較多的注意或資訊。例如,共同監護協議的父母雙方可能都希望能安排聯合或個別的老師與家長的會面。父母雙方應該都被邀請參加聖誕舞會,是由一方或二者都參加則端視父母自己的決定。

### ㈣告知可利用的社會資源

　　老師應該告知父母一些能夠在壓力時期幫助家庭的社會資源。很重

## 對父母建議的書籍

Atlas, S. L. (1981). *Single parenting : a practical resource guide*. Englewood Cliffs, N. J. : Prentice-Hall.

BelGeddes, J. (1974). *How to parent alone-a guide for single parents*. New York:Seabury Press.

Berman, C. (1986). *Making it as a stepparent*. New York : Harper and Row.

Burns, C. (1985). *Stepmotherhood*. New York : Times Books, division of Random House.

Dodson, F. (1987). *How to single parent*. New York : Harper and Row.

Francke, L. B. (1983). *Growing up divorced*. New York : Linden Press/Simon and Schuster.

Galper, M. (1978). *Co-parenting : a source book for the separated or divorced family*. Philadelphia : Running Press.

Grollman, E. (1975). *Talking about divorce : a dialogue between parent and child*. Boston : Beacon Press.

Klein, C. (1973). *The single parent experience*. New York : Avon.

Noble, J., and Noble, W. (1979). *How to live with other peoples' children*. New York : Hawthorn Books.

Salk, L. (1978). *What every child would like parents to know about divorce*. New York : Harper and Row.

Sinberg, J. (1978). *Divorce is a grown-up problem : a book about divorce for young childern and their parents*. New York : Avon Books.

Visher, E., and Visher, J. (1982). *How to win as a stepfamily*. New York : Dembner Books.

**圖 15-5　給父母閱讀之離婚和再婚相關書籍**

要的一點是，老師要記得他們的專業是在於小孩身上。雖然如此，主要照顧和關懷他們的還是家庭，他們在這兒的唯一角色是去提供情緒支持、資訊，以及接受傾聽的耳朵。當父母需要專業諮詢以解決他們的問題時，老師應該提供他們合適的社會機構。許多社區都有家庭與孩子服務機構，裏面有合格的家庭治療和諮詢員。聯合勸募協會（United Way Agencies）可提供這些資訊，老師應該要熟悉在他們社會中有那些可供參考的合適機構。

老師也應該提供父母一些可幫助家庭解決嚴重經濟壓力的機構。

另一個有幫助的組織可提供孤立的父母和孩子支援和社交機會。有個例子是「單親父母」（Parents Without Partners），它是一個由超過二十萬名全職或兼職單親父母所組成的國際組織，擁有許多地方分會，可提供社交機會給單親父母和他們的孩子，以及給予單親父母教育及支援。許多教堂也提供類似的計畫。父母可能也會有興趣知道社區中也有「大姊姊和大哥哥」（Big Brothers and Sisters）組織，可提供單親家庭的孩子有機會去與他有興趣的成人建立關係，以補充他在家庭中可能失去的關係。

老師應該要知道相關的特定社會資源，並且準備好相關的資料以供需要時使用。

在與經歷離婚的家庭相處時，老師必須要注意到他們自己的態度、價值觀和情緒反應。這些個人觀點會影響到老師對父母和孩子的功能，並且可能使得老師去預想比實際還多的問題行為。真正有幫助的老師不會去負面地對家庭歸咎過失或是評估。

## 三、與繼親家庭合作

老師注意到每當 Pete Lawrence 的繼弟星期六來訪之後的星期一就慘了。Pete 常常會抱怨和要求，而他的媽媽總是看起來很精疲力竭。上星期要求他畫出他的家庭，他畫了媽媽和姊姊，之後是他的繼父，而後是他的「另外的」父親，之後他就不想再畫了。她不知道是否該關心他的這種行為。

每年幾乎有二十五萬個家庭是「重組」的——原來的家庭破裂之後

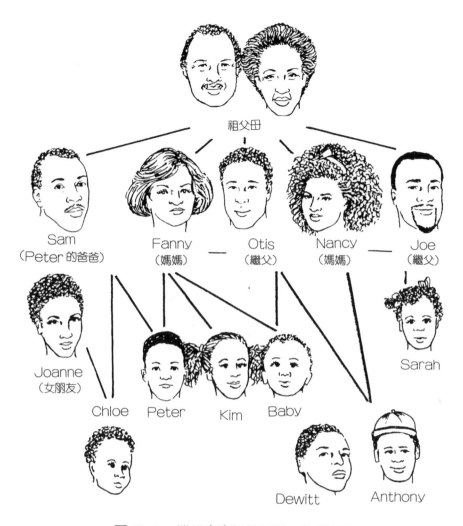

祖父田

Sam
(Peter 的爸爸)

Fanny
(媽媽)

Otis
(繼父)

Nancy
(媽媽)

Joe
(繼父)

Joanne
(女朋友)

Chloe Peter Kim Baby

Sarah

Dewitt Anthony

**圖 15-6　繼親家庭提供了孩子複雜的關係**

而產生；三分之一至一半的這種家庭中有孩子是來自於前次的婚姻。這
樣的家庭結構可能很複雜，因為其中所衍生出的關係是相乘的，這種複
雜性是「混合」家庭好的一面和不好的一面之來源(**圖 15-6**)。

　　父母主要的困難之一是對他們的角色常感到矛盾，不確定何時要介
入、何時要退出。此外，唯一所提供的角色模式是非常負面的——每個
人都記得灰姑娘那令人討厭的繼母！父母常期望能創造一個緊密結合的
快樂家庭，以彌補原始家庭的傷痛。但第二次婚姻的賭注更高，因為第

二次的成功對每個人都更爲重要。

　　　　所有第二次婚姻中的孩子皆成型於以前的婚姻，並且因它的失
　　敗而有所負擔。經歷父母離婚的孩子更渴望能被愛，且更害怕被拒
　　絕以及被推到外面去。（Wallerstein & Blakeslee, 1989：246）

　　然而，有著第一次婚姻孩子的第二次婚姻更容易以離婚收場。對於
孩子養育信念和方法之差異、摩擦、父母之間的衝突，以及孩子測試著
整個情境，都導致了相當大的壓力。在 Wallerstein 的研究中，有一半的
孩子在十年期間曾經經歷了他們的母親或父親至少二次的離婚。

　　老師可能必須去提醒繼父母和他們自己，其對孩子還是有正面的好
處的：他們擁有複合的角色模式以及擴展的親戚網絡；他們可能會擁有
快樂的雙親、額外的手足，以及較高水準的生活；一個可能提供衝突解
決及彈性經驗的新家庭。

　　在與繼親家庭合作時，老師可以提供與經歷離婚轉變之成人和孩子
類似的情緒支持和資訊。向父母說明調適需要時間，經常要數年，並且
提供孩子安全、穩定的課堂環境，都會有所幫助。

　　許多社區可能會有「美國繼親家庭協會」（Stepfamily Association
of America）的地方組織，可以提供這些家庭資訊和支援。

　　老師必須要對家庭姓名的差別靈敏，如果 John　Smith 是 Billy
Jones 的繼父，那 John 可能不喜歡被叫作「Jones 先生」。此外，老師必
須要瞭解每個家庭的法定情況，包括誰有權利接走小孩或是誰有監護
權。

　　老師可以在課堂上讓大家接受多樣化的家庭型態來幫助孩子的調
適。注意對孩子所傳達的語言和訊息是重要的；當談到「眞正的」父母
時，它指的是什麼（Coleman et al., 1984）。老師不應進行一些會產生迷
惑的活動，而使繼子女感到困窘，「母親茶會」或「父親早餐會」會引發
誰被邀請的問題。直接指名「父母」相關活動或許可除去這種困窘（如果
老師顧慮到有的人父親不願被提及，他們可透過個別談話來弄清楚）。當
孩子在做聖誕禮物給媽媽時，可鼓勵繼子女喜歡的話可給予親生母親和
繼母二者禮物。值得附帶說明注意的是，對於孩子因父母死亡，或暫時
地因長期的住院或服監而經歷失去父母的壓力，很多孩子的反應和老師

的策略也會與離婚類似。每個情況明顯的都有所不同，但在這些危機時期敏感地給予孩子和他們家庭支持是必要的。離婚和再婚在這裏被提出特別探討，是因爲統計資料指出，大部份的老師常常會碰到這些現象。

# 與特殊孩子的父母合作

Sylvia Rodriguez 目前在上午進入腦性麻痺幼兒園就讀，但她的媽媽詢問托育中心，如果她開始全天的工作時，是否可下午再來接他。下午班的老師對此感到相當憂慮，因爲她以前沒有和生理殘障的孩子相處過。

自從一九七四年，先鋒計畫被國會委任成立以來，已有十分之一的殘障孩子受惠（社會服務法案，PL96—644）。一九七五年通過了所有殘障孩子教育法案（PL94—142），指示所有三到十八歲的孩子必須在最少限制下提供其免費而適當的教育，許多受過特殊教育的老師在課堂上帶領、教導特殊孩子。同一法案也指示要使父母爲他們的殘障孩子參與個人教育計畫（IEP）的發展和執行。一九八六年的殘障教育法令修正案（PL99—457）將年齡降低至出生，並且對其家人施予同情心，視其爲聯盟的重要一份子。

PL99—457 所陳述的宗旨是去使殘障嬰兒和學步期兒童的發展提升，並且使發展延緩的危險減到最低；將殘障嬰兒和學步期兒童到達學齡期之後的特殊教育及相關服務之需求減到最低程度，以降低教育的花費；將殘障者制度化的可能性減到最低程度，而將他們獨立生活的可能性提升至最高程度；並且提升家庭在滿足殘障嬰兒和學步期兒童特殊需求的能力（Gallagher, 1989）。

PL99—457 要求有成文的特殊家庭服務計畫（IFSP）提供，不只是爲了嬰兒的需求，也是爲了強化家庭的力量和需要，以提升他們孩子的發展。IEP 模式之目標常是以專家對家庭需求的概念爲基礎，而 IFSP 的方法則挑戰專家對發展的常規，允許家庭去評估他們自己的需求，並且鼓勵共同制定目標（**圖 15-7**）。

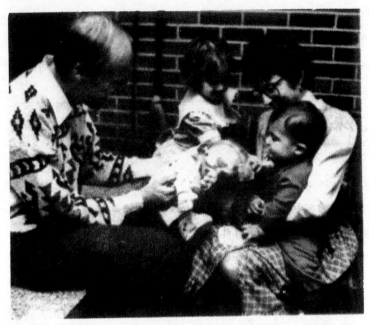

**圖 15-7　PL99-457 允許家庭去評估他們自己的需求，並且鼓勵共同制定目標**

Courtesy Doborah Hefner

　　與有特殊需求孩子的父母合作是幼兒園老師的特別挑戰，他必須學會去瞭解這些家庭所面臨的一般情緒反應、焦慮及問題。

## 一、情緒反應

　　特殊兒童的父母所要經歷的調適過程是終生的；它的情緒階段與傷心的過程是類似的（**圖 15-8**）。得知孩子是殘障的震驚常伴隨著罪惡感，或多或少會覺得有責任。許多父母會經歷否認感，可能會到處找專家，總是在找尋較樂觀的看法或是神奇的療法，有時否認也會投射在責備他人身上。父母在最後終於接受以前常會有憤怒的情緒發生。雖然大多數的特殊孩子父母從孩子出生一直到進入幼兒園，可能已知道了他們孩子的特殊需求，但在他們進入沒有相同問題的孩子之教室時，可能又會提醒他們，問題將會一直存在。

　　此外，特殊孩子的父母常會經驗到的情緒是；挫折、罪惡、情緒矛

**圖 15-8　特殊孩子的父母要經歷終生的調適過程**
Courtesy Council for Children, Inc.

盾，並且有去過度保護的慾望。

　　對許多父母來說，孩子是殘障者的事實對他們的自我價值感是個打擊。有許多未知的情況使他們對親職感到困難，並且可能感到較無力。大部份特殊孩子的父母生活中增加了大量的壓力，因為要花大量的時間和精力來照顧殘障孩子，且是終年不得休息的；醫藥、醫療和治療費用的經濟壓力；複雜的情緒和夢想破碎的生活壓力；因家庭預料或經驗到社會拒絕、憐憫或嘲弄而導致的疏離感。

　　沒有一個父母是曾對殘障孩子作好準備的。沒有角色的模式，沒有

指導方針可協助父母修正他們孩子養育的方法，以配合他們孩子的特殊需求。親職是一個會讓人們感到震撼的任務，即使是在最佳的狀況之下。特殊孩子的父母常會對他們的工作感到很不安全。

聽聽一位殘障孩子的父母對一群專家所說的話，可深入瞭解到父母的反應。

「那是一種奇怪的生活，因為我不認為我自己是個不快樂的人，而我也都過得還好，但就像每位有殘障孩子的父母一樣，生活中的一部份是在終生的悲哀中……當你有個殘障孩子，你的家庭會發生些什麼？我想『悲劇使全家人聚在一起』真是個神話！不是的，我們的悲傷是非常、非常地隱私的，而男性和女性的悲傷又大不相同……在父母和專家之間就是會有一些總是存在的敵意，因為你們有這些涉入計畫……但你們無法使我們的孩子變得好些。而當推力變成一種壓力，那也是我們真的想要的……但最根本的是，他無法去配合，那總是讓父母感到傷心。身為專家，那是你們必須要瞭解的……身為專家，你們應該要有『我不站在這樣的父母立場，我不知道它是怎麼樣』這部份的想法，使你們自己少做一點評斷。但讓我們父母生氣的是，瞭解的人是我們，但擬定 IEP（特殊教育計畫）的人卻是你們，是由你們在下判斷，你們在決定……我們的氣憤，很簡單，是因為我們的孩子不是完整的，而你們並無法真正的為他們做些什麼……因此有時當父母有侵略性和心緒煩亂時，我不認為你們應該將它視為個別事件……我不曾需要那麼多人幫助我……而我記得我不喜歡這樣，因為這真的干擾了我的生活以及我的母親身份……但我仍然真的需要幫助，我需要很大的幫助……你們這些專家可以去選擇是否要去做它，而身為專家，可以給予你很多自尊和美好的感覺……而父母卻是無法選擇的，沒有父母會去選擇有這種不如一般人、不完整的孩子。因此在我們都要給我們的孩子最好、最佳的計畫時，我們也必須要瞭解，我們是來自於不同的地方，你們是來自給予你們很多自尊的地方，而殘障孩子的父母是沒有那種自尊的。」（Kupfer, 1984）

特殊孩子的父母發現他們自己在提供特殊孩子之特別需求時，也會

試著去維持整個家庭的完整性，以發揮它自己的發展功能。

當老師增加了他們對這些特殊情緒反應和工作的瞭解之後，就能夠去避免一些不靈敏的反應。

## 二、父母與專家、老師和他人的關係

許多特殊孩子的父母在他們遇見學校老師之前就已與專家建立了關係。有特殊需求孩子的家庭學會要讓專家進入他們的生活，以提供他們所需要的幫助和知識。這些父母也已知道要如何進入專家的世界，以使他們自己準備好，給孩子更好的幫助。

這些與專家的早期經驗，有些可能並不是很正面的。特殊孩子的父母相關情況在專家之間傳來傳去，但卻發現這些專家的評估之間缺乏整合，有時父母覺得他們只是被通知有關的發現和預斷，卻沒有給予他們相關可利用資源的完全知識。

由 PL99—457 法案所委任的重點在於強調小組探討，意指父母和各類早期介入專家現在必須要相互依賴且聯合以發揮其功能。「家庭被視為有能力的決策者，必須允許他們依照他們的價值觀、資源、力量、需求和支援，來選擇讓早期介入計畫涉入的程度」（McGonigal ＆ Garland, 1990：27）。這種態度可能有助於父母在和專家（包括老師）互動時，有較少的疑慮和敵意。

特殊孩子的父母與幼教老師之間的合作關係，對孩子的適度功能有重要的決定性。只有當老師與這些父母互動時，他們才能真正獲得一些有價值的資料，有關發展和醫藥的歷史，以及社會和情緒的歷史。此外，老師可以協助父母去得到一些在家可直接幫助孩子的必要技巧和資訊。家庭和學校之間的連續性對特殊孩子的適宜發展也有重要的決定性；致力於學習並聯合類似的技術，對於孩子的終生是很重要的。

幼教老師如何能夠有效地與這些父母合作呢？有幾個觀念是很重要的：

### ㈠將父母視為個體

特殊孩子的父母最想要的是被人當做是個體，他們不想要被歸類，而是要被有尊嚴地對待。能瞭解並對待父母為一個體的老師可表現出這種尊重。

**圖 15-9　老師要幫助父母將焦點放在現在**
Courtesy Deborah Hefner.

　　能夠檢示自己對有特殊需求的孩子和他們父母之態度的老師,將會避免視他們為定型的一類。

**㈡把焦點擺在現在和未來**

　　老師必須注意到父母對他們孩子的問題會有投射譴責及感覺罪惡的傾向,因此老師應該避免去討論過去造成孩子缺陷的原因,而將談話和計畫的焦點放在現在和未來,採取什麼行動可以在現在和將來給予孩子最好的幫助(圖 15-9)。

**㈢澄清資訊**

　　老師可能必須去加強與其他專家的聯絡。對於醫學和(或)教育術語不熟悉的父母可能需要老師去澄清和說明資訊。老師應該要記住,他們的作用是去澄清,而非評論或診斷。教導殘障孩子的幼教老師必須常與那些計畫其全面照顧和治療方法的專家團成員聯絡。

圖 15-10　老師應幫助特殊孩子的父母看到他們小小的
成功且感到喜悅


#### ㈣實際的期望

父母很重視老師的說法。想要使父母能樂觀地安心是很自然的，但若是使其有不實的期待則是殘酷的。老師應該要提供其有可能的希望，並且幫助父母為小小的成功感到喜悅(圖 15-10)。給父母特定而頻繁的報告對他們是有幫助的。

#### ㈤幫助父母放手

父母必須要面對放手的過程，尤其是對殘障孩子，因為有罪惡感而常會有想給予其過度保護的慾望，在這種複雜的心情下，要放手是很困難的。當父母試著去加強孩子的獨立性時，老師可扮演重要的支持角色。要分離和放手本來就是很困難的，而對這些父母，他們認為孩子是依賴的(真實或想像的)，更會經歷到內心的衝突。


「我知道要讓她自己走進教室似乎是件殘忍的事──對她來說

**圖 15-11　在教室裏觀察和參與的機會可有助於父母感到被包括在裏面**
Courtesy Council for Children, Inc.

這是一件很困難的事。但是我們可以在她的臉上看見小小的成就感，是值得的，不是嗎？」

### ㈥增加教室裏的父母參與

瞭解到特殊孩子的父母常會有無力感，老師應該要提供機會，讓父母在幫助他們孩子的過程中能夠有些具意義的貢獻。在教室裏觀察和參與的機會可能有助於父母感覺到被包括在裏面，也可以提供有關孩子的作息以及老師與其相處的方法之第一手資訊(**圖 15-11**)。當老師幫助父母一起設計並貫徹執行家庭訓練計畫時，父母就能夠更有效地與孩子相處。老師必須也要記住這些父母已經有許多的負擔和期待在他們身上，因此在他們參與時，要使其感到自在，並且要配合他們的生活。

### ㈦瞭解可供使用的社會資源

老師必須要熟悉所有可幫助特殊孩子家庭的社會資源，不知道可轉向那裏求援的父母將會需要老師所提供的資訊。

### ㈧幫助自信心的重建

瞭解到許多的特殊孩子家庭之社會和情緒疏離感,老師應該特別努力以幫助他們建立與外在世界的社會連結。引介他們參與和其他父母的工作或討論計畫,並且安排其他的父母主動去接近他們,都是幫助特殊孩子父母重建與他人相處自信心的方法。

瞭解特殊孩子父母之情緒反應和需求的老師,最能夠去支持和強化這些家庭讓孩子適度發展的能力。

# 與嬰兒的父母合作

另一個有特殊需求、需要社會關心的父母團體是嬰兒的父母。

> 「老實說啊,那個 Black 太太,難道她認為我什麼都不知道嗎?你應該看看她今早離開寶寶時留下的指示單——要餵多少、何時餵、如果她沒有全部吃完將要怎麼辦、她哭時可能表示什麼。如果不是很可笑,我真的會很生氣。」

在嬰兒照顧者和他們的父母之間常常會有壓力感。這種天生的緊張存在於以個人來講是父母為他們孩子的幸福著想,以及概括來講是為所有孩子的幸福著想之間,而這種緊張因為強調嬰兒的在職父母之特殊親職發展而隨之加劇(Lurie & Newman, 1982)。與有嬰兒的父母合作之老師,必須去考慮父母在這親職第一階段時所特有的特殊情緒反應。照顧者也必須提醒他們自己,在孩子生命的早期必須離開他們的寶寶,對許多年輕媽媽是個多麼新的現象。在一九五〇年,還很少有嬰兒的母親是在外工作,甚至連勞工局都沒有進行相關的統計!而現在,超過三成五的母親在他們的寶寶二個月大以前就又回去工作,而超過一半的母親在嬰兒一歲生日以前回去工作(Susan Ginsberg, Bank Street College, NAEYC, Nov. 1990)。

## 一、嬰兒父母的反應

在嬰兒生命的前二年，重要依戀過程是互相的，大人依戀他們的寶寶，就像寶寶依戀照顧他們的大人一樣。這指的是他們不只是彼此深深地相互照顧，並且在彼此在場時，他們也會感到較安全和舒服。就是這種與寶寶特別親密的關係，決定了親子關係的開始以及寶寶的適度發展，但這也會引起父母對寶寶想佔有的感覺。他們不想要離開寶寶太久，而且也確信他們的寶寶和其他人在一起會不安全。舉例而言，這就是為什麼母親在離開一段長時間時，會給照顧者一張可能會侮辱其智慧的清楚明細清單，或是對於寶寶在她不在時每一分鐘細節的明確要求。如果照顧者能尊重父母因依戀過程而有的焦慮，可能會讓他自己感覺好些。去瞭解父母總是會焦慮將他們的嬰兒托給代理者照顧是很重要的。此外，也常會有其他的情緒涉入，大多數父母對於把他們的寶寶留給他人照顧會感到罪惡感，或是有矛盾的情緒。他們感覺如果由他人來照顧孩子，寶寶也許就不再愛他們了。

依戀使得大人成為 Berry Brazelton 博士所稱的「守門員」──運用策略使對手與他們喜愛的嬰兒保持距離。這會發生在家庭之中，也會發生於與外面的照顧者之間。家庭中的守門員可能看起來像：

> 母親對父親說：「不要讓他躺那個樣子，他喜歡仰臥，來，我來弄。」
>
> 對照顧者，「守門員」媽媽可能會說：「周末在家，我把她安置好後，她在睡覺時都沒有任何的問題。」
>
> 「守門員」照顧者可能會說：「如果你像我這樣，在她喝奶喝到一半時讓她打嗝，你會發現她就不會吐奶了。」

任何嬰兒照顧者都知道，即使沒有什麼關係，你也會和嬰兒發展出強烈的依戀，因此當嬰兒室可能出現父母和老師之間的緊張也不用太驚訝（圖 15-12）。

另一個要考慮的因素是新生父母在他們接觸到有關照顧嬰兒的不熟悉工作和決定時，常會感到焦慮和緊張。父母不確定在他們新角色的期

圖 15-12　當所有照顧嬰兒的人都強烈地被依戀時，就可能發展出競爭
Courtesy Council for Children, Inc.

待標準上，他們的表現如何，而在一個非常有經驗的照顧者有信心的行
為對照之下，可能會增加父母的無法勝任感。

　　有許多因為家裏增加了寶寶而必須要做的生活調適：在時間和金錢
上的新要求；對婚姻關係以及順利運行的家務和職業的破壞；在一天二
十四小時中要滿足寶寶的需求，還要在外面工作所導致的生理疲憊。嬰
兒的父母在新的生活型態壓力下，常常情緒上和生理上是很緊張的。

　　　　為人父母的第一年可能是年輕的成人生活中最緊張、緊湊，而
　　　充滿壓力的一段時期。(Joffee & Viertel, 1980：319)

　　Berry Brazelton 博士發現許多父母由於在發展其親職關係時必須
太快與他人分享他們的寶寶，而有深深的情緒困擾。他預測這些年輕的
父母有兩種可能的行為過程：一種是保護他們自己避免形成依戀，而另

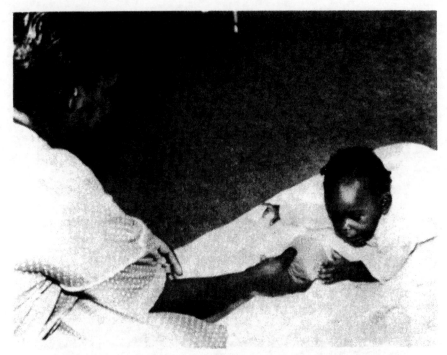

**圖 15-13　嬰兒和父母之間的關係必須由教職員加以支持**
Courtesy USM Publications.

一種是傷心。他宣稱，傷心可能會以責怪、生氣、心虛或無助來顯示出來，而那些可能會導致老師所看到的一些扭曲的行為。那時，托育工作者就有其特別的責任去幫助年輕的父母，使他們有機會去發展依戀（圖 **15-13**）。

## 二、老師與嬰兒父母之關係

知道了新生兒父母的情緒反應和需求後，照顧者可以做一些事情，以便與這些父母建立有效的合作關係。

### ㈠支持依戀的過程

將對孩子的競爭轉化為關心父母對他們孩子的依戀程度，老師應使嬰兒室能夠實際促進此依戀過程。好的嬰兒托育功能是去支持家庭的發展需求，以及對嬰兒和父母都是基本需要的依戀。應該要給予照顧者有關依戀過程的特定知識（Bowlby, 1988）。

**圖 15-14　父母應該要能感覺任何時候他們的到訪都是受歡迎的**
Courtesy Jakraret Veerasarn, Washington, D.C.

　　父母在任何他們想來訪的時候應該要感覺到受歡迎（圖 15-14）。如果他們感覺到受歡迎，許多嬰兒的父母將會在午餐時間或是一天中的其他自由時間來這兒，並餵食他們的寶寶。若有想要哺育或餵奶的媽媽，應該提供一張舒適的椅子，以及她們所喜歡的與寶寶一對一的私人時間。這並不是一種對嬰兒室日常作息的干擾，而是對父母和寶寶一段重要的時間。生理環境的佈置可以表達出其歡迎之意；在嬰兒室中安排或佈置一個父母專屬的角落，有著舒服的椅子以及一系列有助益的書籍和小冊子。這些都可以傳達歡迎父母留下來的溫暖訊息。

　　如果父母覺得日常作息和常規並不會將他們與孩子分開，他們就較不會覺得照顧者搶了孩子的所有權，並且能確信孩子受到的照顧是令人滿意的。

㈡資料處置的標準化

　　有個重要的責任是使父母能夠去分享他們的資訊，並且去建立他們

```
┌─────────────────────────────────────────────────────┐
│                  關  於  我                          │
│                                                       │
│  我的名字是 _____  │
│                                                       │
│  我喜歡被叫做 _____  │
│                                                       │
│  我的生日是 _____  │
│                                                       │
│  我父母的名字是 _____  │
│                                                       │
│  緊急時的電話 _____  │
│                                                       │
│  睡覺時我喜歡側睡、仰睡、俯睡（圈出一個）           │
│                                                       │
│  我有／無特定的毯子                                   │
│                                                       │
│  我有／無使用奶嘴                                     │
│                                                       │
│  我喜歡每 ___ 小時吃一次奶                            │
│                                                       │
│  我對 _____ 過敏               │
│                                                       │
│  我害怕 _____  │
│                                                       │
│  當我哭時如果你 _____ 將對我有幫助│
│                                                       │
│  我喜歡做的事是 _____  │
│                                                       │
│  我想讓你知道的 _____  │
└─────────────────────────────────────────────────────┘
```

**圖 15-15　給父母的簡單資料表**

對親職的勝任感。處理往來於父母和照顧者之間的資料必須使其標準化且清楚。許多中心有記錄卡記錄每天所發生的事，像是餵食、午睡、尿布之更換、活動，以及特殊行為，並且記錄發展的過程。他們也提供父母一些另外的表格和機會去記錄對照顧者有幫助的資料，像是最後一次餵食的時間、睡覺的時數、不尋常的行為，或是家庭的日常作息。把這個人的表格放在方便的地方──可能是在寶寶櫃子的上端──以表示它的使用是所有大人的例行工作。當父母確信嬰兒室的教職員想和他們完全地分享，而且他們所提供的資料和老師一樣對孩子的一天都是很重要的，那麼他們的焦慮感和敵對感就會降低（**圖 15-15**）。

### (三)維持客觀

　　嬰兒的照顧者必須要瞭解他們在照顧時自己對嬰兒的感覺。這種養育關係是溫暖但卻短暫的，可能只維持在嬰兒期的幾個月。這些嬰兒最

需要的是整個家庭所供給他的溫暖支持，因為寶寶和父母須經歷依戀的過程。家庭在中心是主體，而托育者只是家庭所選擇使用的一個衛星服務，儘管他認為他對寶寶所做的比那些焦慮、沒經驗的父母做的好多了。父母是嬰兒生命中最重要的人，如果成人之中彼此含有敵意，那麼寶寶將只會受害。對照顧者很重要的一點是，要去檢示他們的權限，如此他們才能夠靈敏地去分享權力，而不會失去他們的角色。愛寶寶的照顧者會瞭解，他們能幫助嬰兒的最好方法，是去支持他父母的成長。

㈣介紹新的親職技巧

　　嬰兒的老師應該提供資訊和觀念給新生兒父母。在嬰兒的第一年期間，第一次為人父母者最能開放自己去吸收基本的親職行為，那對他們自己和孩子都有長久的影響。當他們關係發展時，老師應該常會有與父

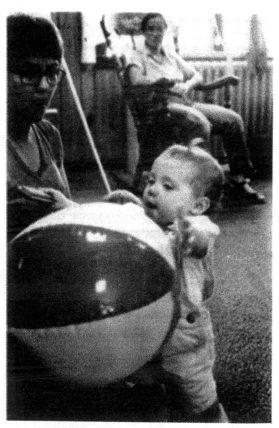

圖 15-16　老師可以巧妙地介紹父母一些新的親職觀念
Courtesy USM Publication.

母談話的機會，可適度地介紹他們一些觀念，並且巧妙地回答問題（圖 **15-16**）。同時，老師必須小心防範，不要有明顯的行為去暗示父母的不適任，相對地，要給予他們一些專門的知識。老師在嬰兒室的教導要溫和，像個朋友一般。

> 「哇，我們今天應該好好慶祝一下！我注意到今早向你道別對她是件多麼困難的事，這是她第一次這個樣子。當你離開時她的哭泣是個好徵兆，表示她非常的愛你。這幾個月來你的所有努力已有了收穫，她開始依戀你。這是很特別的一天！」

有時可藉著「透過對寶寶講話」而稍微與父母進行有意義的溝通。

> 「告訴媽咪你多麼喜歡她把你安全地抱起來。」
>
> 「看到媽咪回來讓你感覺很好，不是嗎？看她讓你笑得多麼高興！」

當嬰兒由家庭外的成人照顧之數目增加時，這些老師將有重要的機會在這個他們生命中的決定時刻，去支持家庭並且扮演資源的角色。的確，藉由建立起共同照顧的方式，而不是將孩子交給專家教育，嬰兒照顧者開啟了減少距離的先例，而正式的教育在以後的學校會進行。

## 與虐待或疏忽的父母合作

> 每次 Dorothy Scott 在報上看到有關在她的城市或任何其他地方的兒童虐待和疏忽事件之文章時，她感到戰慄。「什麼樣的父母會做像那樣的事情？」她很懷疑。「感謝老天在我們學校不曾有過那樣的問題——沒有給我們那一類的父母。」

許多老師相信在他們的社區中，擁有的是特別的人口，他們將永遠不必面對這樣的問題，但不是這樣的。兒童虐待發生在社會的各個角落，

在看起來與每個家庭都一樣的家庭中。老師必須瞭解虐待家庭的整個動態和它所暗示可能存在的問題，以及去幫助孩子和他的家庭的法律責任和可能性。

一九七四年的「兒童虐待預防和治療法案」定義虐待和忽略為「十八歲以下的兒童被負責其幸福的人施予生理或心理的傷害、性虐待、忽視或身體虐待，使其因而生活於健康或幸福受到傷害或是威脅的環境之下」。被信任能照顧孩子的人須負責他們的幸福，當這種幸福陷入危險之中時，法律使得他人能夠介入以爭取孩子的利益。

有那些強迫力使得父母去虐待他們的孩子？有三種情況必須存在使得兒童虐待發生(Helfer, 1975)：(1)父母必須能夠去虐待；(2)孩子必須被他的父母認為他是不同的；(3)在有壓力的情況下又發生危機。第四種狀況可能是父母沒有可使用的生命線或是救助單位——沒有親近的朋友或親戚可以緩和情況(Kempe, 1974)。

## 一、施虐父母的特質

施虐父母經常隔一段時間就會去虐待孩子。一般說來，他們自己是成長於他們不想去回想的環境中(Justice, 1976)。不管他們所呈現出來的經濟或社會地位為何，他們個人是被剝奪、很難以去經驗愉悅的人，常常無法去信任人，有情緒和社會的疏離感，即使對他們自己的配偶也是如此。他們經常會有個人無力感，也常是不成熟而依賴的(Polensky, 1977)。這些父母通常會由他們孩子身上尋求愛，而要孩子以服從和遵奉的型式來表現。他們已經預先被自己的需要佔滿了，因此無法去看到孩子的需要。這些父母相信懲罰的價值，且害怕太寬大的行為將會「寵壞」孩子。

這些父母經常以特殊、不真實的方式來看待他們的孩子，常有過度或不實際的期待。在某些例子中，受虐孩子是遭遇到困難的孩子，常會有發展或行為上的問題。

## 二、促使發生的情況

在大多數的例子中，父母和孩子的個人潛在因子原來就存在，但在父母失去控制而虐待發生之前，則需要一個危機事件，常常是家庭經歷

了太多或太快的改變，而在沒有時間恢復，同時又被新的危機所衝擊時發生。這種危機可能是經濟的——失去工作、財政的問題；可能是個人的——被配偶所遺棄或其他的婚姻問題、家庭成員的死亡或是其他變遷的事件；可能是環境的——搬家、不合適的居所、洗衣機壞掉。然而不管是什麼，對孩子而言這已是最後的極限，因此一點小舉動就會讓父母失去控制。由於這種情況並沒有社經或文化的差別，因此虐待的情況在社會的每個階層都會發現。

## 三、虐待和疏忽的信號

有警覺的老師常是第一個發現家庭需要幫助信號的人，有一些身體和行為的信號應該要在老師心裏引發問題。

### ㈠虐待的身體信號

- 瘀傷或打傷，尤其是那些孩子身體活動無法解釋的部位：膝蓋背面、上背部；呈兩邊對稱的(配合兩邊的手臂)；或是那些造成標記的記號(皮帶的環扣或是電線的圈環)。有時穿著不符合季節的長袖衣服可能是企圖遮蓋這些標記。
- 跌倒所導致的受傷之報告，但那不包括手、膝蓋或是前額。
- 燒傷，特別是小的燒傷，像是那些香煙或火柴所造成的。
- 坐或走路的不便可能是身體或性虐待的信號。
- 頻繁的受傷。

### ㈡疏忽的身體信號

- 需要醫療照顧，即使狀況已足以引起父母的注意。
- 衣著不適合於天氣，沒有清洗或是沒去照料。
- 沒注意到生理衛生。
- 孩子過度地疲勞或飢餓，經常沒吃早餐。

### ㈢行為的信號

孩子的各種行為可能是受虐待或忽視的信號。以下一些行為應該要引起老師特別的注意：

- 偏差行為系統，像是攻擊、破壞和分裂行為；或是消極、退縮、極端安靜。
- 做白日夢。

- 懼怕大人和父母。
- 不尋常、世故（與之對比的學齡前兒童行為是好奇的、探索性的）。

## 四、老師的角色

當老師懷疑家庭裏有虐待或疏忽情況時，有幾個應採取的行動過程。

### ㈠報告適當的機構

老師被法律委任要去報告疑似虐待的案件，而以托育中心的工作者為主。幼教老師應該去查詢他們自己的州內目前的相關法則，以及在合適的機構中向誰去報告。查証的責任不在老師身上，而在保護服務機構中受理老師報告的人。如果疑似虐待或忽視的報告是可信任的（相對的，例如在監護權爭鬥中，試著要讓對方喪失權力之不良意圖告發），那麼報告者的安全應受到保護。

有一些例子是老師和中心對於他們所懷疑或是看到的家庭問題，試著閉上他們的眼睛，可能是害怕如果他們介入了「家務事」會被報復或是使得父母生氣。老師必須要接受他自己可能是唯一知道某些孩子和他們的家庭發生了什麼事的人，而且也可能是唯一保護孩子的人。如果老師發現他們中心的政策是勸阻這樣積極保護的角色的話，他們必須要瞭解他們自己的法律和道德責任。

### ㈡文件証明

當老師知道了可能的虐待和忽視時，必須擬出一份他們看到什麼的文件，這樣的記錄可以証明任何的懷疑是有証據的，且對於調查員是有用的。所有的文件都需要簡單、有日期的情況描述。

---

十一月十八日。有二處很大的瘀傷在兩邊的手臂上方，包括明顯的指痕。

十二月三日。鮮紅的傷痕在腿和背上。孩子說父親在前一晚非常生氣。

---

### ㈢檢視個人的態度

老師必須去檢示他們自己的態度，以便能夠與這些家庭合作。許多老師對這些傷害他們小孩的父母感到非常的生氣，但老師為了去發展對父母情況的真正同情心，很重要的一點是，要去瞭解這種憤怒的存在，並且特別努力地去認識父母以及他們的親職情況。既然父母自己所需要的是教養和接受，而不是憤怒的表現，老師去跟同事談談，釋放一些他們的負面情緒，而非對父母發洩，這樣會比較適當。然而很重要的一點，要記住，未經確認的機密資料或陳述必須以專業的技巧處理。

### ㈣創造一個信賴的氣氛

老師對於在這些問題家庭孩子的關心和照顧可以支持孩子去度過非常困難的時期。它幫助這些孩子瞭解老師在乎他們，是可以依賴而值得信任的，並且關懷他們，因此可以幫助他們和他們的父母。這樣的信賴氣氛也許可以讓孩子去吐露他們的問題，並且讓他們相信其他大人有能力去幫助他們和他們的父母。這些孩子不需要去聽到對他們父母的譴責，畢竟父母是他們生命中最重要的人，無論此時是多麼的紛亂。老師也要安慰自己還能夠給孩子提供一個重要的模範，以幫助他們瞭解並非所有的大人都會施虐。

### ㈤提供父母支持團體

許多社區會提供機構和團體以支持壓力下的父母。如果老師知道這些社會資源，他們可以在預防的基礎或是在法院命令之下，介紹這些機構給父母。許多機構，像是科羅拉多的「家庭支援中心」（Family Support Center），以治療來提供父母支援，由受過訓的義工接聽二十四小時壓力電話專線，並且對於施虐的父母給予再教育。有一個很有效的方法是去給予家庭一個「父母助手」，這個助手受過諮商技巧的訓練，由他們作家庭訪視並提供正面的示範，以及與孩子互動的適當方法。

近幾年來，法院傾向於較不去處罰這樣的父母，而是專心致力於幫助父母學習可選擇的管教方法以及適當的期待。老師可以全心全力地支持這樣的努力。父母學得了新的親職方法對整個家庭都會有好處（圖15-17）。

對於這些努力的支持也可以來自於那些曾經經歷過類似問題的父母。許多社會有全國匿名父母組織（Parents Anonymous）的地方團體，

**圖 15-17　所有的父母都需要支持系統**

Courtesy Lands' End. Inc. 攝影者：Archie Lieberman.

它的成員都是以往施虐的父母，他們聚在一起以彼此鼓勵去改變他們的
行為。

　　事實上，兒童虐待和忽視是許多老師應該做到的問題。老師最應該
做的是能夠去認知危難和問題的信號，去知道他們的法律和道德責任，
以及他們的社會資源，並且去支持家庭度過痛苦的評估和重建過程。與
父母建立關懷的關係是老師能夠給受虐兒童最好的禮物。

## 摘　要

　　一些父母會有特殊的需求，包括：經歷分居、離婚、再婚的父母，特殊孩子的父母，嬰兒的父母，以及虐待或忽視的父母。與特殊需求父母合作的老師，應用很大的挑戰性去培養對父母和孩子在每種情況中之動態和情緒反應靈敏的瞭解。老師也必須組織必要的教室行為以幫助孩子，並且提供技巧和知識以支援父母。在如此專業成長的過程中，老師將能夠去幫助最需要幫助的家庭。

## 進一步學習之作業

(1)調查並收集社區中現存有關以下機構之參考資料和小冊：

　　1.協助或支持經歷分居和離婚的父母和(或)孩子，像是諮商服務、「單親父母」、「大哥哥和大姊姊」等等。

　　2.協助父母和他們的特殊孩子，或是在鑑定和早期介入過程中給予幫助。

　　3.提供新生兒父母支援。

　　4.協助、處理和(或)支援虐待家庭。

　　如果這類機構很多，可以每個人去訪視一個，然後回到班上將資料收集在一起並且作報告。

(2)找出州立法律中有關幼兒園和托育中心裏專業人員對於虐待和忽視報告的法律責任界定。瞭解你所在地方的通報機構，邀請該機構的代表來班上訪問是有幫助的。

(3)為有特殊需求的父母和孩子調查相關的叢書資源，將這些編列成表以供父母使用。

(4)如果你的社區中有以特殊孩子為主的學前教育機構，計畫去訪視這些機構或是特殊的學校。瞭解他們的父母參與政策和執情形。

(5)角色扮演，並討論以下的情況：

　　1.你關心班上一個四歲孩子的攻擊和退化行為。他的爸爸兩個月前離開了家，你要和他的媽媽討論這孩子的行為。

　　2.一位母親想要告訴你她和孩子受到她前夫多麼恐怖的對待。

　　3.一個孩子因最近經歷離婚事件，似乎非常退縮和悲傷。你要如何和

這個孩子對話？

4. 一個孩子告訴你：「他不是我真正的爹地，他只是娶了我媽媽而已，我恨他。」你的反應？

5. 一個孩子告訴你：「我爹地很用力打我媽咪。他這樣對待我們時，我很害怕。」你的反應？

6. 一個孩子被觀察到有明顯的性活動(非探索行為)，你要如何和父母討論這個問題。

7. 一個腦性麻痺孩子的母親說：「醫生說他將永遠無法正確地走路或說話，但他似乎在班上表現得很好，你認為呢？」你的反應？

8. 一位嬰兒的母親說：「我的媽媽這個周末來看我們，她告訴我不要常常去抱孩子，孩子要哭就讓他去哭，所以你也應該不要常抱他。」你的反應？

## 複習問題

(1) 列出幾個孩子和父母在離婚或再婚壓力下的行為。

(2) 討論老師可以幫助經歷父母離婚或再婚的孩子的四種方法中的三個。

(3) 討論老師可以幫助經歷離婚或再婚的父母的四種方法中的三個。

(4) 確認特殊孩子的父母的五種可能的情緒反應中的三個。

(5) 描述七種老師可與特殊孩子的父母有效合作之方法中的四個。

(6) 討論嬰兒的父母典型的反應。

(7) 確認嬰兒的老師有幫助的四種行為中的三個。

(8) 列出會產生虐待行為三種因素中的二個。

(9) 列出六個虐待和忽視的信號。

(10) 確認老師對於涉入虐待和忽視的五種責任中的三個。

## 進一步閱讀的建議

### 一、有關離婚與再婚

Allers, R.D. (1980). Helping children understand divorce. *Today's education*, 69(4), 26–29.

Briggs, B.A., and Walters, C.M. (1985). Single-father families: implications for early childhood educators. *Young Children, 40*(3), 23–27.

Coleman, M., Ganong, L.H., and Henry, J. (1984). What teachers should know about stepfamilies. *Childhood Education, 60*(5), 306–309.

Heatherington, E.M., Cox, M., and Cox, R. (1982). Effects of divorce on parents and children. in Lamb, M.E. (Ed.) *Non-traditional families: parenting and child development.* Hillsdale, N.J.: Lawrence Erlbaum Assoc. Pubs.

Skeen, P. and McKenry, P.C. (1980). The teacher's role in facilitating a child's adjustment to divorce. *Young Children, 35*(5), 3–14.

Skeen, P., Robinson, B., and Flake-Hobson, C. (1984). Blended families: overcoming the Cinderella myth. *Young Children, 39*(2), 64–74.

## 二、有關特殊孩子的父母

Gallagher, J.J., Berkman, P., and Cross, A.H. (1983). Families of handicapped children: sources of stress and its ameliorization. *Exceptional Children, 50*(1), 10–19.

Seligman, M. (1983). *The family with a handicapped child.* Orlando, Fl.: Greene and Stratton, Inc.

Simpson, R.L. (1982). *Conferencing parents of exceptional children.* Rockville, Md.: An Aspen Publication.

Stewart, W.E., Conoley, J.C., and Rosenthal, D. (1985). *Working with parents of exceptional children.* St.Louis: Times Mirror/Mosby College Publication.

## 三、與嬰兒的父母合作

Brazelton, T.B. (1984). Cementing family relationships through child care. in Dittmann, L.L (Ed.) *The infants we care for.* Washington, D.C.: National Association for the Education of Young Children.

Galinsky, E. (1982). Understanding ourselves and parents. in Lurie, R., and Neugebauer, R. (Eds.) *Caring for infants and toddlers: what works, what doesn't, 2.* Redmond, Washington: Child Care Information Exchange.

Lurie, R., and Newman, K. (1982). A healthy tension: parent and group infant-toddler care. in Lurie, R., and Neugebauer, R. (Eds.) *Caring for infants and toddlers: what works, what doesn't, 2.* Redmond, Washington: Child Care Information Exchange.

Wieder, S. (1989, Sept.). Mediating successful parenting: guidelines for practitioners. *Zero to Three, X*(1), 21–22.

## 四、與虐待父母合作

Meddin, B.J., and Rosen, A.L. (1986). Child abuse and neglect: prevention and reporting. *Young Children, 41*(4), 26–30.

Reed, J. (1975). Working with abusive parents: a parent's view—an interview with K. Jolly. *Children Today, 4*(3), 2–10.

Shanas, B. (1975). Child abuse: a killer teachers can help control. *Phi Delta Kappan, 61,* 479–82.

# 參考文獻

## 一、有關離婚與再婚

Barney, Jo. (1990, Oct.). *Stepfamilies: second chance or second-rate? Phi Delta Kappan,* 144–147.

Camara, K. (1986). Family adaptation to divorce. in Yogman, M.W., and Brazelton, T.B. (Eds.) *In support of families.* Cambridge, Mass.: Harvard University Press.

Visher, E.B., and Visher, J.S. (1979). *Stepfamilies: a guide to working with step-parents and stepchildren.* New York: Banner/Mizel.

Wallerstein, J.S., and Blakeslee, S. (1989). *Second chances: men, women, and children a decade after divorce.* New York: Ticknor and Fields.

## 二、有關特殊孩子的父母

Gallagher, J.J. (1989, Oct.). The impact of policies for handicapped children on future early education policy. *Phi Delta Kappan,* 121–124.

Kupfer, F. (1984). Severely and/or multiply disabled children. *Equals in this part-nership: parents of disabled and at-risk infants and toddlers speak to pro-fessionals.* Washington, D.C.: National Center for Clinical Infant Programs.

McGonigel, M.J. and Garland, C.W. (1990). The individualized family service plan and the early intervention team: team and family issues and recom-mended practices. in Freiberg, K.L. (Ed.) *Educating exceptional children.* (Fifth Ed.) Guilford, Ct.: The Dushkin Publishing Group.

## 三、與嬰兒的父母合作

Bowlby, J. (1988). *A secure base: parent-child attachment and healthy human development.* New York: Basic Books.

Joffe, S., and Viertel, J. (1984). *Becoming parents: preparing for the emotional changes of first-time parenthood.* New York: Atheneum Books.

## 四、與虐待父母合作

Helfer, R. (1975). *The diagnostic process and treatment programs.* U.S. Dept. of Health, Education and Welfare. Washington, D.C.: U.S. Govt. Printing Office.

Justice, B., and Justice, R. (1976). *The abusing family.* New York: Human Services Press.

Kempe, C.H. (1974). Battering. in Talbot, N.B. (Ed.) *Raising children in modern America: problems and prospective solutions.* Boston: Little, Brown and Co.

Polensky, N.A., Desaix, C., Sharlin, S.A. (1977). *Child neglect: understanding and reaching the parent*. New York: Child Welfare League of America, Inc.

# 第 16 章

## 處理麻煩的態度和狀況

碰到一些令人沮喪或使人受威脅的父母，會使老師撤消與父母合作的努力。第十六章要探討父母行為的原因以及與他們接觸的策略。

## 目　　標

在讀完這章之後，學生將可以：

(1)討論敵意反應的原因以及研討與他們的相處。

(2)討論明顯冷淡的原因以及研討如何克服它。

(3)討論父母的過度參與以及處理它的方法。

(4)討論老師與家長間緊張的幾個常見原因以及處理它們的方法。

身為專業人員，老師有責任要維持與父母的有效合作關係，即使是在很困難的狀況之下。也許最困難的情況是親師對事情的看法有非常大的差異。這些差異可能是集中在教育課題上：對於適當的教育目標、課程、教法或訓練方式觀點的差異。父母的期待和行為可能也會與老師對其角色的看法相衝突。當老師試著想幫助父母瞭解他們孩子的個性或需求而父母不想去接受時，也會產生歧見。親師之間所產生的不舒服感覺可能會使得雙方的交換意見變得困難，因此也難以達到真正的溝通或是使問題解決。

一般說來，老師在考慮這種情況時，很重要的一點是，要從老師和父母二邊的觀點來評判分析；解釋並進入問題的本身，去看看各方的人是如何看待這種情況。在一些例子中，也許有些老師和父母觀念上或情緒反應的巨大差異是無法去解決的，但也有一些情況，去小心地分析情況的整個動態和事實，可能有助於大家去找到共通基礎而能一起合作。老師要瞭解的一件事是，態度和價值的處理是一個長久的過程，不可能會立即解決或是成功。老師要與各種在不同生活階段的成人合作，所需要的不只是對兒童發展的瞭解，而是要瞭解人類整體的成長和發展。

---

# 敵　意

---

在最近的會議上，一位家長對老師生氣地咆哮著：「我的兒子

以前從來沒有這種問題，如果你問我，那一定是老師出了什麼錯誤讓小孩無法去服從她。不要告訴我他需要約束！我想你的主管應該更小心地注意你！」

當老師要對這種攻擊反應時，必須要去考慮幾個重點：

## 一、敵意是一種面具

老師必須要瞭解，並非所有的敵意都眞的是敵意。有時候父母的動機是眞的關心他們的孩子，並且對常規或評估感到質疑，而以健康的自我維護形式來表現。強烈的關心可能在聲音上表現出聽起來像是在生氣。有些不擅言辭的人可能會太激動而以攻擊來代替，有時感覺無力的父母也會企圖以不適當的方法去奪取權力。

另一種可能被敵意掩飾的情緒是，當父母瞭解到他們的孩子有發展上的問題或障礙時所感覺到的傷心(參閱第十五章)。

> 父母所承受的可能是在聽了教職員的發現或解釋後的不知所措或煩憂，我們應當視父母的防禦反應爲他們去因應焦慮的方法，而非他們在企圖阻礙前進。(Losen & Diament, 1978:150)

對他們身爲父母的效能感到防禦或心虛的家長，可能會強烈地去抵抗老師的評論。老師在自動將其反應標上「敵意」標誌以前，先考慮一下父母的立場，這是很重要的。

眞正的敵意出現於個人在面對似乎是「權威」人士時所反應出的憤怒。一個有敵意的人是防禦的、多疑的、假定他人有不友善的意圖，因此他們覺得是被迫先予以攻擊。這樣的敵意反應常是其幼兒態度或早期對權威經驗的延續。

## 二、敵意抑制了溝通

當父母在口頭上施暴或是不理智地生氣時，要有效地溝通已是不可能的了。去解除憤怒是老師的任務，如此溝通才能夠開始。老師必須避免也掉進父母的強烈情緒中，而應努力地去瞭解在那種感覺後面的是什麼。處理憤怒反應的第一步是去接受它，不管那種情緒使得事實的概念

如何地被扭曲，他所表達的情感是真實的。接受他人的感覺並不表示要去放棄自己的觀點，只是指對於他人的感覺要較靈敏些。藉著抓住父母的觀點，老師就能夠去表現真正的關心，並且較能夠去適當地反應。當老師透過積極的傾聽而反映出對父母觀點的瞭解時，父母就能明白他們的感覺是被瞭解的。

「對於我對 Roger 行為的評語，你真的感到非常煩憂，是嗎？」

老師要關心地去傾聽，問問自己「她的感受怎麼樣」，試著去解釋其所表達出來的情緒，並且將所瞭解的回饋給父母，看看是否正確。這樣的回饋可以消除父母去表現更多的憤怒，因為老師能清楚地去掌握訊息，並且能夠引出讓人明白其所關心的細節之反應。

「你賭我會煩憂，但我告訴你，我不認為談論要他守規矩是公平的，畢竟那個孩子已經承受過了。以前他的爸爸對他非常的嚴格，然後他去年離開了家，他現在已經習慣了，不需要你這麼嚴格。」

當積極的傾聽無法引發去瞭解憤怒後面的原因之機會時，老師應該繼續對家長的反應以同情的觀點來回饋。

家長：「當然我很擔憂——任何人聽到老師這樣說他們的孩子都會擔憂。」

老師：「聽到我作這樣的評論，真的會讓你很煩惱？」

家長：「一定的，只是很不公平——無論如何，你又怎麼能瞭解呢？」

老師：「我知道有很多關於 Roger 的事我不瞭解，而我也要依靠你幫助我瞭解。你能告訴我些什麼能幫助我的？」

## 三、保持冷靜

要能夠處理憤怒，這一點是很重要的，老師要以各種方式來保持冷靜。家長的聲音愈大聲、愈激烈，老師說話就要愈溫和、愈慢，且注意

身體語言也要保持開放而正面的。不要把家長的言辭解釋為一種個人攻擊，而是一種根源於父母角色的情緒表達，這樣可幫助老師保持冷靜。很重要的一點，老師不要變成去防禦或爭論，並且不要在言語上報復，像下面的陳述：

> 「聽著，你不要提到我的教法，如果你有做到一半你身為父母應該做好的工作，就不會有這些問題在我的班上。」

防禦行為暗示了攻擊者是對的，而且會傾向於將緊張升高。以老師的情緒來反應家長的情緒只會導致爆炸性的情況。但保持冷靜可能並不是一個簡單的工作。

> 專業人員的臉皮並不特別比任何人厚。在面對持續的無理或不適當行為時，要保持不去批判的能力是有限度的，縱然是盡最大的努力去瞭解或容忍它。(Losen & Diament, 1978:150)

雖然如此，老師必須要繼續去維持鎮定，而要做到此最好的機會是去試著從家長的觀點來看情況，並且去認同家長的情緒反應。學習不帶評斷地去支持父母，不要情緒失控，這是非常重要的。專業人員沒有權利對家長失去控制，承接了老師的角色，他們對自己的承諾就是要與那些需要協助的人有建設性地合作。

老師必須去分析自己的情緒反應，以決定這是否變成了一個權力的爭鬥，以及為何他對這個問題感覺如此強烈，瞭解一下是事實如此還是只是情緒的反應。

另外也很重要的是，老師不要以「你最好去和主管談」或「我不和你談，除非你停止對我大叫」的建議來退卻憤怒。此時此地，可能的溝通以及對問題多瞭解一點是較有用的。當老師幫助父母表達感覺和觀點時，他們雙方皆有機會從不同的觀點來看問題。

## 四、固守事實

在談話過程中，老師必須小心任何與事實和主題相關陳述的不一致。在討論到不同的觀點時，參與者應該使用描述性陳述，而非評估性

的陳述，以描述句來處理會比去標示它容易得多。對父母作客觀而事實的陳述，並且有可觀察的文件來支持陳述，會使老師聽到較少的評判或譴責。

> 不好：「Roger 是一個非常沒教養、不受約束的孩子。」
>
> 寧願：「我注意到要 Roger 去守規矩、不要打人是很難的。這星期他在三個不同的時間對 Eddie 生氣時，他打了 Eddie。你有注意到他在家也打人嗎？」

父母似乎較會對第二種陳述反應出資訊和建議，而第一種陳述較會使父母產生防禦、生氣的反應。

## 五、有建設性地表達關心

老師必須記住，如果他們讓父母直接地去碰觸問題，那麼為了保護他們自己，他們會爆發憤怒以攻擊回來。使用較愉快的方法會較有效，像是「三明治」，問題的肉是夾在二片讓父母有興趣和關心之正面、支持性的陳述麵包當中。例如：

> 「我深深地欣賞你對 Roger 的關心。對孩子而言，沒有什麼事比知道他的父母關心他更重要。我擔心他一些在自我控制發展上的能力，而我確定這部份我們能夠努力地去想出一些可幫助他的方法。」

使用「我—訊息」的溝通技巧去表達關心，能夠使老師有建設性地去表達他們的感覺，且能夠間接地鼓勵父母也這樣做。「我—訊息」有三個基本部份：

1. 「當⋯⋯(的時候)」——使老師困擾的行為之陳述，
2. 「我覺得⋯⋯」——對行為的感覺或它的結果之陳述。
3. 「因為⋯⋯」——擔憂的理由之陳述。（「我—訊息」的進一步資料，請看 Gordon, 1975）

運用「我—訊息」聽起來會像這樣：

　　「當 Roger 打其他小孩的時候，我覺得受挫，因為我無法幫助他瞭解我們的規則會使每個人在這兒很安全。」
　　「當 Roger 忘記我們的規則時，我覺得很擔憂他的自我控制層次。」
　　「當你拒絕討論這些問題時，我很苦惱，因為這問題對我很急切。」

當感覺以「我—訊息」來表達，而不是將焦點放在斷然譴責他人的「你—評斷」時，一些潛在的危機就會去除。

　　「你就是無法幫助解決這種情況。」
　　「你是在拒絕承認這些是個問題。」
　　「你總是站在 Roger 那邊而拒絕去聽什麼是真正發生的事。」

## 六、尊重父母的關心

　　讓生氣的父母知道他們的關心有被當成一回事很重要，這些問題對家長很重要，老師應該不要把它當成沒什麼。

　　一個顯示對父母問題尊重的方法是去為解決該問題而記下每一個不滿和建議(Lombana, 1983)。這個舉動說明了他們的關懷是重要的，而父母的話有被聽進去。有一點很重要的是，教育者並沒有所有的解答，並且需要所有他們能得到的幫助。

## 七、預訂下次會議

　　在試著去降低憤怒和促成未成功的溝通時，再預訂另一次的碰面可能是明智的。

　　「我不確定今天我們能夠達成什麼。我們可以下個星期三這個時間再見一次面嗎？也許那個時候我們會有一些新的想法。」

去邀請同事或主管出席下一次的會議可能是有用的，因為每個會議中必須要有某些參與者能夠去排解情緒反應，並且有技巧地去幫助其他參與者迅速而完全地處理他們的情緒，與同事檢示一下情況可幫助老師從另一個不同的觀點去看它。

生氣是一種很強的情緒，如果允許其不受控制地發怒下去會有毀滅性，但也可能成為一有力的動機去檢示情況，並且共同合作去瞭解和進行改變。

## 漠不關心

Connie Martinez 被發現有一些異樣的行為。在她班上有個孩子的父母，她就是無法去接觸。他們似乎很冷淡，不在乎他們孩子的需要或是老師想要他們參與的嘗試。

在明顯的漠不關心後面有幾個可能的原因，其中一個可能是父母生活中有超過負荷的壓力，使得他們無法放太多的注意力在他們孩子身上，儘管他們是關心孩子的。太多的基本生理需求可能已將他們的心力佔滿了。一個擔心無法同時負擔這個月剩下時間的食物和電費帳單的父母，已經沒有多餘的心力關心較高層次的情緒或社會需求。

父母生活中的壓力也可能是來自於社經光譜中相對的另一端。這種父母生活中有二種時間表，被二套生涯需求和問題所網住，必須在家庭生活的進行中，繼續地往事業成功的階梯攀爬，因此有時並沒有多少時間或精力留給個人之關係或發展上。這樣的父母常寧願將孩子的照顧交托給專業人員，而個人則致力較明顯有所得的事業追求上。

由於社會階層或文化背景的差異而感到特別不自在的父母，也可能會在那種情況中退縮而顯得漠不關心。有些父母也許對老師和教育有很高的敬重，但認為教育是一個單行道，而他們沒有什麼可以提供。另外有些父母可能視老師僅為低層工作的員工，而認為沒有必要參與至「保母」工作中。

也有一些似乎漠不關心的父母可能是還在想念童年的成人，他們自己也是在不正常的親職環境下長大的。這種父母會花好幾年時間想由他們孩子身上來滿足他們自己所失去的需求，而以這種方式來撫養孩子，使得孩子自己的需求從未被滿足過。

不管父母缺乏興趣或參與的原因是什麼，大部份的老師都不喜歡無法去與他們接觸。由於人類的天性使然，老師對接觸某位家長感到不成功時，常常會想退縮，因此也增加了與父母之間的距離。老師將責難由他們身上轉移至父母身上是很常見的。

> 「嗯，我確定我不知道他們是怎麼回事──天知道我已試過了。」
> 「他們是怎麼樣的父母──對他們自己孩子的關心甚至不足以來參加一個家長會。」

這些反應無法改善情況。在老師還未找到去接近父母的方法時，採取讓父母不會那麼難接近的態度可能較有幫助。老師無法去解釋個人的無法親近，拒絕是老師必須要學習處理的東西。以積極面去看待拒絕，它是讓你再思考你的價值觀或是改變努力方向的一個機會，關鍵是不要放棄，而是去想想其他可達成的方法，想想這個特殊的家長其特點在那裏。

老師必須評估父母冷淡的原因，並且考慮去克服它的各種方法。

## 一、個人和經濟的壓力

因經濟和個人壓力而過度負荷的父母，只要是這些外在壓力還存在，他們對孩子就不太可能去參與或是關心孩子的需求。老師最積極的行動是去支援這些父母，引介一些可協助他們的適當機構。這種關心和幫助將能奠定信賴的基礎，而當父母的壓力減輕時，較易因而發展出合作關係。

## 二、對事業的興趣

對於那些忙碌於自己事業的父母，老師可以用特別的方法來接觸他們──在他們方便時可閱讀的簡訊，偶爾讓小孩口頭提出午餐約會的邀

請，之後再以書面通知邀請。他們可能會感激老師的安排，此外，老師可安排他們與其他忙碌的父母相互交談的機會，以作為彼此支持的來源。

## 三、文化的差異

對於那些因為社會或文化差異感到不自在而保持距離的父母，老師必須溫暖、友善而隨意地與他們接觸。注意到去簡化說話的方式和語音可能也很重要。

其他來自於類似背景而對於學校感到較自在的父母，可以與這些父母接觸，作個人的邀請以及陪伴他們參加活動以幫助他們。平常的社交活動或製作研習(為孩子製作玩具或為教室進行佈置)可提供他們較不具威脅的經驗，並且給予他們自己是孩子教育很重要的一份子的感覺。

經由老師真正地顯示出他們需要並重現父母的參與，那些覺得自己無法提供什麼的父母，可能不會再視學前教育如他們所想的那麼難以應付或是不重要，堅持在此時便能夠除去。

## 四、情緒的壓力

也許對老師最大的挑戰，是去接近那些因為他們自己情緒需求負荷過度，而無法靈敏感受他們孩子和老師之需求的父母。這可能在任何父母生命中的某一段特殊時期中會發生。老師必須瞭解希望這些父母去明瞭並且參與的期待常是不切實際的。以下的句子會有真正的幫助。

> 準備好去接受這些父母本來的樣子，要提供他們的不是我們需要他們參與我們的課程，也不是他們的孩子需要他們做些什麼，而是他們自己身為父母所需要的是去成長。(Rundall & Smith, 1982: 73)

他們所需要的是教育。這些父母需要被接受他們就是這個樣子，鼓勵他們，不管他們做過什麼，增強其任何的力量和努力，並且幫助其感覺到被瞭解。當老師與這些父母慢慢地建立起信賴的關係時，他們應該知道這種關係會有助於減輕父母的壓力。

在談話中，老師應將討論的焦點放在父母所關心和有興趣的事上。

如果可能，老師應儘量提供父母服務——當他們看起來疲憊時，給他們一杯咖啡，或與另一個家庭交換穿不下的衣服之機會——可顯示老師關心父母且瞭解他們的需要。事實上，老師要創造出一個依賴的關係，不是為了專業人員的需要，而是當作一種可用以協助父母與其建立信賴關係的方法。一旦父母展現出對關係的信任時，老師就可以逐漸地開始設立一些在關係穩定以前不會令他們害怕的限制和要求。

這可能是個必須長久嘗試的努力，但藉由對父母需求的反應，老師也許能去接觸「難以接近」的父母，因而可開始期待去參與他們。

# 過度參與

相對於老師要努力使父母參與於課程中或甚至是顯示出一點對他們孩子幸福的關心，過度參與的困境可能似乎就是較小的問題了。但一個對學校情況太過參與的家長，可能會妨礙他們孩子走向獨立，或是在不對的時間做不對的事，打擾了他的孩子以及全班。有時這種「萬事通」的家長，會一直提供建議或批評，或者是不聽從老師對他孩子的觀察。有時，這種家長在老師必須去照顧孩子們或是進行活動時仍拖延著不明確的談話，阻礙了有次序的課堂程序進行。老師要如何去面對這些行為呢？

瞭解家長的行為是去容忍或處理它的第一步，老師必須去瞭解每一個特殊的家長以評估其個別的情況和動機。

## 一、不願意分離

許多父母因為他們自己不願意和孩子分離而不知所措。對於分離的不舒服是親職發展階段中的自然經驗，但是給予此衝突的感覺正面的解決方法對孩子和父母都是重要的。

這些父母必須特別地確信他們的孩子會被好好地照顧。定期而特定的資訊報告以及個人通知，或打電話分享有關他們孩子的個人趣聞，都會對這種父母有所幫助。這種溝通可以使父母確定他們的孩子有被個別地注意到，且他們與孩子並沒有失去聯繫。

對父母的感覺坦率地予以同情可使此分離情緒公開化。

> 「我知道看到她長大一定會有很多複雜的感覺──為所有新的事物欣喜，也為寶寶要離開了的想法感到悲傷。有時你會覺得你和她不像以往那麼親密了，但就是不同了，不是嗎？相信我，你仍然是她世界中最重要的人，嗯，就像那一天……」

老師應該鼓勵父母分享他們的感覺和想法，而這樣的溝通使得老師有機會去瞭解並敏感於成長中孩子的需要。

> 「對你來說很難，但是父母能做的最慈愛的事是允許孩子有些空間可以自由活動，可以感覺到沒有你在也能做得很好。她需要知道你對她有足夠的信心，知道她可以在你暫時不在時也沒問題。」

當想到這是為孩子的幸福著想時，許多家長會更努力地嘗試去放手。

## 二、未滿足的個人需求

　　一個由於個人、社會和情緒需求沒有得到滿足的家長，在老師對他或她的努力反應以真正的感激和讚美時得到好處，會使其去過度參與。既然它對家長的情緒健康那麼重要，而對學校或中心也有一些可能的幫助，試著去阻止這種參與反而會有反效果。

　　當家長在教室的過度參與對孩子和老師成為一個問題時，可以改變他的努力方向至其他較少破壞性的領域──另一個教室、努力去參與其他的家長、準備東西。

　　父母的特別力量應該予以完全地確定和運用，要永遠以誠摯的感激來重視他們的貢獻。可以找出一些正面的方式讓其出力──嬰兒室中午餐時間的額外助手、給不安的學步期兒童一個溫暖的懷抱、將需要重整的戲服收集在一起，或是打電話給其他家長，提醒他們將舉行的會議，這樣的努力不會破壞孩子的獨立發展，並且讓家長感覺他們對學校是重要的。

## 三、不安全感

　　對一個「萬事通」且要分享他的知識的家長，老師也許必須常常向其表明她認為家長對於他的孩子是個真正的專家。有時家長以這種方式表現，是由於對老師的能力和對情況的支配之真實或想像的知覺所引起的不安全感。當老師強調合作關係並且遵行家長對孩子的知識時，親職的不受重視感覺也許就會減低。

　　　　「你知道，父母是真正最瞭解他們自己小孩的，我需要知道所有我能為 Johnny 做的，我會感激你所分享的知識。關於他在家和鄰居玩的情形，你能告訴我什麼？」

有時家長的資訊也能和其他人相互告知和分享。

　　　　「有關那些童書真是個很好的資訊，你能把那寫下來，讓我把它增列在下個月的簡訊上嗎？我想很多家長會想要知道的。」

　　老師必須瞭解並認知，在許多事情上，家長真的是比他們知道的多。當家長的知識和貢獻能被引導至正向的頻道上時，他或她驅策的批評和抱怨就會減低。

　　當「萬事通」家長無法去聽取老師的觀點時，老師必須運用自我肯定的技巧並清楚地陳述她的立場，但不要貶低家長的想法或是造成敵對和傷害。瞭解到人類行為複雜性的老師曉得一個情況可能以各種不同的方式來看待，而發表出所有的觀點是健康的。這種認知常能防止對他人觀點的呈現表現出過於侵略性。在討論中的自我肯定可能是有幫助的，侵略則將會有破壞性。

　　如果不願意去接受另一種看法或資訊的確實性，這種家長也許較易受由較少個人意義所傳達的資訊之影響。給父母一些有用的相關文章，讓他們能吸收那些想法而成為他自己的；沒有對個人討論本質的反抗，將他暴露在新觀念之前反而容易達成。

## 四、拖延談話

對於拖延於不確定談話的家長，老師應該劃分出清楚的界限，然而仍要使家長感覺受歡迎。

> 在幾分鐘的談話之後，當有其他的工作要做時，老師可以說：「我喜歡和你談話，但現在我必須結束，到水槽邊那些孩子那兒。如果你有多餘的時間，我們很高興你留下來，也許你喜歡坐在靠近圖書角落那邊──那兒總有人想聽故事。」

這可使家長確信他的在場是受歡迎的，且給了他一個機會讓他對教室生活提供協助。如果他難以離開他的孩子，這麼做可以讓他去觀察老師，看看他們到底有多麼忙。

如果這種情況繼續，老師可能就必須老實地說了：

> 「我真的很想和你談話，Jones 先生，聽你說話對我很重要，但是在孩子的到達時間我很忙，我無法給你完全的注意力。我看看我們能否找個其他我較不忙碌的時間談談。我在午休時間有空，或是在下午三點半我休息時。」

特別的指引可幫助家長瞭解老師責任的許多面。

除了這些麻煩的態度和行為之外，有幾個情況也常在托育中心發生，使得教職員感到苦惱。讓我們來探討中心處理這些情況的一些方法。

# 父母和老師之間常引起的緊張

## 一、遲到的父母

讓老師感到苦惱的周期性問題是父母來接他們的孩子時常常會晚到。在又長又勞累的一天結束時，這成為對辛苦工作的老師之最後侮辱，

而引起怨恨和關係的破裂。在老師面對父母的遲到時，雙方都有可能會有爆炸性的反應。

這一種情況可能最好由主管來處理，而不是由老師自己來面對。適時地在家長手冊和指導資訊中提醒，給予家長一些壓力是個好方法。既然放學後與孩子留下來是一種家庭服務的個人選擇，有的中心會要求父母簽署同意契約，要將晚歸費用直接付給用他們個人時間留下並照顧小孩的老師們。有的人覺得遲歸的費用應該比平時的費用多些，而有的父母也覺得為額外的時間付出一點小小的費用是值得的。實質的費用，像是每十分鐘五塊美金，常常就能排解此問題。對於那些習慣性晚到的父母，一些主管會去要求父母擬定應急計畫或是提供人選可以在父母遲到時打電話請他們來接孩子。終止契約的警告以及貫徹的執行可能是最後一步了。很重要的一點，遲到政策要嚴格，經過清楚的溝通，且由負責的人持續地管理執行，使老師和孩子都不會因此而在情緒方面有困擾。

## 二、生病的孩子

另一個常引起家庭與學校摩擦的是家長常忽略的問題：生病的孩子。當然，父母在他們自己必須工作時要去找個代替的人來照顧生病的孩子是很困難的，有時會讓他們不知所措，這些是可以理解的。但雖然如此，老師在知道有擴散傳染的危險以及生病的孩子根本無法去參與尋常的例行活動時，實在是無法讓生病的孩子來教室上課。在政策中陳述清楚可能也有助於解決這個問題。家長手冊和指導資訊應該聲明那些特定狀況孩子不應來學校，也要要求父母在接到去接他們生病的孩子之電話時必須做出反應。要求父母寫下應急計畫，和提供生病孩子照料的名單以供需要時使用，可能也是有用的方法。許多父母不會考慮這種可能發生的事直到危機的發生，因此在一開始就要指導他們做好準備。

老師能夠且應該同情在孩子和雇主需求之間被撕扯的父母，然而還是要和善地重視生病孩子的需求，同時也要堅持政策中的原則。

「我知道當你希望能夠在家照顧 Jessica 但還是必須去工作，對你而言是多麼的困難，我也知道去找一個同意來照顧生病孩子的人是多麼難。我希望我們能夠幫助你，但我們的政策規定在孩子發燒

時，至少要留在家裏二十四個小時，以保護 Jessica——她如果來這兒不會好受，且她的健康也格外易受傷害。」

重要的是，不要將家長帶生病的孩子來中心，或是不願意離開工作來帶回生病孩子的行為，解讀為忽略親職或是漠不關心的信號，那其實是很容易發生的父母和工作之角色衝突問題。

當中心的教職員發現一些可以協助父母照顧生病孩子的需求之社會資源時，主管可以宣佈此資訊並通知父母們。照顧就業父母的生病孩子已成為一項社會事務，有些公司和社區在醫療設備及人員和托育中心之間建立起聯結以抒緩此問題。

## 三、一天結束時的問題

當家長、孩子、和老師在一天的結束時聚在一起，可能會因為情境轉變而產生問題，並且因疲勞而使問題擴大。孩子有時會測試且閃避父母，幾乎像是在挑戰他們是否能再度掌控。父母有時會向老師要求資訊和解答，像是要向老師挑戰這一天實際上是怎麼過的。而從老師的立場，他們覺得必須要報告家長一些孩子負面的行為。在這個時候，彼此的關係是很脆弱的。

老師要怎麼做以使每個人在一天結束時不會有那麼大的壓力呢？部份的解答可能是要為此情境轉移做好準備。

應該在一天的最後一段時間安排一些靜態的活動，像是閱讀或是拼圖，這樣子可使老師和孩子雙方都有機會在一天結束時有一段冷靜的時間。在孩子完全忙於活動時，老師可自由地做一些零碎的雜務，使他們在家長到達時不會覺得很忙亂。老師可佈告一些課堂和(或)孩子個人一天活動的摘錄，使父母能在到達時看了公佈欄就對他們的問題得到一些答案。如果老師幫忙孩子收拾屬於他們自己的東西，並且先穿好部份的衣服，這樣可協助父母和孩子能夠快速地離去、回家。

一天結束時可能並非是討論行為問題的最佳時間。父母在接孩子時一直聽到有關孩子的負面報告，並無法有助於他對孩子或老師有正面的感覺。老師必須避免在每個人都疲倦且最無法接受敏感的討論時，給予其負面行為的日常報告，較好的策略是在稍晚時再安排一個座談討論

會。

　　「Alexander 太太，我想我們另外再找個機會談談，對你和我會有用些，我知道你有一些有關 Roger 的問題想問，而我也有一些事想和你分享。這周我們可以找個時間嗎？或許你可以比平常時間早到二十分鐘，我可以安排 Phillips 小姐來班上代理一下。」

這樣的談話似乎比父母和老師在門口相抗衡來得有建設性。

## 四、要求特殊待遇的父母

　　老師常會因為家長要求讓他們的孩子有超越典型教室常規之外的服務或注意而感到困擾。

　　「Jane 的爸爸想問我們是否能在其他孩子今天到外面遊戲場時讓她待在裏面，因為她的感冒剛痊癒。」
　　「Jeremy 的祖母要他今天不要睡午覺，因為他們要讓他在去旅行的車上睡覺。現在我應該怎麼做？——他會吵了其他的人。」
　　「另一個家裏的玩具——她的媽媽讓她帶來，即使她媽媽知道這是有違我們規定的。」

與其只是被激怒而獨斷地拒絕要求，老師倒不如去記得早期的幼兒中心是去提供家庭支援服務，家庭有權利去解釋一些他們所需要的個別服務。老師應該考慮能如何滿足其要求，而不是立即地予以拒絕。Jane 能否留在別班？Jeremy 能否在主管辦公室看書？以合作的態度可能會找到一些每個人都滿意的解決方法。
　　那些無法解決的要求必須向父母解釋清楚，如此他們才能瞭解他們的要求對中心所造成的問題。清楚溝通過的政策能夠為老師的立場提供支持。

　　「我們會將她的玩具留在她的櫃子裏，所以會很安全，而她可以在團體時間時拿給她的朋友看。」

但最重要的一點是，要記得每個家庭皆有其個別、獨特的需求，而任意的拒絕所有的特殊要求將會無法去瞭解這些。

## 五、對於準備就緒的意見不一致

目前一個常常操縱父母和老師情緒的問題，是對於孩子的前進是否已準備就緒的問題，常常在進入幼兒園時可看到此情況。

> 「我不敢相信，我們已計劃好所有 Tammy 今秋開始上幼兒園的一切事情──她的生日是八月，早在年齡限制之前。而我也計劃好要回去作全職的工作──我的老闆和我都已做好打算了。然後老師請我去參加一個會議，而告訴我她還沒有『準備好』，全因為他們給她一些測驗，而她無法分辨字母的大小寫。她是那麼的聰明，且也和其他孩子相處得很好，我不敢相信他們會這樣對我們。」

愈來愈多的父母收到像 Tammy 媽媽所收到的那種消息。由於學校課程必須顯示出其可增進品質和具體的能力，因此使用標準化測驗來看出效果的趨勢逐日俱增。全國性的學校系統使用各種類型的測驗去評估上幼兒園之前或之後的小孩。不幸地，這常常導致在實際上對孩子的年齡和發展層次作了不適當的考量。測驗窄化了課程，因為老師的教導成了為孩子能成功通過測驗的準備。許多重要的早期幼兒技能並不能以標準化測驗簡單地來衡量，像是社會、情緒和心理發展及學習並無法給予測定而決定是否已做好準備。標準化的團體和個人測驗對小孩是不適合的，他們常常並不具有良好的應考技巧，像是平靜地坐著、安靜、遵照一連串的指示去寫下或作一些特殊的記號。小孩的成長和學習如此地快速，因此很有可能所得到的是不準確的測驗結果，因而將其列錯標記。將我們所關心的課題縮小範圍至一個中心議題：「我們應該期待小孩去符合一般學校所設定的標準，還是那些學校應該修訂他們的課程以容納所有孩子的需求？」(Freeman, 1990:29)

有關是否準備就緒的最佳資訊應來自受訓過的老師有系統的觀察，並伴隨著來自父母的資訊，他們比任何人都更瞭解他們自己的孩子，所

以應該要積極地參與評估過程。這表示老師和父母應該共同抵抗將孩子自己父母親排除於外的測驗操作，而這種測試事實上影響所及是家庭、教育的未來以及孩子的自尊。他們共同合作可以倡導不會傷害小孩的實際適當發展。

如果老師面對使用武斷（而常被證明是無效的）測驗來判斷孩子是否準備就緒的情形，他們必須瞭解父母將會發現令人難受的結果並且破壞了家庭的計畫和對孩子的印象。對這種發現的討論必須要小心而專業，如此父母才不會深受影響，而對孩子未來的學習產生錯誤評估。

老師可以給予父母有關什麼是適當發展而什麼不是的專門資訊和指導方針，或許能幫助他們成為致力改變學校教育的倡導者。老師可傳達父母對他們孩子認知的支持，且要一直指出父母才是他們孩子的真正專家，聽聽下列研究發現可能對父母有幫助。許多孩子，特別是男孩（但並非絕對），會因學校系統給予他們額外時間而大大地受益，雖然時間這項禮物似乎微不足道。例如，在孩子四或五歲時所作的決策，可能到孩子初中時都還有很大的影響。如果這聽起來像是在建議老師應該要同情那些被排除於決策過程之外，且被迫要接受學校對於是否準備就緒之觀點的父母，那就對了。老師不應支持那些對孩子和家庭有不適當發展的實際操作。

在老師發現他們自己無法同意父母對孩子的能力和發展層次的觀點時，到第三個團體去觀察孩子並加入談話將是明智的，另一個看法也許可幫助父母和老師從一個新的觀點來探討情況。

## 摘　要

　　老師可能會碰到麻煩的行為和態度，使得個人困擾並且在專業上受挫。在各種狀況中，老師的第一步應該要嘗試去確認其所可能引起的感覺或狀況。直接去解決問題的態度會比去責備更好，這是很重要的。積極地去滿足這些需求將能消除一些具破壞性的反應，也包括老師的挫折。

　　對於真的做了努力去瞭解並解決問題，而仍發現情況似乎並沒有得到解決的老師，要記得你並不是孤單的。任何老師都有過類似的經驗：有時負面的經驗會比正面經驗易留在記憶中不易忘記。很重要的一點，要從這些負面經驗中儘可能的去學習並且繼續嘗試！

　　許多老師發現記錄和父母們合作時他們的感覺、看法和經驗，是對他們自己成長一項無價的工具。非正式的筆記或日誌記載相關的關心要點、需要和進展，以及需要注意的小地方。這樣的個人筆記純粹為老師個人使用，可提供情緒的抒緩並且證明她的努力是有效的（**圖 16-1**）。

## 進一步學習之作業

(1)角色扮演，然後和你的同學討論以下幾個老師所面對的敵意反應情況。

　　1.母親說：「我拒絕再和你說話，你對 Sarah 的認知錯誤——她是個很聰明的孩子。」

　　2.「你好大膽，問我這麼多有關我孩子的問題，那不關你的事！」

　　3.「我要和你的主管談話，如果你的工作做得對，Melvin 就不會有問題，他應該知道你有多麼不適任。」

　　4.「如果你要求我，那就是你要我為你完成你的工作。你無法在教室控制他，所以你要我在家裏教導他。」

　　5.「只要我是那個付錢的人，我就要事情如我所要求的那樣做，我堅持在 Barbara 進入幼兒園之前的這一年，你要開始教導她，你認為我不瞭解什麼是對我自己孩子最好的嗎？」

　　6.「有關準備就緒是什麼東西？我知道我自己的孩子，我說她已準備好進幼兒園了，我不在乎你的測試結果是怎麼說的。」

**圖 16-1 老師會發現以日誌記下與父母合作的
感覺、看法和經驗是很有價值的**
Courtesy CPCC Media Productions-Mike Slade.

## 複習問題

(1)討論明顯的敵意反應之可能原因。

(2)描述老師處理敵意反應時五個要考慮的要點中的三個。

(3)討論明顯的漠不關心四個可能原因中的三個；針對每個原因，確認老
  師要如何克服它。

(4)討論過度參與四個可能原因中的三個；針對每個原因，確認與這些父
  母合作的方法。

(5)描述要如何處理引起親師之間緊張的原因。

## 進一步閱讀的建議

Carter, M. (1988, March). Face-to-face communication: understanding and strengthening the partnership. *Child Care Information Exchange, 60*, 21–25.

Fredericks, A.D. (1988, Nov./Dec.). Rejecting rejection. *Teaching K-8*. 18–20.

Galinsky, E. (1988, March). Parents and teacher-caregivers: sources of tension, sources of support. *Young Children, 43*(3), 4–11.

Grollman, E.A., and Sweder, G.L. (1988). *The working parent dilemma: how to balance the responsibilities of children and careers.* New York: Harper and Row Pubs. (worth recommending to harried parents)

Lombana, J.H. (1983) *Home school partnerships: guidelines and strategies for educators.* New York: Greene and Stratton.

Morgan, E.L. (1989, Jan.). Talking with parents when concerns come up. *Young Children, 44*(2), 52–56.

_____. (1988, Jan.). Prickly problems #1 the late parent. *Child Care Information Exchange, 59*, 16.

Stone, J. (1987). *Teacher-parent relationships.* Washington, D.C.: NAEYC.

## 參考文獻

Freeman, E.B. (1990, May). Issues in kindergarten policy and practice. *Young Children, 45*(4), 29–34.

Gordon, T. (1975). *Parent effectiveness training.* New York: Wyden.

Losen, S.M., and Diament, B. (1978). *Parent conferences in the schools.* Boston: Allyn and Bacon.

Rundall, R.D., and Smith, S.L. Working with difficult parents. in Brigham Young University Press (Ed.) *How to involve parents in early childhood education.* Provo, Utah: Brigham Young University Press.

# 第17章

## 檢示父母參與計畫的運作

本章內容提供幼兒教育中心和父母共同合作的基本原理，並且探討一些可促進公開溝通過程的策略和實際操作，另外也提出一些由老師和計畫所產生出來的父母參與計畫，以最適當地反應出他們這個群體的特別需求。

## 目　　標

在讀完這章之後，學生將可以：

(1)瞭解各種學前計畫讓父母在計畫中參與的方法。

你們有的人已經知道在國內所存在的一些對孩子和他們家庭很有益處的計畫。兒童照顧計畫的大部份觀點和功能，是依他們所服務人群的需要、基金數目、可運用的人員、基本哲學以及目標而定。每個中心都必須有其自己的方式來為他們所關心的人和家庭提供最好的服務。在中心考慮要嘗試的方法時，先看看一些對孩子和他們父母有效的計畫。

# Charlotte 開放學校

位於贊助者 Charlotte 唯一神教派教堂大樓的開放學校，為學齡前孩子提供了豐富、有創造性的課程。這所學校建立於一九六六年，為三、四和五歲的孩子提供早上半天的課程，那時城市中還沒有公立幼兒園存在，而學前教育機構也很少。在無任何整合的學校可供使用時，開放學校鼓勵所有種族、宗教、經濟階層和民族根源的孩子來登記入學。由於社會需要進化發展，因此有了這種結構的開放學校。幾年前，增加了兩歲孩子的父母合作課程，也為三歲和四歲孩子增加了全天的課程，他們在早上的教室上課之後，集合在一起午餐、睡覺和進行下午活動。

一開始，和父母合作是開放學校基本原則的一部份，而現在則是想要積極參與孩子學前經驗的父母慎重地找上開放學校，為了他們自己，也為他們的孩子，如一位家長所說，「我們感覺它也是我們的地方」。

這種好的感覺是怎麼來的？主管說，「我們致力於此」。對父母，開放學校的基本理念明文說明：「學校為一專業層次的資源：老師透過研

習會、討論團體，以及二歲父母的合作課程班，教育家長有關兒童的發展，使父母對兒童、父母和教育之相關事務保持警覺；開放父母有興趣的兒童發展相關資料之圖書館；提供其他父母之支持系統，以建立友誼的基礎；透過開放學校獎學金計畫，以協助低收入家庭的孩子教育。」對老師，在他們的工作說明中表明：「與家長建立並維持一開放而健康的關係；在每個孩子開學前或一開學後訪視他們的家庭；一年舉辦二次老師與家長的會議，一次在秋季，一次在夏季；參加家長會。」每個新來的教職員在頭一、二年開學前要參加指導週，包括與家長合作的討論以及老師與家長會議的講習。事實上，許多的教職員是以前或現在學生的家長。

兩歲孩子家長課程，每個星期連續二個早晨進行，起初的參與是要求家長在輪流的基礎之下和受雇的老師一起參與班上的活動。父親和母親皆積極地與老師和孩子參與班上活動，建立一高層次的參與方式，並延續到接下來的一年，一直到不需要這樣的例行參與後停止，之後只在受邀時再進行參與。

在進入兩歲孩子教室之前，會給予這些參與的父母一個三小時的研習會，主題包括：兩歲孩子典型的發展行為、什麼是教室內所期待的、什麼是教室內所禁止的、誰來執行，以及當孩子有問題時誰要介入（家長）。縱使有此準備，許多參與的家長事後承認他們是帶著猶豫來進行此一經驗，懷疑它是否行得通——他們是否知道要做什麼，會不會成為阻礙，或是在老師面前出了錯。但參與了教室之後，這些問題就消失了。主管說他們常常被問到父母合作參與兩歲孩子課程有用嗎——「你不會發現孩子哭鬧或黏著父母嗎？」「有時候，」她回答，「但那沒關係。」父母和孩子在一起會學到去信賴並且感到自在。

開放學校是個非常自在的地方，老師、家長和孩子關係熟到可直呼名字，而有想進入拜訪的氣氛。當家長帶孩子來或來接他們時，他們常留連著閒聊——和老師、其他父母以及其他孩子（圖17-1）。一位新來的老師談到她剛到學校來聽到家長們說著——「看他長得多快」或「她不太穩定」時她的印象多深刻；他們的頻繁接觸讓他們瞭解並關心每個孩子。家長在家庭和學校之間形成一個延伸家庭，家長們在下午同時到達，在遊戲場輕鬆地談話或是帶著自己的孩子和其他孩子去兒童劇場看下午

**圖 17-1　開放學校是一個自在的地方，家長可自在地坐下和老師閒談**
Courtesy CPCC Media Productions-Mike Slade.


的節目，是一個很親密的世界。

　　要如此的隨意，必須要注意怎麼與孩子和他們的家庭打好合作的基礎。在孩子入學之前，老師進行一個簡短、非正式的家庭訪問以認識他們。家長要填一張空白的熟悉單，母親和父親都要回答像這樣的問題「你們最喜歡孩子的那一點？」「你對孩子設限的方法是什麼？」「你所經歷過孩子最大的困難在那裏？」在學校開始介紹有關學校基本概念和執行以及討論分離的議題之前，會有一個家長的團體聚會。

　　開放學校的逐漸適應計畫讓孩子和家長有足夠的時間在父母走開之前變得自在。第一天，上課的時間會縮短，而家長可整段時間留下來。在全體聚在一起且待整節課之前會有幾節更短而小團體的上課。有個咖啡間給家長們彼此見面，並且在需要時可使用。老師要敏感於家長所關心的事，並且傳出教室的消息讓他們知道孩子們在做什麼：「他在哭，

**圖 17-2　盡力讓即使是車子接送孩子的家長也有時間輕鬆地溝通**
Courtesy CPCC Media Productions-Mike Slade.

但我想他會沒事。」「你聽到的不是他。」「我想你回去教室一會兒可能較好。」一位家長表示，這種經驗真的有助於建立她對老師的信任，她可以依靠老師，告訴他實話。老師也要敏感地知道那位家長尚未準備好離開他的孩子，而給他多一點他需要的時間。

溝通在努力進行著。雖然大多數的孩子是由車子接送，但家長每天還是要陪同兩歲和全天班的孩子進教室，因為學校認為讓這些孩子有直接的轉移是很重要的。車子接送的步調放慢些以允許有些交替，而大多數的家長一周可進教室二到三次（**圖 17-2**）。學校覺得讓家長做這種連繫是重要的，並鼓勵他們這麼做。給予家長們老師家裏的電話號碼，並鼓勵他們打電話。另外，學校會寄送簡訊，老師個人也會寄發簡訊，常常是精心製作的附帶著孩子有趣言行的美好趣聞。有個老師寄給每個孩子家庭個別信函，家長們都很欣賞。

> 　　二月十一號在我們午睡起床後，我們看向窗外，看到雨滴在灌木上形成了冰，Brendan 宣稱：「那些叫作冰苞。」

> 　　我們有一些新的沙堆，Jonathan 宣告，「它就像玉薯泰粉做的麵包。」

> 　　Jonathan 的爸爸 Dean 和叔叔 Jack 造了一個小的帳蓬，而隔天我們也試著用我們的舊床單來做一個。Rae 的爸爸 Brad 帶來他的電子合成音響裝置；我們每個人都即席作曲並唱了一回「魯道夫」和「耶誕鈴聲」。

> 　　我們在收集照片使我們回憶或計畫旅行時可以看。Seth 和 Andrew 已允諾給我們他們山上房子的照片，而 Jonathan 將給我們一張他第一次到 Wrightsville 海邊汽車旅館的照片。當你去旅行時，請幫我們帶含照片的地圖或寄一張明信片來，或給我們一些剩餘的照片。如果你有你們家計畫要去玩地方的照片（相片或是導遊小冊子等等），請在之前寄給我們；我們想要分享你們的期待和回憶。

老師傳達了他們關心每個孩子和他的家庭之訊息，並且重視與他們的溝通，而家長也以更親密的連繫，自願地分享資訊來作為回應──如一位老師所說：「並不是因為我是專家，而是因為我是家庭的一份子。」

這種情緒反應是互惠的，如一位老師所說：「我發覺我自己比在其他工作過的地方投資了更多在每個孩子身上。我和 William 家一起做每件事──我不能在六個月中把 William 一家排除於外，他並不只是我的，我必須顧到整個家。這些家長屬於學校，家長不再是『它』，而是一個人。當他們不再和我們在一起時會變得很困難。」

與家長合作的承諾可在日常的活動中非正式地表現出來。有組織的活動以很輕鬆的方式進行：僅為家長舉辦的十二月假日聚會，孩子會為它製作餅乾、雞尾酒和禮物；感恩節宴會，也是由孩子準備，家長可以

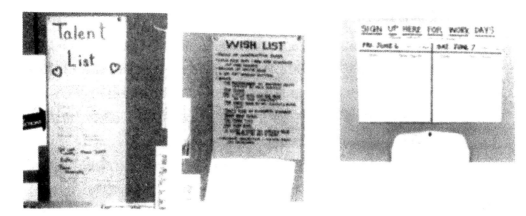

**圖 17-3　開放學校讓家長知道他們能夠如何幫忙──而家長也會有所反應**

Courtesy CPCC Media Productions-Mike Slade.


參加；在遊戲場舉行的歲末午餐會。全天班課程的家長在夏季會接到午餐和晚餐會的邀請，家人皆可參加。家長也會受邀至教室以分享其興趣、參加野外郊遊等等。

　　父母教育會議根據每年評估的需求而不同。每個班級在十月會舉行教室內的晚間家長會，持續地討論基本理念以及實際的執行，並且幫助老師個人去強調參與。

　　一位老師發現，在秋季會議中強調父親參與的重要性之後，所有的父親都出現於後來的會議之中。會議的時間一年兩次，在秋季和春季，一次幾小時，在晚上進行以配合家長的作息時間。一位老師在確定見面的地方對家長較方便後，會將會議的地點安排在當地餐廳的咖啡屋。

　　家長會在工作天到學校來作義工。在主管說明了遊戲場和設備必須移開，以建造一座教堂的計畫之後，大多數的家長在超過華氏一百度的高溫之下，連續地工作了四個星期六。在這些艱辛工作的日子結束時，一位家長感謝地向主管說，這是他有過最感親近、美好的經驗，與其他家長，為著共同的目標──「我們的孩子」一起努力工作。

　　開放學校的教職員直接地讓家長知道他們能夠如何地幫忙──在辦公室裏懸掛「才能表」、「期望表」，以及自願義工簽名單(**圖 17-3**)。

寄給家裏一份有關家長參與他們孩子去年夏季在全天課程中可愛、有趣的事蹟。「午間新聞」報導以一些無傷大雅的玩笑,像是「科學上的成就」、「家庭和社會」以及「商業和經濟」為標題,會讓每位家長感到很高興,也可證明老師有用心地觀察和傾聽孩子。最後的結論,以開放學校的立場表明:「還有許多有趣的,但現在你應該得知了此訊息:藉由你的參與和分享,豐富了我們的生活,因此,不只是只能說『再見』,你能夠說『我們明天還會再來』一起共享樂趣。」

開放學校找出各種方法以使家長和老師在孩子教養的過程中成為合作的夥伴。

## ・後記

在本書第一版對開放學校描述之後,學校的成長又有幾個新的發展,而家長也都參與了其中。

開放學校進行了 NAEYC 檢覈過程,除了使用家長問卷之外,學校也使用家庭內問卷以尋求家長的評估。此外,家長也參與學習結果的列表。

教職員的目標要由無偏見的課程中設立,而在過程中,老師須分享他們個人的觀點和目標……他們所做的是什麼以及他們將如何做。在每個步驟中,他們須通知家長有關的過程,並且要求來自家長的回饋。

家長和學校的關係委員會被建立起來,以分享資訊,而不是去設定政策或設計課程。該委員會讓家長有另一個選擇以向那些老師或主管表達他們自己的意見或獲取資訊。委員會功能的立即效果包括了:家長建議在資金籌措上他們寧願直接地採用募款的方法,而不要以買賣的方式,以及出版委員會記錄,那在家長建議之前並沒有這麼做。

家長也參與幫忙撰寫贈款計畫以獲得訓練計畫的資金,並期望能建立開放學校組織,透過觀察、錄影帶和討論系統,提供訓練給其他兒童照顧供給者和父母。家長和老師共同持續計畫並致力於相互之間的充實。

# 德州 Fair Meadow 學校

德州聖安東尼的一些小城鎮，在他們的幼兒園之前的學前計畫中安排了一些方法，以吸引部分一直對老師和學校系統感到不舒服的人來涉入和參與。Judson 獨立校區的 Fair Meadow 學校從舊式的初等學校發展出一套滿足一小群有特殊需求的孩子就讀之學校。五年前，州政府委託當地學校系統設立並資助學前計畫給來自低收入背景和(或)那些以英文為第二母語的孩子就讀，而後，州政府在一九九二年又增加了三歲孩子的委託。

州政府的指導方針並不包括父母參與的規定，而新學前計畫的教職員在 Fair Meadow 學校認同它「只是增加負擔」之下試著不包括家長而去做些工作。他們對父母參與的目標只有二層面：幫助家長瞭解他們孩子的發展需求，以及使學校成為讓家長和孩子自在的地方。其基本理念是家長為孩子最重要的老師，而幫助家長瞭解並對學校系統感到自在是老師一個重要的責任。

父母必須為他們的孩子登記註冊以跨出第一步。在註冊日，家長帶著他們的孩子來學校與老師見面，老師會安排之後的家庭訪視。超過一百八十個孩子能進入，每次三小時半天的課，分上午班和下午班。許多孩子是來自西班牙語系的背景——墨西哥和波多黎各——不過也有來自越南、匈牙利和菲律賓家庭的小孩。

開學之前的家庭訪視是建立家長和孩子自在關係的重要成份。許多家長對於老師來到家裏感到不自在，常常需要姊姊哥哥幫助對話。當老師敢去使用他們不太靈光的西班牙語時，許多家長才會有點自在地說他們那並不完美的英語。

老師的訪視有兩個主要的目：一個是去瞭解家庭和特殊的文化以及孩子的興趣，以完成家庭訪視之後的表格(**圖 17-4**)。老師可記錄一些相關的資訊，像是孩子對老師的態度、家庭成員的態度、對孩子家的描述——庭院、房間、遊戲區，以及其他有幫助的提示。第二個理由是去通知並為家長和孩子的學校經驗作準備。老師帶一袋有各種文件的資料，

```
┌─────────────────────────────────────────────────────────────┐
│                      家庭訪視記錄                             │
│                                                              │
│   老師姓名 _____   │
│                                                              │
│   孩子姓名 _____  時間 _____ 日期 ____ │
│                                                              │
│   在場的家庭成員：                                           │
│                                                              │
│   孩子的文化類別：                                           │
│                                                              │
│   孩子對老師的態度：                                         │
│                                                              │
│   孩子的家──庭園、房間、遊戲區等等：                        │
│                                                              │
│   父母或家庭成員的相關資訊：                                 │
│                                                              │
│   家庭成員的態度：                                           │
│                                                              │
│   被詢問的問題：                                             │
│                                                              │
│   在幫助的提示──孩子的興趣等等：                            │
│                                                              │
│   孩子的開學日期：                                           │
│                                                              │
│   訪視的長度：                                               │
│                                                              │
│   評論：                                                     │
│                                                              │
└─────────────────────────────────────────────────────────────┘
```

**圖 17-4　家庭訪視記錄表**
Courtesy 美好綠地學校

包括孩子時間表的影本，以便「給家長一幅孩子在學校的美好畫面，以防他聳著肩說他在學校『什麼都沒做』」。討論教學資料可幫助家長瞭解孩子將會學習到的東西，另外也包括孩子所需要的補充表，以及要家長參與的目錄單。一位老師做出一本孩子課堂活動的相本可隨身帶著，以告知家長和孩子，平常的一天是怎麼過的，向孩子說明搭車、在各種有趣的角落的遊戲，並且可向家長說明如何扮演教室的資源提供，如製作玉蜀黍餅和蛋捲。

　　就像今日許多父母一樣，Fair Meadow 學校的老師發現很多父母對小孩的教育期待，常是一種不適當地發展，希望趕他們早點進入課業的學習中。Fair Meadow 則反映出他們對四歲小孩最好的學習是經由各種生動的兒童啟蒙遊戲的選擇之信念，將吸引人和具創造性的材料呈

現於各個有趣的角落中。從一開始，透過圖片和談話，強調遊戲的價值，理念就在非正式中被溝通，而這種強調也能建立起家長的一致信念，使家長能夠去信賴老師和學校。

　　大多數的孩子來自於分佈廣濶的地理區，需坐車來學校。這表示老師必須特別努力地去保持家庭與學校之間的溝通。老師留下他們家裏的電話號碼且鼓勵家長打電話。每個星期會有一疊資料包含孩子的作品讓孩子帶回家，有一張表格是給家長回覆的，在空白處可讓家長寫下意見評論。老師也常會寄發簡訊，內容包括目前的課堂活動以及可在家裏做的活動建議。老師也可去拜訪那些似乎需要更多接觸的家庭。會議一年在學校舉行二次，老師可依家長的需要去排定時間，而如果需要，有時可在家裏舉行。另外也舉辦整個家庭參加的社交活動，如耶誕舞會和公園的歲末野餐。

　　然而，眞正成功的例子是「父母俱樂部」。在課程進行的第一年期間，教職員提供了一個正式的「老師與家長的政府」，它是一種協會形式，由選舉出來的幹事來執行。但他們發現這並無法提供一些特殊父母服務，因爲家長無法前來。教職員調查家長缺乏興趣的理由，他們找到一些可以被解決的原因：工作、交通和孩子照顧的問題，許多家長年紀很輕且是單身。工作時間和交通的問題可藉著在同一天提供三個時間，早上八點、中午十二點半和下午七點來解決（圖 17-5）。這樣子，要來參加的家長可和孩子一同搭車來學校。此外，與高中兒童發展科系聯合可使他們提供照顧兒童的學生（圖 17-6）。

　　最大的問題可能是這些來自主流外的父母對於學校和組織會感到不自在。因此這個團體被稱爲「父母俱樂部」，不需會費、幹事或正規手續，而是強調友誼、遊戲、獎品和樂趣，並且學習到一些由家長提議的主題，首次會議是在九月舉行（圖 17-7）。

　　藉由非正式的活動和方法中學習到理念，在起初感到抗拒的父母後來會發現它眞的有用！以前考慮要使用整套父母教育器材，像是 STEP 組的教職員，後來發現能夠依照家長的需求和興趣去設計適合他們的課程，將會有較大的好處。家長們則負責俱樂部的點心，並且幫忙協調重要的安排。

　　俱樂部眞的成爲家長可開始加強和老師以及其他父母友誼的一個地

# Preschool Parents Club

## 學前兒童父母俱樂部

何　時？　　1月30日星期二　上午8:00　下午12:30，7:00

做什麼？　　家庭事務、安全反應專家將教導我們如何幫助我們的孩子對抗
　　　　　　「暴力」，像是綁票 和性虐待。一個非常重要的會議！

晚上7:00那場會議將提供兒童托育。

要托育的孩子必須事先登記。

請完成並繳回所附上的登記表。

-------------------------------------------------------------------------------------------

請將1月30日要托育的孩子登記在下面

姓名　　　　　　　　　　　　　　　　　　　　　　　　年齡
_____                                        _____

此表格必須在1月26日星期五之前繳回。

**圖17-5　　在三個不同的時間提供同一課程可使父母儘管有工作和家庭責任也能夠前來參加**
Courtesy 美好綠地學校

圖 17-6　高中兒童發展科系學生在家長會時可提供兒童托育照顧
Courtesy Dianne Jurek.

圖 17-7　父母俱樂部強調的是非正式的學習和社會互動
Courtesy Dianne Jurek.

父母觀察

評估你的孩子在學校的情況

注意你的孩子與一群小孩一起時的行爲。

他(她)對其他孩子的態度是什麼?特別注意:禮儀性、領袖性、進取性、過度侵略性、過度受暗示性。

他(她)對於權威的反應是那種類型?

他(她)尋求友伴嗎?他(她)表現出躲避它嗎?

他(她)能多堅持自己的權益?

他(她)受其他孩子行爲的影響有多深?他(她)有發展出適當的權利感或公平遊戲嗎?

他(她)能和群體合作到什麼程度?他(她)會尋求不當地注意嗎?他(她)害羞嗎?

注意你的孩子行爲與其他同齡孩子的比較，瞭解其差異或是他(她)在社會適應中所達到的成熟度。

**圖 17-8　教職員所設立父母觀察的幾個指引之一**

Courtesy 美好綠地學校

方。現在有許多人一起搭車來，也有很多父親也來此，一些家長會向其他家長作介紹。由於許多家庭是剛來此地區，老師可介紹他們一些社區資源。在一起會面時，家長發現了孩子們的相似點是大過於相異點的，這對於那些父母是很重要的事實，否則他們可能會只把焦點放在孩子的障礙上。

由於白天的會議可以延伸至整天，因此家長有時間去參與額外的活動。老師們可輪流參與家長的活動和在教室裏帶孩子。常常教職員會排出「完成它」的課程，讓家長可在家和他們的孩子共同創作書籍和遊戲。教室也有特殊的觀察間設備使家長能夠觀察他們孩子在學校的活動。有六個不同的家長觀察指引可使用，使父母能夠看看他們孩子在認知發展、創造性表達、情緒表達和社會互動方面的進展(**圖 17-8**)。

這些給老師和家長建立共識並且能自在地分享和學習新觀念的機會有什麼好處呢？對家長而言，這是一個機會去走出害羞、遲疑，並且能夠得到基本知識以幫助他們的孩子適應學校系統。對老師而言，看著這整件事的發生，會感到振奮和滿足。一位老師描述她和一位特殊家長的關係：「就像去家庭訪視所建立的關係一般，在她自己的家裏，她不會害怕，而她也瞭解我是她的朋友，那給了我機會去給她一些她會接受的建議，因為她知道那能幫助 Don，而她也會幫我瞭解 Don，其他的學校令她恐懼——她怕它們。」

在一致和支持的氣氛中，老師能夠更有效地去瞭解整個家庭並且和他們合作。一位老師分享了這個實例：「我班上的一個女孩在孩子們於遊戲場建築一個水道讓雨水流過時弄溼了腳（Fair Meadow 在溫暖的德州氣候下，有一些創造性、常設的室外學習角落），隔天聽到她因此而被打，我感到很困擾。由於我和她的媽媽建立了關係，我能夠打電話去探究這件事。媽媽解釋的確為此打了孩子，因為在她腳溼掉時會生病。」縱然老師解釋了生病是由細菌引起而非溼的腳，但母親還是堅信她的文化所持的看法。當老師指出孩子並不會因在澡盆或游泳池腳溼而生病時，母親有耐性地解釋這是由於她的頭也溼了，所以保持了平衡。老師很快地說下次當孩子在學校腳溼掉時也讓他的頭溼掉，母親這才漸漸地能夠同意，而不再有玩水遊戲之後的責打。

由於老師願意去彈性地適應家長的情況和想法，美好綠地學校能夠去支持小孩和他們的父母對，學校系統跨出重要的第一步而邁向成功。

# 參議院員工的兒童托育中心

在華盛頓的國會大廈，進入眼簾的是參議院員工的兒童托育中心，一個非營利的兒童發展機構，它是兼具高品質兒童托育並證明是由家長管理之中心的一個模範（是一種家長合作的模式），能夠成功地與忙碌的就業父母一起致力於兒童托育計畫。成立於一九八四年二月，這中心是參議院員工的就業父母以及一些參議員和他們的太太努力的成果，因為他們注意到變遷中家庭的需求以及雇主協助兒童托育的重要性。父母和

一些參議員夫人協助資金籌募和支援。根據法令也委任了父母參與，中心的基本理念聲明，家長將參與中心所進行的活動，並且在主管的要求下，將協助中心的運作。

雖然由雇主——美國參議院所贊助，但中心是非營利機構，所有權和執行者歸於它的成員，包括所有在中心登記入學或在等待名單上孩子的父母，以及其他有興趣的支持者，成員由每年選出的委員會主管為代表。它是家長管理的模式，因此可確保中心的品質，並且使父母參與以產生社區感以及共享進取的精神。

通常有六十個孩子進入中心，包括一些一週來中心不到五天者。有兩倍以上的人在等待名單上。有各種班級擴充選擇可以考慮，十八個月大到幼兒園年齡的孩子被分作四組，每一組都有合格且受過訓的老師和助手。每年夏季舉辦有十個五到八歲組的孩子參加、為期十週的夏令營課程。中心開放從上午七點半到下午六點四十五分（參議院休會期間到六點半），而每日的托育教學涵括九個半小時，那是社區所建議的。每週的費用範圍從美金一一五元到一三五元，有獎助金可使用。給予登記註冊的優先次序首先是弟弟或妹妹，之後是參議院員工的孩子，之後是白宮眾議員和其他聯邦政府機構人員的子女，之後是一般社會大眾。

中心到處都有關於父母參與、合作和社區感的明顯指標：入口處開放一區有舒服的椅子、閣樓和其他遊玩設備的寬敞、核心的多用途區域。在輕鬆、緩慢的早晨接送時間，家長可隨意地與老師、其他孩子和家長在此閒聊。在學步期孩子房間收集了一些家庭照片、為家長每天摘錄的孩子資訊單，以及給家長看的一天生活記述公告。在廚房裏備有一些像家庭感覺的早點（點心的供應在早上九點半、下午三點半和五點半，因為那些孩子由於父母的工作時間會較晚吃晚餐。營養午餐在十一點半到達，所有的食物都是有益健康且以家庭的型態供應，孩子和教職員都享受了一起吃飯的社會經驗）。

有一間隔離的家長室有每個家庭和教職員的信箱、家長可借書的圖書館、佈告欄、付款箱，還有填寫自願工作的公告表以及追蹤家長參與的記錄系統。在自在的社區感之外，每位登記入學孩子的家長也有一些特定的責任。這些在各種文件上都有確切的說明，包括了二十八頁的家長手冊，裏面有中心運作的每個部分以及家長相應的職責之細節說明，

從生日會（請不要帶巧克力）到健康策略和延遲接送策略（實質的罰款），從老師與家長的溝通方法（許多種）到奶瓶和奶嘴的規定（在學步期兒童教室是不鼓勵的，但如果家長覺得在初期那是重要的則允許；而三歲孩子教室則不准許）。仔細陳述的策略給予家長清楚、以發展為基礎的理由，並且鼓勵家長在對任何策略有個別的問題時可與主管和老師討論。政策是被嚴格執行的。

家長想要瞭解中心，可參加一次其排定的雙週旅遊以及參與家長研習會。當在等待名單上等到了名額而接受登記時，主管會提供其一次深度的指導會，討論家長手冊上政策之細節並且立下「兒童托育協議」的契約，讓家長帶著合作心態入學。家長立下的同意書的內容包括：孩子的時間表和上課比例、接受中心的運作政策，並且支持課程。

有一種需要家長承諾的情況是，每個月提供三小時的義務時間給中心（單親父母一個半小時）。這些時間可用在許多種類的義務工作上，從監督午睡（每天都需要，每次一小時）、購物（二週一次，一次二小時）、家庭洗滌（二週一次，一次二小時）、打字和分發點心及午餐菜單（每月一次，一次一小時）、清洗椅子和玩具（一週一次，依時間計算），或是計算零碎的工作時間，每天可到九個半小時（每月一次，實際時間）。也有的工作是不定時的：野外旅行和聚會的助手、整理書籍、在中心因大雪關門或職員訓練時到其他家庭提供兒童照顧（每個孩子照顧三小時）、製作公佈欄故事或桌邊遊戲。家長也會由每個月的義務時間配額中得到獎勵：公佈其為委員會的行政人員或主席（預算、募款、人事／政策、課程發展或獎學金等部門），或是成為代表、家長義工協調者或簡訊編輯。每個家長也必須參與每年舉行三次的周末大掃除中的一次。

如條例上所標明，家長參與中心管理的大部分工作，因此能讓教職員專心於課程的品質上，這也使得花費降低。家長義工所做的許多工作可能在其他中心是由主管來做的，如義工協調者——與那些沒有為中心盡到六小時義務工作責任的家庭連絡，並修正此情況（如果此家庭下個月仍沒做到六小時，會有第二次的通知，說明如果沒有完成該時間，他們將會被要求將他們的孩子轉出中心，如果情況到再下個月還是沒改變，會由委員會給予第三次通知，聲明孩子必須在二週內離開中心，且每個小時的拖延要付美金十元補償，從他們的契約帳目中扣除）。家長義工要

發揮其歡迎者的功能，在新的孩子進入之前先歡迎所有的新生家長；家長會寫下所有義務工作的描述並且監督著它們的完成；家長也會寫下每個月的新聞專欄，記述當月每個教室所學習的主題、事件、喜愛的歌和書。

在工作地點的兒童托育的確會減少家長的焦慮、增加建設性，並且降低家長的缺席。由雇主贊助的中心靠近於家長的工作地點的好處之一，是父母能夠來探視，可非常確定家長在萬一有意外時可隨時過來，也能夠給予家長現成的機會去參加班上的生日會或其他特別活動。有一則簡訊描述的就是家長在下午順道來參加夏日冰淇淋會。手冊上有描述它是採開放政策，歡迎家長在任何的時間來訪視：「家長可過來在午睡時間說故事或是抱孩子、來帶孩子出去午餐、來分享中心的特殊活動，或是為其他理由而來。」

各種老師與家長溝通方法被使用，家長可在下午一點至三點間打電話給老師，或是在其他時間留言。他們可以在信箱上留下便條，使用每個教室的佈告欄或是在來時及走時和老師說話。正式的會議一年二次在家長的工作時間舉行以方便家長過來，可分享評量的審查結果以及做教室觀察。

父母教育是合作的另一個部分。在家長室內有父母圖書館讓家長可將書借出。每個月會在參議院辦公室大樓內為每個年齡層孩子的父母舉辦一次辦公室的便當午餐，各個教室的老師要負責非正式討論的議程，包括上個月的活動、下個月的課程以及特定發展方面的適合文章討論，也有很多讓家長只是聊聊的時間。家長、老師和主管一起午餐的一個好處是，給予父母機會從一完全不同的角度，去看看老師的能力並且能和主管溝通。這種特別的方式如果是一個很能促進家長、老師、孩子和機構之間連結的主管，會讓它發揮得很好。主管對於教育的組成和每日的運作有完全的責任，且須精通人類發展、早期幼兒教育和行政管理。

每年會舉辦一些社交活動：春季會有家庭日茶會以做為小孩週慶祝活動的一部份；十二月在一間參議院視聽室內舉辦社區聚會，由家長完全負責晚餐的製備，主要是慰勞教職員。餘興節目包括短劇、演講和打油詩，皆取材於各個教室。另外，也會舉行年度的周年聚會，以紀念那些幫忙使中心得以設立的辛苦工作者。

這種由家長管理的共同參與計畫模式帶給家長、孩子和中心的老師什麼呢？對家長而言，那是一個去具體參與他們孩子學校生活的機會，即使是他們忙於自己的工作。藉由與教職員共同合作和分享責任，他們能夠對他們自己小孩所接受的兒童托育品質有真正的貢獻。老師能夠將他們的努力專注於孩子和課程上，並且有現成的管道去關心家長。透過共同合作和信賴，能夠產生社區感，對每個人都有好處。

# 麻薩諸塞州康橋的 Thorndike Street 學校

位於麻州康橋中心的 Thorndike Stret 學校（TSS），提供二十九名學步期兒童和學前孩子高品質的全天托育。中心的基本理念和功能是促成社區感，使家長和老師親密地共同合作。

TSS 的教育理念經由教職員和家長的討論被清楚地表達出來，且已經過十五年時間的改進。對於孩子和家庭高品質的托育服務之基本定義是：給予成人和孩子多方面的學習。「我們的承諾是相信並尊重孩子，以至於成人——個人和集體的權利和尊嚴。」（TSS 教育理念）理念也持續說明其基本目標是為了「孩子能發展出他們是在一多樣的世界，需欣賞他們自己與他人之間的相似點和相異點之正面自我形象」。此目標轉換成課程則是強調種族、經濟和文化的多樣性。任何形式的歧視都不被容忍，包括性別角色的刻板化印象（中心目前的廚師是位男性）。多重文化課程是這個計畫重要的一部份；他們慶祝來自於全世界許多文化的傳統、節日和儀式。小心地尋找出促進無性別區分和反種族歧視態度的書籍、錄影帶和拼圖。有意識地選擇入學人口家庭，以反映出中心所在位置的多樣性種族社會：他國移民、海地偷渡客、非裔美人及白人家庭是目前中心所有的家庭。三分之二的家庭是由 DSS 基金贊助的低收入家庭，然而三分之一的中等收入家庭則須付費。教職員的組成也反映出人口現象，雇用的目標要達到至少有一半的教職員為有色人種。

當家庭來中心申請登記時，是他們已經過深思之後的選擇，因為他們知道中心所強調的是它的多重種族，而他們想成為它的一部份，為他們自己，也為他們的孩子（**圖 17-9**）。「那對我們所有人都是值得的，」主

**圖 17-9　家庭因為學校強調多重種族的特色而選擇它**
Courtesy Olga Solomita.

管說道,「對於教職員可看到以前從一般外界學得負面態度的孩子,現在有機會去真正從新開始學習,而父母可看到他們的孩子有來自另一種文化的最好朋友。我們從孩子對於差異的欣賞那兒可學習到很多。」

　　在雇人和登記入學的許可活動執行上,教職員都很用心努力,而教職員一起作決策的方式是 TSS 另一個特殊的特色。總括而言,教職員成為一共同組織,依大家的意見對學校相關的登記、雇人和課程作決策。沒有階級制度結構,每個人都是平等的,而每個人也被鼓勵去確定在最後協議達成以前他的意見有被聽到。一位教職員指出,這是一個有效的系統;會避免整體因感覺有一些潛伏的情緒發生,而阻礙了他們繼續前進。為了發揮其集體的功能,每天當另一位受雇員工監督孩子休息時,教職員要開會一個小時。中心每個教室在上午和下午都有二位老師,而這種職員會議的時間會重複二次。任何教職員在任何會議中皆可提出要討論的議題。雖然這似乎要花非常大量的時間在溝通上,但老師們認為仍舊不足以涵蓋與學校功能有關的所有主題,以及對孩子和家庭的特定

瞭解。諮商員每週有一天會加入他們，以便在兒童特殊行爲和教室的實際運作上幫助他們。這樣的教職員溝通時間對於每個教職員所提供的不同觀點和經驗給予極大的尊重。一位老師談到他們從一位來自迦納的老師那兒學到了許多，她常談及來自她眞實生活經驗的趣聞，這和一般所探討的溝通主題很不同；他們發現他們會從相關主題的討論上學到些東西。家長會注意並重視教職員的親密性。

增加會欣賞並重視中心的多重種族基礎以及教職員共同組織的新進教職員之任用決策是很重要的。家長在教職員的雇用上也密切地參與，而且過程的每個步驟都會被告知。在初步認定通過的候選人選出之前，所有的家長和教職員對於那一位候選人要進一步考慮的意見都會被接受。家長會受邀來參加初選的面試。在初步面試之後，全體會決定這個候選人是否要再邀請回來和孩子在教室相處，以讓家長和教職員觀察。如果這一項進行得好，會排定下午的面試，而家長也會被要求來參加，最後的雇用在這面試之後由家長和教職員二者的共同意見來決定。

家長也參與預算的決定，如主管所說：「沒有他們的贊同，我們的預算不會動。」半年一次的會議會檢討過去六個月的預算，並且計畫之後六個月的預算。沒有家長的同意，不會增列學期的預算。

其餘的決定由老師和家長共組的委員會來制定，那是由全體九位教職員，加上八位受邀家長所組成，委員會的主席和副主席都是由家長來擔任。

從一開始，家長和教職員就對於孩子的相關事務密切地合作。每一件事都會在印刷品和口語的溝通上仔細地界定清楚，不會有誤解發生的機會。典型的入學程序包括在首次會面之前至少有二次與主管電話談話，以討論學校課程和基本理念，並且提供書面描述的資料；也會提供家長一份名爲「家長的權利」的有關雇用、登記註冊和教育理念的文件。TSS 在開始時即非常清楚地表明什麼是它所支持的，因此家長可以選擇要或不要。

家長被鼓勵來參觀教室，然後帶他們的孩子來玩和互動。這讓家長可以看看教職員如何與孩子相處以及他們之間的關係如何。家長被要求要去完成一份實際上是由家長們所設計的資料表，包括一些對老師有用的成長和家庭資料（「一般說來，你的孩子是相當安靜、相當愛說話或還

算平均？」「在壓力情境中(舉例)你的孩子會哭泣、退縮、發脾氣？」「你通常如何安撫你的孩子？」)。

這表格也包括家長參與的部份。

---

### 家　長　參　與

如我們所說明過的，TSS 的家長在周末要輪流(大約一年二次)打掃學校。打掃的那一周末，我們也要求家長要帶來一周的新鮮水果。清潔週之外，我們期待您花幾個鐘頭在我們的春季和秋季修繕日時也來做清潔和修理的工作。

你計劃(有興趣)花多少時間來參與觀念分享、會議的計畫、募款？

你能夠定期地來參加每月一次的老師與家長的晚餐會議嗎？ ＿

你願意任職於委員會嗎？ ＿＿＿＿＿＿＿＿＿＿＿＿＿

有任何特殊的興趣或能力是你願意和 TSS 師長共同分享的？

---

主管說：「我們對托育中心的認知是：它是家庭的支援，而不是另一個期待家長去表現角色的地方，因此我們試著在家長會和偶爾委員會的參加之外不再多做要求。」雖然如此，由於家長的關心，許多家長還是會以額外的方式來參與。

教職員共同組織會根據年齡、種族、性別和經濟地位等因素來作最後的入學許可決定。當一個孩子允許入學後，家長被要求要帶他們的孩子來做至少二次的訪視──一次在早上而一次在下午──在訪視時家長可陪著孩子一起。在沒有家長陪的第一天，孩子在校留四個小時，包括午餐。在這次經驗之後，老師和家長一起討論接下來要怎麼做，如果一切順利，第二天就待六小時，包括午睡，再下一次的老師與家長談話就決定是要孩子上整天還是半天。老師要求家長要堅持固定的時間表，要告訴孩子何時會回來接他，並且確定如果有任何改變會打電話來，讓孩子能夠安心(**圖 17-10**)。

溝通是達到 TSS 目標的關鍵。除了七月和八月以外，每月一次的親

**圖 17-10　老師和家長將討論頭幾天的適應要如何進行**
Courtesy Olga Solomita.

師會議都在晚上舉行。因爲有提供晚餐和兒童托育，參加率一般來說都
很高。會議可提供家長許多資訊：九月，教職員介紹學校政策，並且予
以討論；十月，家長分成學步期和學前兒童組去討論課堂活動和課程；
十一月，家長幫忙設計教室策略，例如，老師提出兒童話劇的道具缺乏，
而老師和家長會在一起執行前去討論此意見；十二月，會舉辦大型的多
重文化節目慶祝活動，並有腦力激盪課程介紹一些基本的觀念，且進一
步邀請演講者來進行研討會。有一年家長所選擇的重要主題是：電視、
教養、幫助孩子面對失去的悲傷，以及戰爭遊戲。最後一個主題引起很
大的興趣，因此老師和家長又安排了另一次的課程。這些由每位家長所
促成和連繫的課程都會被當成是非常重要的課題。一年最後一次的會議
是大型的野餐，由家人來參加，包括已「畢業」了的大孩子以及其家屬。

**圖 17-11　家長逗留著與老師自在地閒聊**
Courtesy Olga Solomita.

主管評論道，在這些老師和家長聚在一起時，她感到驚奇和滿足，有這麼多不同群體的人都能聚在一起。

每天的來去接送時間會讓家長有舒適的溫暖感覺，家長和老師在一起逗留、聊天和開開玩笑（**圖 17-11**）。一位父親很早就帶他的學步期孩子來到學校，因此他能在離開去工作之前和他一起玩一會兒。在學步兒童的教室內，老師在孩子的櫃子上有本筆記簿，可促進日常的溝通，每天在上面寫幾句與孩子有關的記錄，這可讓下午的老師知道孩子的上午是如何過的，並且提供家長另一個與老師和孩子的個人連繫。老師知道很小孩子的父母常會有罪惡感，但當父母知道他們的孩子是在一正面的環境之下，他們的這些感覺會較抒緩些。

老師尊重父母經由和孩子共同生活，他們是真的瞭解自己的孩子，但在孩子來學校時若抗拒，老師也瞭解去幫助孩子有團體的經驗也是必要的。TSS 的老師尊重家長和孩子的尊嚴，因此，與其介入插手此事，他們寧願事先和家長談談，看家長有什麼策略可幫助此情況。老師私下

也要反對家長打孩子，不管是在學校裏或是在外頭，要向其施壓：這是不被學校基本理念所允許的——爲了孩子的權利和尊嚴的需要。一般來說，教職員發現當父母想要取回其控制權時，常會有此反應。

會議定期地舉行。因爲有兒童研究室要留下孩子評估檔案的委託，會議一般也會附帶向家長報告這項評量，給他們影本，並談談未來合作的目標和方向。會議也會在家長的要求下隨時舉行。二位老師皆參加會議，而假如有問題的話，主管也會參加。會議可能在學校的午睡時間或家庭訪視時舉行。在家庭訪視時，二位老師會去吃晚飯並訪視孩子和他的家庭。會議在孩子上床後舉行，因此訪視也許持續二至四個小時，老師進行家庭訪問和評估都會有薪資給付。

偶爾溝通破裂時，教職員會竭盡所能去使對話重新建立。有個例子是會議中出席者有二位老師、主管、家長以及他的朋友——「這樣是很有

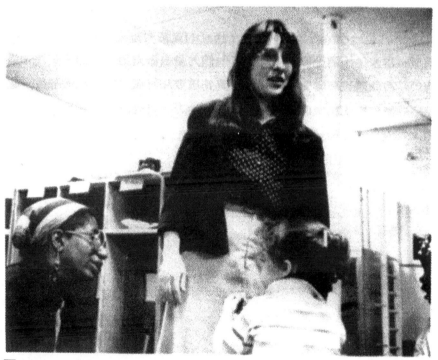

**圖 17-12　家長和教職員選擇 Thorndike Street 學校成爲一每個人都有影響力的地方**

Courtesy Olga Solomita.

幫助的。」

　　這種彼此的自在帶來作義工的意願。家長在許多方面協助教職員和中心，包括：幫忙簡訊的製作、為教室設備的募款寫收據、與教職員共同合作寫新的家長手冊（有繪畫專長的家長可作設計工作），以及為中心的必要文件做打字和影印的工作。家長和教職員一起工作為中心鋪設新的磁磚，省了中心三千美元的花費。

　　家長義工也是教室的資源。家長義工可提供音樂，還有一些值得記憶的傳統食物經驗。最近一個衣索匹亞家庭準備了當地的食物，和孩子一起午餐，示範如何用他們的手指去拿取薄煎餅。家長也可以陪孩子到中心以外的地方郊遊。

　　中心裏的家長是孩子的重要倡導者。教職員草擬了最近的國家預算提案，要求家長打電話給議員以遊說國家預算中的托育項目。遊說的焦點在於可運用的經費以及教職員的薪資，而老師的倡導有助於形勢的改變。

　　TSS 是一個令人振奮的地方，相互的支持對每個人都有好處。老師說道，當家長相信他們時，那給了他們力量去做得更多；而家長在知道他們是被傾聽且有影響力時，也感覺到重要和舒服。家長和教職員一起選擇要使學校成為他們能夠共同合作的地方，且向社會承諾願支持孩子和大人成長的權利（**圖 17-12**）。

## 摘　要

　　從這四個不同的計畫說明中，證明了和家長合作不是只有一種方法。其基本的理念為：家長在進行他們偉大而重要的親職工作時，應當得到支持和尊重，而當老師和家長親密合作時，他們能夠有最大的效率去和孩子相處。每個中心在其特定的目標、需求和對所服務家庭需要的認知之下，努力地去找出其特殊的方法。有些事是他們做得很好的；一般說來，他們致力於達到完全溝通的方法是很重要的。在老師和中心繼續要去達成服務家庭之目標時，挑戰會永遠在那裏。

## 進一步學習的作業

(1)訪視當地的托育中心和(或)學前半日課程中心。安排與主管、教師和家長見面，談談他們發展出什麼樣的老師與家長關係，以及每個參與者感覺到溝通所建立的程度。去瞭解其溝通的方法以及家長如何參與於計畫中。與本章四個計畫的描述相比較，你發現什麼？

(2)畫出一個圖表，將四個所描述的計畫列於表中，在與家長合作的基本理念、程序的定位、溝通方法、計畫中的家長參與、家長為決策者等項目下，摘要描述中所給予的資訊。你發現有何相似點？有何相異點？

(3)畫出一個類似的圖表，將你所讀過的中心、工作過的、以及你在上述第一點所訪視的中心列於表中，與本章四個計畫的圖表相比，你發現有何相似點？有何相異點？

## 複習問題

(1)利用上面第二個問題所作出的圖表，比較並對照四個計畫中有關父母參與以及與課堂老師的關係。

(2)列出四個計畫中有那些相同的要素和基本理念。

## 參考文獻

附註：本章的資料是由訪視的第一手資訊或閱讀每個中心的印刷手冊所得知。學生也許有興趣閱讀幾個其他類型計畫的描述，包括他們家長參與的方式，這些描述可參考下列這本書：

Galinsky, E., and Hooks, W.H. (1977). *The new extended family: day care that works.* Boston: Houghton Mifflin Co.

➔本書由 Delmar Publishers Inc.授權發行國際中文版

親職教育-家庭、學校和社區關係　　　幼教叢書 6

原　　　著／ Carol Gestwicki

譯　　　者／ 邱書璇

校　　　閱／ 郭靜晃

出 版 者／ 揚智文化事業股份有限公司

發 行 人／ 葉忠賢

責任編輯／ 賴筱彌

地　　　址／ 台北市新生南路三段 88 號 5 樓之 6

電　　　話／ (02)2366-0309　2366-0313

傳　　　眞／ (02)2366-0310

郵政劃撥／ 14534976

戶　　　名／ 揚智文化事業股份有限公司

登 記 證／ 局版北市業字第 1117 號

印　　　刷／ 偉勵彩色印刷股份有限公司

法律顧問／ 北辰著作權事務所　蕭雄淋律師

初版六刷／ 2002 年 5 月

定　　　價／ 500 元

ＩＳＢＮ／ 957-9272-19-0

親職教育：家庭、學校和社區關係／Carol
　　Gestwicki原著；邱書璇譯. --初版. --臺
　　北市：揚智文化, 1995〔民84〕
　　　面；　　公分.--(愛彌兒叢書；6)
　　譯自：Home, school, and community
relations
　　　含參考書目
　　　ISBN 957-9272-19-0（平裝）


　　　1.學校與家庭


521.55　　　　　　　　　　　　　84004458